KB155521

MZ세대
학자들의 연구
다시 읽기
조직 및 인적자원관리 편

MZ세대
학자들의 연구
다시 읽기

조 직 및 인적자원관리 편

편저자 박성민

성균관대학교
출 판 부

서문

1. Prologue: 글을 열면서

MZ세대 학자들은 어떠한 연구적 관심과 학문적 성향을 가지고 있을까? MZ세대 연구자들은 국가와 사회, 제도와 체계, 조직과 사람을 어떻게 변화시키고 발전시켜 나가는 전략을 구상하고 있을까? MZ세대 실무자들은 어떻게 조직 내외적 위기를 감지, 대응해 나가고 있으며 어떠한 처방적 방안들을 선호하고 있을까? 비MZ세대 조직 구성원들은 어떻게 이들을 이해하고, 소통하며, 함께 호흡해 나가야 하는 것일까? 조직 내 어떠한 유형의 리더십과 팔로워십을 상호간 발휘하면서 최적의 세대간 공생적 관계를 형성, 유지, 발전시켜 나가야 하는 것일까? 조직의 효율성과 공공성, 그리고 포용성을 함께 지향하고 그리고 이렇게 다양한 쟁점들과 관심사들을 어떻게 연구에 담아내고 있는 것일까? 이러한 질문에 대한 답변들을 본 서적의 내용을 통해 함께 고민하고, 탐색하며 제시해 보고자 한다.

예를 들면, 최근 공직 및 민간기업에 입직하고 있는 많은 MZ세대 구성원들은 계급중심형 조직구조, 권위적 조직문화, 연공서열적 조직관행, 일방향적 조직소통방식에 대한 혁신과 개선의 목소리를 직간접적으로 표출하는 경우를 목격할 수 있다. 또한 포스트 코로나 시기를 맞이하여 전 세계적으로 '조용한 퇴직'(Quiet Quitting)이라는 새로운 조직사회학적 현상을 마주하고 있다. 즉, 업무수행과정에 있어 다양한 갈등상황을 맞이했을 때, 직접적인 조직이탈 외에도 조직 내부에서 맡은 업무만 최소한으로 하고 심리적으로는 자발적 퇴직의사를 가지고 매우 소극적인 자세를 견지하면서 조직생활을 영위해 나가겠다는 MZ세대 조직 구성원들이 늘고 있는 상황이다. 이러한 대내외적 환경적, 행태적, 심리적 위기상황들을 고려했을 때, 최근 조직 및 기관들의 주요주체이자 고객인 MZ세대들의 관점을 투영한 연구들을 살펴보고 공유하고 재분석하는 과정은 매우 의미가 크다고 할 수 있다. 이러한 생각들을 가지고 독자들과 함께 본 연구서적에 대한 탐구적 여정을 시작하고자 한다.

필자는 MZ세대와의 연관어로 언제나 다음과 같은 영단어를 떠올리곤 한다. 첫째로는, 'MAZE'(미로)라는 단어이다. 즉, '선의 패턴으로 도식적으로 표현된 유사한 시스템'으로서의 미로의 개념을 상정하면서 매우 복잡하고 혼란스러운 인생과 생활의 여정으로부터 탈출과 해방을 통해 삶의 의미와 해답을 찾아가는 우리 젊은 세대들의 고단한 현실을 유추하게 된다. 둘째, 'AMAZE'(놀라게 하다)라는 영단어이다. 이러한 불확실한 무경계 위험사회를 살아가는 젊은세대들이 그럼에도 불구하고 창의적이고 혁신적이며 세계를 탄복하게 만드는 다양한 성과를 만들어 내는 장면들을 보면서 더욱 밝은 긍정적 미래를 상상하게 된다. 이러한 비예측성–회복탄력성 양면이 교차하는 현실을 마주하면서 본 서적에서 제시하는 다양한 주제들, 즉, 조직환경, 리더십, 조직문화, 조직구조, 조직행태, 인적자원관리, 조직성과 등의 내용적 타당성과 시의적절성을 다시금 확인하게 된다. 다음은 『MZ세대 학자들의 연구 다시 읽기』의 내용을 조금 더 살펴보기로 하자.

2. Chapter Summary: 장별 소개

우리에게 잘 알려진 명제 중에 "인간은 생물학적 존재인 동시에 사회적 존재이다"가 있다. 이는 인간이 생물학적 존재로서 인간다운 삶을 영위해 나가는 데 있어서는 건강과 소득과 같은 물리적 요소들이 충족되어야 하며, 사회적 존재로서 안정감, 친밀감 등의 욕구를 충족하기 위해서는 타인과 관계를 맺고 상호작용하는 활동이 필요함을 의미하는 것이다. 이에 인간은 일생에 걸쳐 경제활동을 기초로 하는 물리적 욕구 충족과 더불어 나와 타인, 나와 가족, 나와 사회, 나와 조직 등 수많은 관계를 맺으며 삶을 유지해 나가고 있고 이러한 이유로 조직 관리에 있어 관계적 특성은 매우 중요한 이슈로 다루어져 왔다. 예를 들면, 공공부문 조직·인사 관리는 폐쇄적, 위계적, 구조적 관리 접근 방식에 의존해 왔으나 최근 다양한 내외부적 조직 환경변화, 즉, 기술적 발전, 인적구성의 다양화, 구성원 가치관 변화 등에 의하여 보다 유연하고 유기적인 접근 방식으로 변화되어 왔다. 이는 현대 조직·인사 관리가 내부 및 외부적 환경과 상호작용하는 개방 체계적 성격을 갖고 있고, 다양하고 대립적인 이념 및 가치와 조화를 수용해 나가는 포용적 플랫폼 체계를 추구하고 있다는 의미로 해석할 수 있다(유민봉, 박성민, 2014).

본 서적에서 조직 및 인적자원 관리에서의 다양한 접근 방식들을 살펴보고자 하였다. 그렇다면, '현재 조직 및 인적자원관리에서 가장 중요하게 생각하는 가치, 즉, 조직 및 인적자원관리의 궁극적 목적은 무엇일까?'라는 질문에 맞닥뜨리게 된다. 제1의 자본인 물적 자본과 제2의 자본인 인적 자본이 가장 주요한 자원으로 강조되던 과거 사회에서는 물적 자본과 인적 자본에 기초한 경제적 성과의 달성이 조직관리와 인사 관리의 궁극적 목적이었다. 그러나, 제3의 자본인 사회자본과 제4의 자본인 심리자본이 보다 주요한 자원으로 강조되고 있는 현재의 사회에서는 사회자본과 심리자본에 기초한 정서적, 삶의 질 가치 제고 또한 조직의 효율성 가치와 함께 조직 관리의 새로운 목적으로 자리 잡게 되었다고 할 수 있다.

본 서적은 앞서 기술한 바와 같이 MZ의, MZ에 의한, MZ를 위한 연구서적이라 할 수 있다. 지도교수와의 협업과 소통을 통하여 함께 논문을 작성하면서, 조직 및 인적자원관리 분야에 있어서 젊은 세대들의 학문적 관점을 최대한 투영하여 연구주제, 연구가설, 연구설계, 연구함의 등을 도출하고자 하였다. 특히, 본 서적에 담겨 있는 12편의 연구내용들은 공공영역, 정부기관, 공직사회의 가치적, 구조적, 행태적, 문화적 메커니즘에 초점을 맞추어 공공조직과 공공인사관리에 관한 정량적, 정성적 관점에서의 스토리텔링을 시도하고 있다. 본 서적의 구성을 간략히 소개하자면 다음과 같다.

첫째, 각 장의 주제는 조직환경, 리더십, 조직문화, 조직구조, 조직행태·동기, 인적자원관리, 조직성과 등이며 주제에 맞추어 총 7개 장으로 구성되어 있으며 7가지 장 안에는 총 12편의 대표논문들이 선정, 수록되어 있다. 선정된 대표논문들은 조직 및 인적자원관리 분야에 있어서의 주요 핵심적 쟁점 사안들을 다루고 있다고 할 수 있으며 MZ세대 신진학자들이 지속적으로 승계, 개발, 발전시켜 나가야 할 핵심 연구질문들과 가설들을 소개하고 있다고 할 수 있다. 특히 주목해야 할 점은, 첫 장의 조직환경부터 마지막 장의 조직성과까지의 내용들은 분절적, 독립적 주제가 아니라 상호연관 순환모형으로 설명될 수 있는 상관적, 인과적 주제라는 점이다. 예를 들면, 다양한 제도적, 정치적, 사회적 조직환경(제1장) 변화는 리더십(제2장)과 조직문화(제3장)에 직, 간접적인 영향을 주며, 이러한 과정을 통하여 구성원의 조직행태 양식(제5장) 과 조직성과 수준(제7장)도 변할 수 있다는 논리적 구조에 주제들이 배열되어 있다.

둘째, 각 장은 1) 서평, 2) 시놉시스, 3) 논문요약, 4) 언론사례와 영화분석, 5) 토론문제 등으로 구성되어 있으며 5가지의 장별 구성내용들을 통하여 각 연구주제들을 입체적이고 실제적인 관점에서 조망할 수 있도록 하였고 융합지향형, 문제해결형, 토론중심형 연구활동을 도모할 수 있도록 하고자 하였다. 예를 들면, 제4장의 〈청년정책 거버넌스 체계 현안 분석과 개선방안 연구〉 논문 다시 읽기에서, 서평자는, "청년정책에 대한 구체적인 방향성을 제시하기 위해서는 tailored 된 데이터의 구축이 필요하고, 청년정책의 효과에 대한 분석이 단순 정책 효과 분석을 넘어 거시 경제적 관점에서 접근될 필요성이 있다"라고 지적하였고, 이러한 서평 내용을 바탕으로 토론문제를 통하여 "청년정책 온오프라인 플랫폼을 구상하는 데 있어서 가장 시급하게 필요한 것이 무엇이라고 생각하는가? 청년정책 및 거버넌스를 하나의 플랫폼에 통합하는 것이 옳다고 생각하는가? 역사적으로, 다른 국가와 비교하면서 우리나라의 가장 적합한 청년 조직 설계의 모습은 어떠한 것인가?"라는 질문을 다시 던지면서 조직구조적 관점에서 청년정책 거버넌스의 체계를 심층적으로 재분석하고 토의할 수 있는 마중물을 제시하고자 하였다.

셋째, 서평자, 논문저자, 리뷰어들 중에는 다수의 MZ세대 교수, 연구원, 신진학자들로 구성될 수 있도록 하였으며 보다 참신한 의견과 내용제시를 통하여 MZ세대 관점에서 '논문 다시읽기' 작업을 다각적으로 시도해 보고자 하였다. 이러한 접근방식을 통하여 미래학자를 꿈꾸는 대학원생 혹은 막 연구자의 길에 들어선 신진학자들이 보다 적극적이고 능동적인 관점에서 다양한 연구의 초점들을 맞추어 나가게 하고자 노력하였다.

3. Epilogue: 글을 닫으며

본 서적 대표집필자는 성균관대학교 행정학과/국정전문대학원 교수로 재직하면서 대학원 소속의 BK21 FOUR 교육연구단(공감과 혁신을 위한 플랫폼 거버넌스 교육연구단) 및 공공인재개발연구센터에서 단장 및 소장직을 수행하는 가운데 지난 몇 년간 소중한 기회와 인연을 통하여 MZ세대 BK 참여 대학원생, 연구원, 신진학자들과 상호 공감형 연구활동을 지속하고자 노력하고 있다. 먼저 BK21 FOUR 교육연구단에서 업무를 수행하면서 공공부문 전반의 조직 및 협치체계 관리상의 문제를 해결하기 위한 혁신적 방안을 탐구하고, 분야별 정책에 대한 이해를 넘어 복잡한 사회 난제를 해결하기 위한 거시적 대안을 제시하고자 교육연구단 구성원들과 함께 탐구하고 공부하는 가운데 본 서적 출간의 기회를 가지게 되었다. 또한, 공공인재개발연구센터(Research Center for Public Human Resource Development)에서는 공공관리, 공공인적자원관리, 공공인재 개발 분야에서 국제 수준의 연구를 수행하면서 '인재 개발 연구의 HUB 역할 수행'이라는 목표를 설정하였으며 이러한 목적을 달성하기 위해 공공인재 개발 프로그램의 유형 개발, 실행, 효과성 평가, 공공인재 개발에 대한 비교학적 시각에서의 국제 연구 및 비교평가 연구, 인재 개발정책, 제도 및 실천 전략에 관한 연구, 한국형 인재 개발정책 창출 및 확산전략에 관한 연구 등의 구체적 활동을 수행해 나가고 있다. 이러한 연구적 지향점과 관심사는 자연스럽게 국가 차원에서의 청년인재양성정책 및 거버넌스, 청년인재양성정책 평가지표, 평가환류체계에 관한 연구로 이어지면서 청년인재양성정책 연구는 물론 신진연구자의 학술역량 제고 및 학문후속세대 지원 등에 대한 보다 구체적인 방안들을 고민하고 모색하는 단계에 이르고 있다. 본 『MZ세대 학자들의 연구 다시읽기: 조직 및 인적자원관리 편』은 이러한 BK 교육연구단 및 공공인재개발연구센터의 활동의 주요 결과물로서 자리매김되리라 생각하며 향후 청년을 대표하는 MZ세대들을 위한 다양한 사회정책, 인재양성정책들이 보다 내실 있게 디자인되고 집행, 환류되기를 소망한다.

끝으로, 본 서적 편집작업에 큰 기여를 해준 집필 구성원분들에게 감사인사를 전하고자 한다. 먼저 선정논문을 리뷰 해주시고 다양한 자료들을 수집, 분석, 기술해 주신 성균관대학교 공공인재개발연구센터 소속 연구원들께 (강나율, 김보미, 김성엽, 양지은, 오수연, 유정환, 이가빈, 이지안, 이지혜, 전은정 연구원님) 감사인사를 전한다. 특히, 집필과정 처음부터 마지막까지 서적출판행정을 주관해주신 유정환 연구원께 깊은 감사의 마음을 표한다. 또한, 전문적 관점에서 논문들을 살펴주시고 비평해주신 서평자분들께도(남태우 교수님, 문병걸 교수님, 민경률 교수님, 박정호 교수님, 박현욱 박사님, 배광빈 교수님, 신은진 교수님, 유은지 박사님, 이동성 교수님, 정일환 교수님, 주지예 박사님, 최유진 교수님) 감사말씀을 전함과 동시에, 수준 높은 연구논문들을 본 서적에 담을 수 있도록 허락해주신 12편의 논문 저자분들(강나율, 김성엽, 김재형, 오수연, 유정환, 이지안, 이지혜, 이효주, 전은정 저자님)께도 감사인사를 전한다. 끝으로 출판을 허락해주시고 출판작업이 차질 없이 마무리되도록 물심양면 도와주신 성균관대학교 출판부 선생님들께도 감사말씀을 전하고자 한다. 본 서적의 내용들이 아무쪼록 MZ세대 저자, 연구자, 독자들의 연구력과 통찰력 제고에 기여할 수 있기를 바라면서 서문의 글을 마친다.

성균관대학교 BK21 FOUR 〈공감과 혁신을 위한 플랫폼 거버넌스〉
교육연구단 단장 & 성균관대학교 공공인재개발연구센터 소장
편저자 박성민 드림

박성민

목 차

Chapter 1.

조직환경

윌다브스키의 searching for safety 재조명

(이효주, 김성엽, 오수연, 박성민, 2021)

「한국인사행정학회보」 제20권 제4호(2021) : 207~236

월다브스키의 searching for safety 재조명

저자 : 이효주, 김성엽, 오수연, 박성민
Peer Reviewer : 김성엽

1. 서평

남태우(성균관대학교)

아론 윌다브스키는 조직, 인사, 재무, 정책 등 행정학의 모든 분야에서 거의 경전에 가까울 만한 위대한 업적들을 무수히 남겼다. 그의 수많은 저서와 논문 중에서 위험과 안전에 대한 연구는 소위 위험사회라고 불리는 요즈음에도 중요한 시사점을 던지고 있고 회복탄력성의 개념 또한 여러 학자들에 의해 다방면에서 활용된다. 이 연구는 인사행정학의 측면에서 회복탄력성의 개념을 활용한다. 조직에서의 회복탄력성, 즉 조직회복탄력성에 주목하면서 무엇이 조직회복탄력성에 영향을 주는지를 실증연구를 통해 고찰하였다. 흥미로운 점은 이제까지 여러 분야에서 대부분의 연구가 회복탄력성이 어떤 효과를 가져오는지를 분석해온데 반해, 이 연구는 무엇이 회복탄력성에 영향을 주는지를 분석했다는 것이다. 전자의 연구가 의미 없다는 것이 아니라 이미 회복탄력성의 중요성을 다들 익히 알고 있는데 굳이 또 하나의 연구를 추가하기보다는 후자의 연구처럼 회복탄력성을 높이기 위해서는 무엇이 중요한지를 파악해보자는 의도에 더 큰 뜻이 담겨 있다고 생각된다. 그렇지만 이것이 장기적인 시각, 긴 호흡에서 조망하였을 때에는 조직회복탄력성이 독립변수이냐 종속변수이냐의 문제를 넘어서 설명변수이자 동시에 설명되어지는 변수로 인식되는 순환적 인과논리가 나타날 수밖에 없다. 영향요인과 결정인자들에 의해 조직회복탄력성이 높아진 다음에는 과연 조직의 어떤 측면에 가장 큰 영향을 미칠 것인가에 대한 연구도 필요하다.

회복탄력성은 심리학적 관점에서 볼 때 개인 차원에 초점을 맞추어 좌절이나 실패 상황을 겪은 후 이를 회복하여 심리적 균형점으로 되돌아올 수 있는 능력에 주목하고, 사회학적 관점에서 볼 때는 공동체 차원의 회복탄력성에 주목한다. 그런데 이 연구에서 말하는 조직회복탄력성은 변수의 명칭으로서는 회복탄력성이라고 말할 수도 있겠지만 엄밀한 의미에서는 조직의 회복탄력성 역량에 대한 인식과 기대감이라고 정의해야 옳다. 우리 기관이 변화에 즉각적으로 대응할 것이라는 기대감은 실제 좌절이나 실패 상황 후에 회복하는 능력과 근본적인 차이가 있을 수 있다. 자기 조직의 회복탄력성 역량에 대한 기대감 자체가 상당히 높다는 것은 조직 구성원으로서의 조직에 대한 신뢰감을 보여준다고 볼 수도 있겠지만 현실적이고 엄밀한 회복탄력성 역량 평가가 인지적으로 이루어지지 못한다고 볼 수 있다. 따라서 분석결과에 대한 해석에 상당한 유의가 필요하다. 물론 저자진도 행정학에서의 회복탄력성 연구가 그 개념과 이론적 기반을 구축하는 초기 단계임을 인정한다. 변화인식, 상황인식, 도전인식, 공유인식의 개념이 과연 조직회복탄력성을 가장 잘 드러내는 개념인지, 아니면 설문조사로 물어볼 수 있는 내용의 한계(인식에 대한 질문)를 고려한다면 이러한 측정도구들이 현재까지 그나마 최선일 수 있는지 자문해봐야 한다.

측정도구가 변수들 간의 관계를 지나치게 긍정적으로 왜곡시킬 수 있지 않을까 하는 우려에도 불구하고 조절효과에 주목하는 실증연구의 결과는 모든 관계가 유의미하지는 않으며 몇몇 변수들 간의 관계에 특별히 더 주목할 필요가 있음을 밝혀내었다. 의사결정이 분권적일수록, 상관의 성과관리 피드백이 효과적일수록 조직회복탄력성이 제고되지만 유무형의 조직자원 자체가 더 많다고 해서 조직회복탄력성이 높아지지는 않는다. 거래적 리더십과 변혁적 리더십이 조직회복탄력성에 긍정적인 영향을 미치지만 이러한 리더십 유형의 존재가 조직내 자원이 미치는 영향을 증폭시키지는 못한다. 통계분석의 결과에 대한 해석은 쉽게 단정할 수 있을 만한 명쾌한 시사점을 주지 못한다. 그만큼 풀어내기 어렵고 복잡한 결과이며 계량연구의 답답함을 풀어줄 만한 질적 연구의 도움이 필요하다. 이 연구의 결과를 시원하게 해석해줄 만한 선행연구가 존재하지 않을뿐더러 어떤 선행연구도 교과서적인 답을 제시할 수는 없다. 이 연구도 이론과 이론을 통해서 만들어지는 가설을 검증하려고 노력한 것이지만 연구의 결과는 다시 새로운 가설을 만들어냈다. 신진학자의 연구, 학문후속세대의 연구는 이로써 충분하다는 생각이 든다. 남겨진 숙제가 무엇인지, 그 숙제를 어떻게 더 잘 해나갈 수 있을지를 고민하는 연구이기에 다음 연구에서의 노력이 더욱 기대된다.

월다브스키의 회복탄력성 개념을 인사행정 연구에 활용하려는 시도가 매우 돋보인다. 다만 원래의 개념은 위험과 안전을 설명하는 차원에서 만들어졌고, 저자진은 지식의 양, 변화예측가능성이라는 두 축에 기반을 두어 조직회복탄력성 개념을 정립할 필요가 있다. 본연의 개념과 멀어질수록 근본개념의 새로운 활용을 논리적으로 방어하기가 쉽지 않을 수 있다. 도전인식, 변화인식, 공유인식, 상황인식 등의 하위 항목으로 조직회복탄력성의 구성적 개념을 정의하였으나, 이미 존재하는 2차 자료를 활용하기 위해 조직회복탄력성의 개념을 만드는 과정에서 밀도 있는 논의가 부족한 감이 없지 않다. 개념화 초기의 연구에서 분량적으로 부족한 논의 자체는 흠이 아니라고 본다. 다만 이러한 측정도구들로 설명할 수밖에 없는 한계를 좀 더 논리적으로 설명해야 한다. 행정학도로서 아주 익숙한 개념이 아니라면 익숙하지 않은 개념을 활용하는 것에 있어서 길잡이 역할을 하는 것도 저자의 몫이다. 신진학자는 스스로 신진학자라서 이러한 역할을 회피하고 다른 선배 학자들의 길을 따라가는 데 급급할 것이 아니라 이론적으로 탄탄하고 논리적으로 체계화할 수 있는 구조를 보여주며 연구를 기획할 필요가 있다. 이 연구를 통해서 얻는 경험은 향후의 유사연구에도 중요한 교훈으로 작용할 것이다. 실증연구로부터 시사점을 제시하는 데에는 상당한 유의가 요구된다. 더 많은 참고문헌이 필요하며 인용을 할 수는 없을지라도 학계 선배들과의 심도 있고 질적인 토론에 기반을 두어 조심스럽게 시사점을 제시해야 한다. 정책적 시사점으로 화려하게 논문의 피날레를 장식하려 하는 시도를 자주 목격하지만, 그보다는 신진학자의 담백한 논의가 더 와닿곤 한다.

2. 시놉시스

1) 연구의 배경과 문제의식

윌다브스키(Wildavsky)가 Searching for Safety에서 주목한 회복탄력성(resilience) 개념을 대한민국 정부 조직 연구에 처음으로 투영하고자 노력하였다. 윌다브스키가 제시한 고유입, 평탄성, 중복성 원리를 조직 내 자원인 풍부한 업무자원, 의사결정의 분권성, 상관의 성과관리 피드백에 적용하여 조직 내 자원과 리더십이 조직회복탄력성의 선행 변수로서 역할을 할 수 있는지를 주목하였다.

2) 연구가설 및 모형

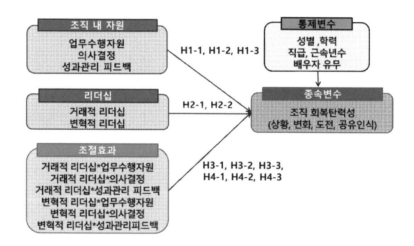

3) 사용 방법론

개인수준의 변수와 조직수준의 변수의 영향력들을 보다 효과적으로 구분, 예측하고자 주요 방법론으로 위계적선형모형(Hierarchical Linear Model: HLM)을 활용하였다.

4) 시사점

　의사결정의 분권성과 상관의 성과관리 피드백이 조직 회복탄력성에 부분적으로 긍정적 영향을 미치는 것으로 나타났으며, 거래적 리더십과 변혁적 리더십 모두 조직회복탄력성에 긍정적 영향을 미치는 것으로 나타났다. 반면, 거래적 리더십과 변혁적 리더십 모두 조직 내 자원이 조직의 회복탄력성에 미치는 영향을 조절하지 않는 것으로 나타났다.

3. 논문요약

I. 서론

COVID-19 위기 속 사회적 난제(Wicked Problem)는 서로 연계되어 있고 사회 다방면에서 위험을 초래하였다는 특징을 보여준다. 변화예측가능성이 낮고 관리해야 하는 지식의 양이 많은 현재 상황 속에서 공공조직에 필요한 전략에 대해 월다브스키(Wildavsky)는 〈그림 1-1〉과 같이 회복탄력적 접근이 필요하다고 제시한다. 이는 최근 실무에서 회복탄력성을 재난 및 조직으로 확장하여 조망하고자 하는 노력들에서도 살펴볼 수 있다. 2015년 센다이프레임워크(SFDRR: Sendai Framework for Disaster Risk Reduction)에서는 재난 상황에서의 회복탄력성을 논의하였으며(UNISDR, 2015 재인용; 오윤경, 2017), 대한민국 정부에서는 「포스트 코로나 시대의 디지털 정부혁신 발전계획」 및 「한국판 뉴딜계획」을 통해 논의를 시작하였고 '긴급대응반'[1]을 운영하

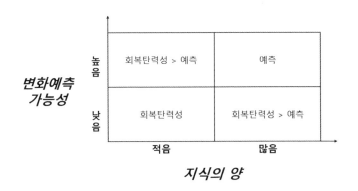

〈그림 1-1〉 환경에 따른 예측/회복탄력성 접근 전략

••••

1) 자체 훈령만으로 신속하게 설치·운영하여 문제를 해결하는 각 부처의 과장급 임시조직으로 코로나 19 대응, 특정금융정보활용지원단, 부동산거래분석기획단 등 현재 25개의 긴급대응반이 운영되고 있다.

는 등 회복탄력성을 구축해야 하는 필요성에 대해 인지하고 있다.

본 연구는 윌다브스키의 논의와 조직회복탄력성 개념을 통해 조직자원과 리더십이 조직회복탄력성에 미치는 영향을 분석하고자 한다. 윌다브스키가 제시한 고유입원리, 평탄성원리, 중복성원리를 조직 내 자원을 업무수행자원, 의사결정, 성과관리 피드백으로 구성하였다. 거래적 리더십과 변혁적 리더십은 현대 행정 연구에서 일관되게 주목하는 상반된 특징을 갖고 있는 리더십으로 윌다브스키의 상이한 원리와 연결될 것으로 예상하여 본 연구에서 주목하게 되었다.

II. 이론적 논의 및 선행연구 고찰

1. 조직회복탄력성의 개념

회복탄력성은 심리학, 사회학, 행정학 등 광범위한 학문분야에서 다루어지며, 개념 정의도 개인적, 정서적, 심리적, 사회적 차원에서 조직적 차원까지 다양하다. 심리학적 관점은 개인 차원의 회복탄력성에 초점을 맞추어, 좌절, 실패의 상황을 겪은 후 이를 회복하여 심리적 균형점으로 되돌아올 수 있는 능력을 의미한다. 사회학적 관점에서 회복탄력성은 개인차원에서 접근하는 심리학적 관점과 달리, 공동체의 회복탄력성에 중점을 둔다.

행정학에서 회복탄력성 연구는 아직 초기 수준에 머무르며 회복탄력성의 개념 및 이론적 기반을 구축하는 데 노력하고 있다(이대웅, 2019). 인사·조직관리 분야에서는 대부분의 선행연구에서 조직 구성원 개인의 회복탄력성을 다뤘으며(윤지영, 2014; 오선영·노상충·강민우·서용원, 2015; 조영복·이나영. 2014; 양연희·이상철, 2018; 백유성, 2018), 양연희·이상철(2018)은 공공부문 조직 구성원의 회복탄력성이 직무만족과 조직몰입에 미치는 영향을 실증 분석하였다.

이처럼 인사·조직 분야에서 기존의 회복탄력성 연구는, 회복탄력성을 원인변수로 설정하여 회복탄력적인 개인이 조직행태 및 조직관리에 미치는 영향을 분석한 논문이 다수였으며, 이는 조직 및 개인에게 회복탄력성의 중요성을 인지하는 데 긍정적으로 기여하였으나, 회복탄력성을 선행요인으로 설정했다는 점에서 회복탄력성을 제고할 수 있는 방안에 대한 해답 제시는 어려웠다는 한계점이 있다. 이에 본 연구에는 회복탄력성을 결과변수로 설정함으로써 회복탄력성의 원인요인을 실증적으로 파악할 수 있고, 조직의 회복탄력성을 제고하는 실질적인 방안을 제시할 수 있다는 점에서 기존 선행연구와 차별성이 있다.

이에 본 연구에서는 조직회복탄력성을 개인이 인식하는 조직회복탄력성을 통해 파악하고자 했으며, 조직이 가용할 수 있는 정보의 양, 변화예측 가능성 등 조직을 둘러싼 여러 조건·맥락과의 상호작용을 통해 발전 가능한 역동적인 개념으로 해석하였다. 아울러 회복탄력성 구성 개념을 도전인식, 변화인식, 공유인식, 상황인식 4개의 하위 항목들로 구성적 개념을 정의하고자 한다.

2. 조직회복탄력성 영향 요인

1) 자원: 업무수행자원, 의사결정, 성과관리 피드백

인적자원관리와 조직성과, 조직몰입, 조직신뢰, 조직유효성 등과의 긍정적 영향 관계를 규명한 연구가 다수 존재했다(김기태·조봉순, 2008; 조영복·곽선화·박인서, 2006; 이영구·장석인, 2014; 김기흥·서문교·권인수, 2018; 체렝후·장석인, 2012). 조직 내 자원 및 인적 자원이 조직회복탄력성에 미치는 영향을 다룬 선행연구는 매우 부족한 실정이었으며, 회복탄력성은 주로 조직 구성원 개인적 특성으로 다뤄지고 있었다. 이에 본 연구에서는 회복탄력성 제고 방안에 대한 윌다브스키의 관점을 토대로 조직 내 물리적, 구조적, 인적 자원인 풍부한 업무자원, 의사결정의 분권성, 상관의 성과관리 피드백이 조직회복탄력성에 미치는 영향을 실증 분석하고자 한다.

윌다브스키(1988)에 따르면, 예상치 못한 문제가 언제 어디서나 발생 가능하며 예측할 수 없으며, 따라서 시행착오의 오류로부터 배우고 변화에 반응하는 능력을 증가시킴으로써 안전(safety)을 추구하는 회복탄력성 전략이 중요하다. 이러한 회복탄력성은 여섯 가지 원리로 구성되어 있으며, 각 원리들은 조직의 회복탄력성을 강화하는 원인 요인으로 이해할 수 있다. 조직의 회복탄력성은 수많은 참여자들이 (평탄성), 빠른 속도로 상호작용하여(高유입), 다양한 채널을 따라(잠식성) 서로 다른 신호를 주고받는 데 달려 있으며, 조직의 지속가능한 경쟁력의 원천으로 조직 내 자원의 중요성을 강조한 자원기반이론과 회복탄력성을 제고할 수 있는 원리를 자원 공급속도, 자원의 다양성, 자원의 분배 등 조직자원을 중심으로 논의한 윌다브스키의 논의를 종합하여 아래와 같은 가설을 도출하였다. 또한, 본 연구에서 정의하는 조직회복탄력성은 조직행태 및 조직문화 측면에서 조직단위의 변수이지만, 변수를 측정하는 방법에 있어서는 조직 구성원 개인이 인식하는 조직회복탄력성임을 밝히며, 개인수준의 변수와 조직수준의 변수의 영향력들을 보다 효과적으로 구분, 예측하고 단계적으로 분석하기에 적합한 위계적선형모형(Hierarchical Linear Model: HLM)으로 분석방법을 설계하였다.

2) 리더십: 거래적 리더십, 변혁적 리더십

자원기반이론에 의하면 물리적 자원, 인적 자원, 조직 자원 등 조직 내 자원은 조직이 계속해서 성장하고 지속가능한 경쟁력을 갖추는 데 중요하며(Barney, 1969, 1986, 1991; Penrose, 1959; Rubin 1973; 신형덕, 2016), 리더십은 대표적인 인적 자원에 해당한다. 본 연구에서 특히 거래적 리더십과 변혁적 리더십에 주목하는 이유는, 위험 대응을 위해 윌다브스키가 제시한 '예측-예방 전략'과 '회복탄력성-완화 전략' 두 축에 여타 리더십 유형보다 거래적 리더십과 변혁적 리더십이 각 전략에 더욱 부합했기 때문이다.

거래적 리더십과 변혁적 리더십은 정도의 차이는 있으나 개인차원 혹은 팀 단위의 긍정심리자본적 회복탄력성에 유의한 영향을 미치는 것으로 나타났다. 즉, 조직 내 자원, 제도, 문화 등 맥락적 요인과 상호작용에 따라 리더십의 효과는 상이하며 상황에 따라 리더십 스타일은 달라질 필요가 있다. 거래적 리더십과 변혁적 리더십은 근무환경, 리더 부하 간 관계 등 측면에서 서로 다른 특성을 지니고

있다. 전자는 합리문화를 바탕으로 안정적인 성과를 추구하며 리더와 팔로워 간
거래적 교환관계를 상정한다. 후자는 급격한 변화에 조직이 살아남고 발전하기 위
해서는 창조적 변혁이 요구된다는 것을 기반으로 구성원에 대한 리더의 영감제공,
동기부여를 강조한다.

리더십과 관련된 다양한 선행연구, 즉 개인차원의 회복탄력성에 미치는 선행
연구를 살펴보고, 리더십 상황이론에 따라 거래적 리더십과 변혁적 리더십이 미칠
영향이 상이할 것으로 기대하였다.

Ⅲ. 연구설계

본 연구는 정부의 전략적 인사 정책 설계를 위한 한국행정연구원에서 생산된
46개 중앙행정기관과 17개의 광역자치단체 본청 소속 일반직 공무원을 대상으로
실시한 공직생활실태조사의 2020년 설문결과를 활용하였다. 본분석은 개인수준
과 집단수준 변수가 종속변수에 미치는 영향을 분석할 수 있는 위계적선형모형
(HLM)을 활용하였다. 연구에서 활용된 주요 설문 문항을 아래와 같다.

〈표 1-1〉 변수 설문문항 구성

구분		문항
조직 내 자원	업무 수행 자원	나는 업무수행에 필요한 예산 등 물적 자원을 적절히 제공받고 있다.
		나는 업무수행에 필요한 정보나 IT시설 등 정보 자원을 적절히 제공받고 있다.
		나는 업무수행에 필요한 인력 등 인적 자원을 적절히 제공받고 있다.
	의사 결정	직원들은 우리 기관에서 이루어지는 의사결정에 대해 설명이나 추가적인 정보를 요구할 수 있다.
		우리 기관에서 이루어지는 의사결정에 대해 직원들이 이의를 제기할 수 있다.
		우리 기관은 어떠한 의사결정을 하는 데 있어 직원들의 의견을 최대한 고려한다.
		우리 기관에서는 공정한 방식을 통해 의사결정이 이루어진다.

구분		문항
	성과 관리 피드백	나는 상급자에게 나의 성과에 대해 규칙적으로 피드백을 받고 있다.
		상급자로부터 받는 피드백은 나의 성과 제고에 도움이 된다.
리더십	거래적 리더십	나의 상급자는 목표가 달성될 경우 내가 받게 될 보상/이익에 대해 잘 이해시켜 준다.
		나의 상급자는 업무성과에 따른 보상/이익을 얻기 위해 내가 어떻게 해야 하는지를 구체적으로 알려준다.
	변혁적 리더십	나의 상급자는 내가 새로운 시각에서 업무를 수행할 수 있도록 장려한다.
		나의 상급자는 나 자신이 스스로 개발해 나가도록 도와준다.
		나의 상급자는 내가 열심히 일할 수 있도록 동기를 부여한다.
		나의 상급자는 내가 미래에 지향해야 할 확고한 비전을 제시해 준다.
회복 탄력성		(변화인식) 우리 기관은 융통성 있고 변화에 즉각적으로 대응한다.
		(변화인식) 우리 기관에서 추진한 변화는 대체로 긍정적 효과를 가져온다.
		(도전인식) 우리 기관은 새로운 도전과제 해결을 위해 직원들의 직관/통찰력, 성장을 중시한다.
		(도전인식) 우리 기관은 혁신을 위해 어느 정도 위험을 감수하는 것을 용인한다.
		(공유인식) 우리 기관은 참여/협력/신뢰를 강조한다.
		(도전인식) 우리 기관은 창의성/혁신성/도전을 강조한다.
		(공유인식) 우리 기관에서는 부서의 업무를 수행함에 있어 상하 간(수직적) 의사소통이 원활하다.
		(공유인식) 우리 기관에서는 부서의 업무를 수행함에 있어 직원 간(수평적) 의사소통이 원활하다.
		(상황인식) 지난 1년간 우리 기관의 목표 달성 정도를 객관적으로 측정할 수 있다.
		(상황인식) 우리 기관에서는 조직목표 간 우선순위가 분명하다.

IV. 분석결과

연구모형과 주 분석인 위계적선형모형의 결과는 다음 아래와 같으며. 본 연구는 2020년 공직생활실태조사를 활용하였다. 본분석은 개인수준과 집단수준 변수가 종속변수에 미치는 영향을 분석할 수 있는 위계적선형모형(HLM)을 활용하였다.

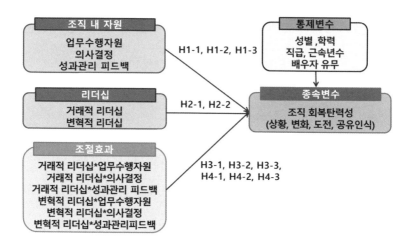

〈그림 1-2〉 HLM 연구모형

〈표 1-2〉 위계적 선형 모형(HLM) 분석결과

구분	조직 회복탄력성				
	모형1	모형2	모형3	모형4	모형5
상수	3.206***	3.206***	3.206***	3.206***	3.206***
통제변수(개인 수준)					
성별		0.101***	0.011	0.011	0.010
나이		0.010	0.036*	0.036*	0.036*
학력		−0.026†	−0.005	−0.005	−0.005
직급		−0.003	−0.016†	−0.016†	−.016†
재직기간		0.047***	0.029***	0.029***	.029***
혼인상태		0.047†	0.025	0.025	0.024
리더십(개인 수준)					
거래적 리더십			0.204***	0.204***	0.202***
변혁적 리더십			0.230***	0.230***	0.302***
조직 내 자원(조직 수준)					
업무수행자원				0.075	0.075

구분	조직 회복탄력성				
	모형1	모형2	모형3	모형4	모형5
의사결정				0.677***	0.677***
성과관리 피드백				0.204*	0.204*
상호작용항(개인*조직수준)					
거래적 리더십*업무수행자원					0.060
거래적 리더십*의사결정					−0.044
거래적 리더십*성과관리 피드백					0.026
변혁적 리더십*업무수행자원					−0.019
변혁적 리더십*의사결정					0.150
변혁적 리더십*성과관리 피드백					0.048
개인수준 분산	0.376	0.363	0.210	0.210	0.210
조직수준 분산	0.024	0.024	0.028	0.001	0.001
집단 내 상관계수	0.060	0.060	0.118	0.005	0.005

†$p<.1$, *$p<.05$, **$p<.01$, ***$p<.001$

V. 결론

본 연구는 공공조직의 회복탄력성 결정요인을 규명하고자 윌다브스키의 담론들과 조직이론들을 재조명하여 실증분석결과들을 제시하였다. 자원기반이론, 리더십 상황이론을 바탕으로 조직회복탄력성에 미치는 조직 내 자원(업무수행자원, 의사결정, 성과관리 피드백)과 리더십(거래적 리더십, 변혁적 리더십)의 영향 관계를 실증적으로 분석하고 거래적 리더십과 변혁적 리더십이 각각의 조직 내 자원과 조직회복탄력성 간의 영향에서 유의미한 조절효과를 가지는지 확인하고자 하였다.

가설 검증 결과는 다음과 같다. 첫째, 조직 내 자원은 조직회복탄력성에 부분적으로(의사결정의 분권성, 상관의 성과관리 피드백) 긍정적 영향을 미치는 것으로 나타났다. 조직 내 회복탄력성을 제고, 복원, 지속하기 위해서는, 기관은 '형식화,' '제도화'

된 성과평가 및 의사결정 시스템의 제도적 디커플링(Institutional Decoupling) 현상들을 극복하고 '내재화'된 실질적이고 효율적인 관리시스템을 발전시켜야 한다는 시사점을 준다. 둘째, 거래적 리더십과 변혁적 리더십 모두 조직회복탄력성에 긍정적 영향을 미치는 것으로 나타났다. 기존 연구에서 확인된 리더십과 개인 회복탄력성 간의 긍정적 영향관계뿐 아니라(이은화 외, 2019; 정예지 외, 2019; 오선영 외, 2015), 본 연구에서는 새롭게 '리더십이 조직회복탄력성에도 긍정적 영향을 미치고 있음을 발견하였다. 두 가지 유형의 리더십 효과가 제시하는 유의미한 결과들은 궁극적으로 합리적, 그리고 혁신적 문화를 지지하는 것으로 해석될 수 있다. 셋째, 거래적 리더십과 변혁적 리더십 모두 조직 내 자원이 조직의 회복탄력성에 미치는 영향을 조절하지 않는 것으로 나타났다. 대한민국 공직사회에서 조직 내 자원들이 보다 유의미한 상승효과(crowding-in effects)를 가지기 위해서는 기관 내 리더십 역량과 더욱 밀접하게 결부될 수 있도록 전략적이고 통합적인 조직자원 내재화 노력이 필요할 것이라는 예측적 해석을 제시할 수 있다. 추가적으로, 가설 외에도 주목할 만한 분석결과를 발견하였다. 재직기간이 길수록 조직회복탄력성에 유의미한 영향을 미치지만 직급은 조직회복탄력성에 통계적으로 유의미한 영향을 미치지 않는 것으로 나타났다. 공개채용제도로 입직하여 재직기간이 긴 공무원일수록 조직회복탄력성이 상대적으로 높다고 추측할 수 있다. 즉, 여전히 공채제도의 유의미성, 필요성을 강조하는 것으로 예상된다.

상기한 연구 결과를 바탕으로 본 연구의 이론적 함의는 다음과 같다. 첫째, 개인의 회복탄력성에 초점을 맞춘 연구의 범위를 조직 차원 회복탄력성, 조직이 가용할 수 있는 자원, 조건, 환경, 맥락과의 상호작용을 통해 개발, 발전시킬 수 있는 역동적인 개념으로 확장한 면에서 의의가 있다. 둘째, 한국의 공공영역에서의 조직회복탄력성과 윌다브스키의 담론을 비교행정학적으로 재조명하고 실증적으로 규명한 점에서 이론적 의의가 있다. 셋째, 리더십과 조직맥락에 부합한다는 선행연구와 달리 본 연구에서는 두 리더십이 조직 내 자원과 조직회복탄력성에 있어서 조절효과가 유의미하지 않은 것으로 나타났다.

본 연구의 정책적 실무적 함의는 다음과 같다. 첫째, 조직문화 및 혁신 진단에 있어 조직회복탄력성도 하나의 진단 지표로 고려될 수 있다. 둘째, 포스트 코로나 시대 공공리더십 개발에 있어 정책적 함의를 제공할 수 있다. 리더십의 조직 내재화, 조직 자원화 작업이 지속적으로 요청되며 멘토형 리더십, 문제해결형 리더십 역량 제고 및 넛지-시뮬레이션-게이미피케이션 등 양방향적 프로그램 개발과 적용을 통해 회복탄력적, 포용적 가치를 지향하는 기관 맞춤형 리더십 발전을 도모해야 할 것이다. 셋째, 정부혁신 및 미래정부 측면에서 회복탄력적 접근에 시사하는 바를 주목해야 한다. 포스트 코로나 시기를 대비하고 미래의 행정환경 변화에 다양한 정보를 적극적으로 공유 및 활용하고 협업을 통해 혁신을 추구하는 플랫폼형 정부를 구축하는 것이 하나의 대안일 수 있다.

끝으로, 본 연구적 한계점들을 보완해 나갈 다음과 같은 후속 연구의 필요성을 제기하고자 한다. 첫째, 다양한 리더십을 독립변수로 추가 개발하여 조직회복탄력성 및 조직맥락에 부합하는 공공사회 조직이론에 기여할 수 있을 것이다. 둘째, 직급 및 재직기간이 조직회복탄력성에 상이한 결과에 추가적인 연구가 필요하다. 계량적 연구방법 이외의 질적 연구방법들을 활용하여 통계적 분석결과를 보다 심도 있게 해석할 수 있을 것이다. 후속연구에서는 개별 조직의 자원, 규모, 문화요소 등을 고려하여 공공기관을 포함한 전반적인 공공영역의 회복탄력성 연구로의 기관 맞춤형 연구적 설계가 필요하다. 마지막으로 혁신적 인사관리 제도들과 정책들을 보다 거시적 관점에서 살펴보면서, 공직 내 내재적-외재적 동기부여 전략 및 성과관리 시스템, 긍정적-부정적 심리자본 수준, 적극행정 및 책임행정 요소 등 조직회복탄력성과 연계될 수 있는 다양한 선행 및 결과 변수들을 심도 있게 탐색, 규명, 검증한다면 효과적인 미래지향적 인사혁신정책에 이론적, 정책적 방향을 제시해 나갈 수 있을 것으로 기대된다.

4. 언론사례와 영화분석

기재부 등 4개 주요부처에 '청년'전담부서 생긴다. 청년정책
총괄·조정⋯교육부 등 5개 부처는 전담인력 보강[2]

이코노미조선, 강성호 기자, 2021.10.25.

　　정부가 청년세대의 취업난과 주거불안정 등 어려움에 대해 체계적·종합적 지원을 강화하기 위해 기획재정부 등 9개 부처에 청년전담 기구·인력을 신설·보강한다. 국무조정실과 행정안전부는 31일 이같은 내용이 포함된 기획재정부 등 9개 부처 직제 일부개정령안이 국무회의에서 의결돼 오는 9월 7일 시행될 예정이라고 밝혔다. 이번 직제개정은 지난해 8월 제정된 청년기본법 후속조치로, 부처별 청년정책의 총괄·조정과 과제발굴·실태조사, 범부처 협력 등 청년정책을 종합적·체계적으로 추진하기 위해서 마련됐다. 기재부는 범부처 청년경제정책의 지원, 국토부는 맞춤형 주거정책 추진을 통한 청년층 주거불안 해소, 중기부는 청년창업 지원·활성화 및 고용촉진, 금융위는 청년을 대상으로 한 금융생활 지원을 각각 추진한다. 교육부는 대학생 맞춤형 교육 및 취업지원, 행안부는 청년을 통한 지역활성화, 문체부는 문화·체육·관광분야 청년정책 조정 및 문화분야 청년인재양성은 물론 문화향유를 지원한다. 또한 복지부는 맞춤형 청년 보건·복지 정책 발굴을 통한 청년안전망 강화를 추진하고, 고용부는 청년 고용정책 효과성 제고를 각각 추진할 계획이다. 한편 이번 직제개정은 청년의 노동시장 진입지체로 청년세대의 생애주기 이행의 불안정성이 가중되는 등 청년정책의 필요성이 확대되고, 정

• • • •

2) https://bit.ly/3Vt57t3(원문출처)

부의 청년정책 과제 및 관련 예산이 지속적으로 증가하는 등 부처별 청년관련 업무량이 증가한 점을 고려했다.

생각해볼거리

업무가 중복되지 않는 새 조직을 만드는 것은 불가능하다. 그렇기 때문에, 또 하나의 조직을 특정 대상 혹은 특정 사안을 위해 만드는 것에 대해 비판적인 시각이 많다. 그럼에도 불구하고, 하나의 컨트롤타워 기능을 하는 청년을 위한 조직이 필요하다고 생각드는가? 전담인력 보강 외에도 청년정책연구원을 설립해 새 조직을 만들기에 앞서, 가조직, 실험조직을 만드는 사안 중 하나라고 보여지는가?

「사회난제와 공공조직, 제리의 회복탄력적 접근 가능할까?」

-영화 '월드워 Z'(2013) 사례 탐색-

영화 : 월드워 Z | 감독 : 마크포스터 | 개봉 : 2013.06.20. | 출연 : 브래드 피트(제리)

영화줄거리
전 세계 이상 기류… 거대한 습격이 시작된다! 의문의 항공기 습격, 국가별 입국 전면 통제, 국경선을 둘러싼 높은 벽, 세계 곳곳에서 원인을 알 수 없는 이변이 일어나기 시작한다. 인류의 대재난에 맞설 최후의 적임자, 제리. 군인 출신으로 전시 경험이 풍부하고 위기 대처 능력이 뛰어난 UN 소속 조사관 제리는 위험한 상황에서 가까스로 가족들과 탈출하는 데 성공하고 이제껏 본 적 없는 인류 최대의 위기 앞에 대재난에 맞설 최후의 적임자로 지목된다.
출처: 네이버 영화

사례

주인공인 제리는 회복탄력적 접근의 다양한 전략을 구사하는 모습을 보여준다.

위기 상황 속에서 빠르게 판단하고 절차를 기다리기 이전에 먼저 행동하고, 찰나의 순간에서 남들과 다른 통찰력을 보여준다. 반면, 인류의 유일한 희망이라고 여겨졌던 바이러스 박사는 좀비의 발원지에 도착하자마자 생을 마감했다.

생각해볼거리

1. 제리의 회복탄력 적접근은 거대하고 절차가 많은 공공조직에 투영할 수 있을까?

2. 악마의 옹호자(Devil's advocate)를 활용하는 것은 고의로 반대 입장을 취하는 사람으로 조직의 선택이 보수적이거나 하나의 선택 등을 고수할 때, 실패를 용인하고 다른 관점을 환기시킬 수 있는 방법이다. 영화 속에서 이스라엘은 악마의 옹호자를 통해 좀비로부터 자신들을 거의 지킬 뻔했다. 악마의 옹호자의 효과는 무엇이었으며, 결국 실패하게 된 이유, 악마의 옹호자를 조직회복탄력적 접근의 하나의 방법으로 제안할 수 있을까?

5. 토론문제

1. 공공조직 내에도 조직회복탄력성이 필요할 것이다. 본 연구에서는 개인의 회복탄력성의 개념이 아닌 조직회복탄력성에 초점을 맞추었다. 조직회복탄력성은 개인의 회복탄력성과 서로 영향을 줄 수 있을까? 즉, 구성원의 회복탄력성이 높은 조직은 조직회복탄력성도 높을까? 아니면 그 반대일까?

2. 조직의 회복탄력성은 개인의 회복탄력성과 다르게 측정하기 쉽지 않다. 설문을 통해 조직의 회복탄력성을 측정하는 것이 차선책일 것이다. 만약 다른 방안으로 조직의 회복탄력성을 측정하다고 할 경우, 어떠한 연구 방법론이 적합할 것인가?

3. 조직의 내외적 다양한 요소들이 조직회복탄력성에 영향을 줄 것으로 기대된다. 기관의 설계자 및 개선방안을 제시하는 조직 컨설턴트라고 생각하고, 조직회복탄력성 차원에서 개선이 시급한 조직을 선정하여, 환경분석을 시행하고, 개선방안을 제시해보자.

Chapter 2.

리더십

「한국행정논집」 제34권 제3호(2022) : 331~364

서번트 리더십과 적극행정 간 행태적 관계성에 관한 실증연구

저자 : 김성엽, 유정환, 이지안, 박성민

Peer Reviewer : 이지안

1. 서평

최유진(이화여자대학교)

　본 논문은 적극행정을 발전시키기 위한 서번트 리더십의 역할을 공직생활실태 조사 데이터를 활용하여 분석하였다. 행정학에서 공공 부문의 리더십 연구는 상대 적으로 많지 않을 뿐 아니라, 특히 서번트 리더십은 그 중요성에 비해 연구가 매 우 부족하다. NPM 이후 경쟁 위주의 문화와 성과 향상이 강조되면서, 그동안 성 과독려형 리더십에 대한 관심이 우세하였던 것이 사실이다. 그러나 윤리적 위기의 시대에 이타적 동기를 바탕으로 구성원에 대한 관심과 조직 내 협력 분위기를 조 성할 수 있는 서번트 리더십이 어느 때보다 필요한 상황이라 할 수 있다. 특히 서 번트 리더십의 개념적 발전에서 더 나아가 정교한 모델을 개발하기 위한 국내 연 구가 매우 드문 상황에서 본 연구는 학문적 지식 축적에 기여하고 있다. 또한 서 번트 리더십의 영향력과 협력/경쟁 문화, 자기효능감, 공공봉사동기와 연결되는 메커니즘을 함께 논의하고, 공직 문화 정착과 공직사회의 활력을 내세우는 적극행 정에 이르는 경로를 식별하고자 했다는 점에서 기존 선행연구와의 차별성이 돋보 인다.

　그동안 서번트 리더십의 측정도구들은 다양하게 제시되었는데, 아쉽게도 주로 서 구국가에서 제시된 설문문항을 기반으로 하였다. 후속연구에서는 한국적 맥락을 반 영한 서번트 리더십 측정도구를 개발하고 활용한다면, 연구의 독창성이 제고될 것 으로 기대된다. 측정과 관련하여 서번트 리더십과 특성을 공유하는 다른 리더십 유형들(예: 진성리더십, 윤리적 리더십, 내현리더십, 협력적 리더십 등)과의 공통점 및 차 이점에 대한 실증적 연구도 필요할 것이다. 또한 서번트 리더십 구축을 위해 도입 가능한 다양한 제도들을 제시해준다면 실무적 측면에서 의의를 더할 것으로 생각 된다.

　언론사례 부분에서는 메르켈 총리의 리더십을 서번트 리더십의 예로 제시하여,

실제 사례를 통해 독자들의 서번트 리더십에 대한 이해를 돕고 있다. 또한 서번트 리더십과 관련된 다양한 토론문제를 제시하여 생각할 거리를 던져주고 있다. 여기에 조금 더하여 최근 현대적 리더십 이론들이 리더와 팔로워의 상호보완적 관계를 강조하고 있는 점, 그리고 우리가 일상에서 리더의 역할을 하기도 하지만 많은 경우 팔로워의 역할에 대한 경험이 더 많다는 것을 고려하여, 팔로워십 개념을 간략히 소개하고 서번트 리더십과 팔로워십의 관계 및 관련 사례를 제시한다면 독자들의 흥미를 좀 더 제고할 수 있지 않을까 생각된다.

본 연구를 포함하여 그동안 대부분의 서번트 리더십 연구는 횡단적(crosssectional) 설계에 기반하였다. 조직·인사 분야에서 변수 간 영향관계를 실증적으로 분석하고 있는 많은 연구들이 주로 2차 설문자료, 특히 단일 연도 자료를 활용하기 때문에 인과관계를 추론하는 데 한계를 보이고 불완전한 결론을 도출해 온 것이 사실이다. 그러나 최근 권위를 지닌 국내외 주요 행정학 학술지들에 실린 논문들을 살펴보면 이러한 한계를 지닌 연구들의 출현 빈도가 낮아지고 있는 것으로 판단된다. 또한 과거에 비해 (여전히 충분하다고 할 수는 없겠지만) 패널데이터, 실험연구 데이터 등 다양한 유형의 데이터가 축적되고 있다. 따라서 신진학자들은 인과관계 추론이 가능한 연구설계에 기반한 데이터 수집 등 연구 수행에 관심을 더욱 기울일 필요가 있다고 본다.

2. 시놉시스

1) 연구의 배경과 문제의식

　복잡한 사회 문제를 해결하기 위해 적극행정이 요구되고 있으며, 행정 내부에는 다른 세대와는 다른 가치관을 가진 MZ세대가 공직사회에 유입되고 있다. 이러한 행정의 내·외부 환경 변화 속에서 공무원들의 적극행정을 유인하기 위해서 정부는 '적극행정 적립(마일리지)제도'를 시행하는 등 다양한 노력을 하고 있다. 본 연구는 적극행정의 법적, 제도적 기반 외에도 적극행정의 내재화 및 공무원의 마음으로부터의 추동을 위해, 기존 실증 분석이 부족하였던 서번트 리더십과 공무원 개개인의 행태적 관점에서 자기효능감, 공공봉사동기, 조직문화에 대해서 주목하여 행태적 관계성을 분석하였다.

2) 연구가설 및 모형

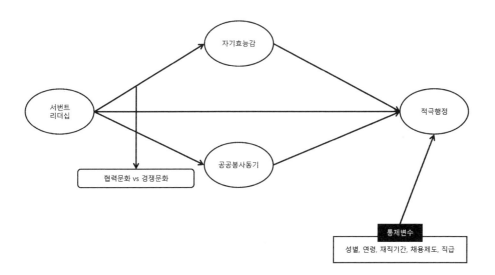

3) 사용 방법론

본 연구는 한국행정연구원에서 실시한 2021년 공직생활실태조사 데이터를 활용했으며, SPSS 26.0와 AMOS 26.0을 활용하여 신뢰도와 타당도, 상관관계 분석을 실시하였으며, 팬텀변수를 포함한 부트스트래핑으로 매개효과를 분석하였다. 또한 조절효과를 Little 등(2006) 접근법을 통해 증명하였다.

4) 시사점

분석결과, 서번트 리더십은 적극행정에 직접적인 영향관계를 확인할 수 없었으나 자기효능감과 공공봉사동기를 매개하여 적극행정에 영향을 줄 수 있다는 사실을 검증하였다. 또한 경쟁문화와 협력문화 모두 서번트 리더십, 적극행정, 자기효능감, 공공봉사동기에 모두 유의미한 조절효과를 가져오는 것으로 확인되었다.

3. 논문요약

I. 서론

코로나19를 비롯한 사회적 위협과 저출산 및 저성장과 같은 사회적인 이슈, 계속되는 저성장으로 인한 고용시장의 불안정성 등 다양한 우리 사회는 물론 행정환경 또한 다양한 위협과 불확실성에 노출되어 있다. 행정수요는 나날이 증가하고 있으며 이러한 행정수요에 대응하기 위해 공공부문은 창의성과 전문성을 통해 보다 적극적으로 업무를 수행해야 할 필요성이 있다. 이에 적극행정의 필요성을 인식하고 조직 내 개인과 집단에 영향력을 주는 리더십과의 관계를 살펴보았다. MZ세대가 공직에서 다수집단으로 성장함에 따라 공정성, 투명성을 중시하는 경향이 나타나며 조직에 대한 충성심보다 자기 자신의 가치를 중시하는 특징을 가지고 있다는 선행연구를 통해 다양한 세대가 공존하고 통섭해야 될 필요가 있는 현대조직과 알맞은 서번트 리더십과의 관계를 주목하였다.

현대조직에서 조직문화는 조직 구성원이 공유하며 새로운 구성원에게 전해지는 가치관 및 신념 및 규념이라 정의하고 리더십의 효과성을 증대 또는 제약시킬 수 있다는 요인으로 작용함에 따라 경쟁가치모형을 활용한 조직문화 중 협력문화와 경쟁문화에 대한 조절효과를 분석하였다. 또한 자기효능감과 공공봉사동기가 적극행정과 서번트 리더십에 미치는 영향과 서번트 리더십이 적극행정에 영향을 미치는 관계에서 매개효과가 있는지 확인하고자 한다.

II. 이론적 논의 및 선행연구 고찰

1. 적극행정

적극행정이란 개념의 시작은 2009년 감사원이 '적극행정 면책제도'를 도입한 이후 사용되기 시작하였다(박윤, 2019). 2019년에 제정된 「적극행정 운영규정」 제2조에서는 "공무원이 불합리한 규제를 개선하는 등 공공의 이익을 위해 창의성과 전문성을 바탕으로 적극적으로 업무를 처리하는 행위"로 규정하였다. 그러므로 '적극행정'은 공무원이 '이상의 행정'을 구현하고 다양한 사회문제에 대한 능동적인 대응과 문제해결에 대한 창의적이고 혁신적인 접근방식을 장려하기 위해 적극행정을 추동하는 요인에 대해 살펴보아야 한다.

최근 적극행정을 활성화하기 위해서 적극행정에 대한 보상제도가 변화하고 있다. 기존의 일회성 보상제도를 넘어 올해 2022년 7월부터 적극행정 적립(마일리지) 제도를 시범적으로 시행하여 우수공무원에게 보상을 수시로 제공하고 적극행정에 대한 노력과 성과를 즉각적으로 공정하게 보상한다는 점에서 기존에 주목하지 않았던 새로운 행태론적 관점에 주목해야 할 필요성이 있다.

우리나라 공공조직의 특성상 조직 구성원은 상사의 행동과 특성에 영향을 많이 받는다. 즉, 리더의 행동 및 영향이 구성원의 적극행정에 영향을 미칠 수 있다는 것이다. 따라서 공공조직에서의 상사의 리더십이 적극행정에 영향을 끼치는 요인을 내재화시키고 적극행정 지향적인 조직문화를 유도한다면 조직 개개인의 적극행정 구현에 영향을 미칠 수 있는 것을 기대할 수 있다. 그리하여 본 연구에서는 다양한 갈등과 복잡한 이해관계 속에서 누구나 공감할 수 있는 혁신적인 아이디어를 제시하고 창의성과 전문성을 바탕으로 공공의 이익을 추구하는 것을 적극행정이라 규정하고 적극행정에 유의미한 영향을 줄 수 있을 것으로 기대하는 서번트 리더십을 주목하였다.

2. 서번트 리더십

지식경제 시대의 도래와 급변하는 기업 환경, 창조경제 등 새로운 패러다임이 국내외에 잇달아 발생하며 장기적 성장을 위해서는 하나의 리더십이 아닌 각각의 특성과 상황에 맞는 리더십의 필요성이 제기되고 있다(권상집, 2016; O'Leary, B. S., Lindholm, M. L., Whitford, R.A., & Freeman, S. E., 2002). 그 중 타인의 발전에 초점을 두고 그들의 욕구를 충족시키기 위해 헌신하는 서번트 리더십을 공공조직 구성원의 적극행정에 영향을 미치는 선행요인으로 주목하였다. 서번트 리더십은 1970년대 AT&T에서 교육과 연구를 담당했던 Robert Greenleaf(1970)가 제시한 개념이다(이운용·김호균, 2021). 최근 서번트 리더십이 중요하게 부각되는 이유는 구성원들에게 직무에 대한 의미를 부여하고 자신감과 동기부여 향상, 신념과 태도의 변화를 이끌어 내며(권상집, 2016; 배상욱·윤영삼·한나영, 2009) 구성원들의 발전과 성장을 독려하고 타인에 대해 이타적인 경향을 보이는 것이 서번트리더십만의 차별화된 장점이다(Ehrhart, 2004). 또한 개인적 성실과 부하들과의 장기적 관계형성에 초점을 둔다는 점에서 전통적인 리더십과 구분된다(Graham, 1991).

MZ세대는 기성세대와 차별화된 업무가치(work value)와 행동패턴을 나타내며 (Schroth, 2019), 직장 내에서 투명성, 자립성, 유연성, 개인의 자유라는 업무가치를 선호한다. 직장 내에서 그들은 충분한 정보를 가지기를 원하며, 적극적으로 자신들의 의견을 표출하고, 반대의견을 허용하며, 업무와 관련해 인정받기를 원한다 (Gaidhani, S., Arora, L., & Sharma, B. K., 2019). 더 나아가 그들은 조직 내에서 그들의 업무나 성과를 공정하게 평가받고 인정받지 못하거나 리더나 관리자가 그들의 노력을 인정하고 존중하지 않을 때 과감하게 조직을 떠나 그들의 노고를 인정해주는 조직으로 이직하는 경향이 강하게 나타났다(Rampton, 2017).

이러한 맥락으로 볼 때 기존 한국에서 논의되었던 서번트 리더십을 머슴리더십, 일종의 주인에게 자신의 지위나 권력을 내려놓고 충성을 다하는 리더십으로 인식되기보다는 원래 서번트 리더십이 의미하는 바로 논의될 필요성이 있다. 즉, 앞으로의 한국 공직사회에서 필요한 서번트 리더십의 구성요소를 본 연구에서 제시하고자 한다. 먼저, 다른 사람의 이야기를 성실하게 청취하고 이해하는 것으로 서번트 리더십의 주요 속성이자 이론적 출발점인 '경청', 타인을 위한 봉사와 필요(needs)를 충족시키기 위한 공감능력과 조직 내 행복감 제고를 위한 '공감과 치유', 직장 내 충분한 정보를 가지길 원하고 적극적으로 구성원의 의견을 표출하는 조직문화를 이끌어내는 '미래비전과 해결책', 팔로워의 성장이 개인이 아닌 우리(we)의 성장임을 인식하여 팔로워가 더 높이 성장하도록 지원하고 능력을 육성해주는 '공동체 성장과 성장지원', 마지막으로 윤리적인 자세로 진정한 공직의 가치를 표방하는 자세인 '청렴성', '자기희생'으로 서번트 리더십이 논의되어야 한다.

선행연구에 따르면 서번트 리더십은 조직 구성원의 창의성과 혁신성에 영향을 미치는데 Baer, Oldham, & Cummings(2003)에 따르면, 위험을 감수할 수 있는 의지와 유연한 커뮤니케이션을 조성하는 리더의 행위가 구성원들의 창의적 아이디어를 증진시킨다고 강조하였다. 또한 최근 국내연구 중 강문실·김윤숙(2021)은 서번트 리더십(이타적소명/감정적 치유/지혜/설득/청지기정신)이 혁신행동에 정(+)의 영향을 미치는 것을 확인하였고 최창국·강효진·김종인(2021)의 연구와 김유진(2021), 윤성환(2021)의 연구에서도 서번트 리더십이 혁신행동에 영향을 미치는 것을 확인하였다.

위계적인 조직문화보다 유연성 있고 탈권위적인 조직문화에서 적극행정이 실현된다는 선행연구를 비추어 보아 수직적관계가 아닌 수평적관계로서 '리더-멤버'의 관계가 '멤버-리더'의 관세로서의 변화가 가능하게 하고, '서번트공무원 조직-국민(사회 전체)'으로 발전시켜 사회 전체의 이익을 위한 조직문화를 수립할 수 있는 서번트 리더십이 다양한 가치관과 소통능력을 가지고 있는 구성원을 통해 높은 공감능력을 가진 혁신적인 조직의 탄생을 기대할 수 있다.

3. 공공봉사동기

공공봉사동기란 공공조직 및 공직사회에서 근본적으로 혹은 독특하게 내재되어 있는 동기에 반응하는 개인적 성향이다(Perry & Wise, 1990). 즉, 공공조직에서 우선적으로 또는 독특하게 나타나는 개인적인 경향이나 타인에게 도움이 되어 사회적 복리를 향상시키는 동기와 행동(Perry & Wise, 1990; Perry & Hondeghem, 2008; 정지용·김지수, 2020)이며 자기희생을 감수하더라도, 국민에게 더 나은 공공서비스를 제공하여 공익 증진에 이바지하고자 하는 이타적 동기로 개념화된다(Brewer & Selden, 2000).

Hameduddin & Engbers(2022)은 여러 가지 유형의 리더십과 공공봉사동기의 관계에 관한 기존 문헌을 분석하고 있는데, 대체로 리더십이 공공봉사동기의 선행변수로 논의된다고 정리하고 있다. 공공봉사동기의 또 다른 연구들은 공공봉사동기를 독립변수 혹은 매개변수로 설정하여 논하고 있다. 대부분의 연구들에서 공공봉사동기가 높을 경우, 직무만족과 조직몰입, 조직시민행동, 조직 내 혁신행동이 증가하는 것을 확인하였으며, 공무원의 혁신행동과 관련해서 공공봉사동기는 개인의 내재적 요인으로 핵심으로 차지한다고 할 수 있다(김지수·윤수재, 2019). 공공봉사동기는 외재적 보상이 지닌 한계를 극복하고 협업을 촉진시키는 요인이 될 수 있다는 점에서 사회 현상이 복잡해지고 협업이 필수적으로 여겨지는 새로운 적극행정 개념 대두에 필수적인 요소라고 할 수 있다. 또한 공공봉사동기가 자기희생을 기반으로 공익 실현을 지향하며 능동적이고 적극적 행동의 동기요인이라는 점에서 혁신행동과 관련성을 예상해 볼 수 있다(진윤희, 2021).

공공봉사동기는 서번트 리더십과 공유되는 특성을 가지고 있다고 볼 수 있다. 서번트 리더십은 조직 내부에서 발생하는 팔로워에 대한 봉사뿐만 아니라, 사회전체에 대한 공동체 의식(sense of community)을 강조한다. 또한 서번트 리더십의 출발점은 타인에게 봉사하려는 마음 그 자체이며, 그 대상은 팔로워에 국한되는 것이 아니라 조직과 집단이 소속한 공동체와 사회 전체까지 확장되어야 한다는 점을 강조한다는 점에서 공공봉사동기와 공유되는 특성을 가지고 있다. 서번트리더는 부하의 욕구와 성장을 위해 부하에게 권한을 부여하며 그 결과 부하는 자율욕구와 역량욕구를 충족하게 되고, 이는 리더가 강조하는 봉사와 친사회적 가치의 내면화를 촉진시켜 자아관념을 활성화시키고 공공봉사동기를 유발하게 될 것이다(Liu, B., Perry, J.L., Tan, X., & Zhou, X. 2018).

4. 자기효능감

자기효능감은 Bandura(1977)가 처음 제시한 개념으로서 주어진 과업을 성공적으로 수행할 수 있다는 믿음이라고 할 수 있다. 사회인지이론(Social Cognitive Theory)에 의하면, 자기효능감은 특정과업을 성공적으로 수행할 수 있는 능력에 대하여 개인이 내리는 자기평가라고 정의할 수 있다. 이러한 자기효능감은 과거의 성취경험, 대리경험, 사회적 설득, 심리적 상태 등에 의해서 형성되며, 이는 개인의 동기유발 수준을 결정해 준다(Gist & Mitchell, 1992). 또한 자기효능감은 최근 연구에서 성과만족이론(ERPS)과 함께 연구가 진행되기도 한다(김석용, 2020; 장석인, 2019). Porter & Lawler에 의하면 개인의 행동을 유발하는 동기부여 수준이 노력(Effort), 성과(Performance), 보상(Reward), 만족(Satisfaction)들 간의 결합에 의해 결정될 수 있다고 한다(박성민·김선아, 2015). 자신이 요구되는 성과를 달성하는 것과 책임을 완수했다는 것을 스스로 인식하는 것이 만족으로 이어질 수 있으며 또 다른 노력 혹은 행동으로 연결될 수 있다(김재형 외, 2020). 상사의 피드백과 존중, 배려와 같은 서번트 리더십의 특성은 구성원들의 자기효능감을 높이는 데 긍정적인 기여를 한다는 점에서(Thayer & Teachout, 1995) 서번트 리더십도 구성원들의 심리적 메커니즘인 자기효능감과 관련이 있음을 추론할 수 있다(송인숙·권상집, 2017). 리더가 조직 구성원을 존중하고 창의성의 기회를 적극적으로 제공할수록 구성원들은 자신의 능력에 대해 더 높은 자기효능감을 형성할 수 있으며(오종철·양태식, 2009), 상사를 신뢰하는 부하가 자기효능감이 높다면 주어진 업무에 도전적으로 임하므로 업무에 창의적인 아이디어를 내며 일할 것이다(황상규, 2011). 이러한 선행연구를 통해 자기효능감이 서번트 리더십과의 관계에서 적극행정을 지향하는 매개역할을 수행할 것을 기대하였다.

5. 경쟁문화와 협력문화

Portugal & Yukl(1994)는 조직 구성원의 행동을 변화시키기 위해서는 조직문화의 선제적 변화를 제시한다. 조직문화는 조직이 처하고 있는 환경의 변화에 대한 조직 구조, 전략, 행동 등에서 다른 조직과 구별되는 독특한 문화로서 조직 구성원들이 상호작용을 통해 적응 및 공유하는 기본적인 가치체계이다. 따라서 조직문화는 해당 조직구성원들의 행동과 사고에 영향을 줄 수 있는 조직만의 독특한 특성으로도 이해가 가능하며 조직에 대한 모든 것을 포함하는 총체적 개념으로 인식해야 한다(조일형·전인석·채경진, 2018).

본 연구에서는 Cameron & Quinn(2011)의 경쟁가치모형(Competing Value Framework)에 따른 4가지 조직문화 중 경쟁문화(Compete Culture), 협력문화(Collaborate Culture)를 주목하였다. 먼저 경쟁문화는 시장지향문화(Market Culture)라고 지칭되기도 하며, 합리적 목적을 위해 효율적 조직 관리 추구 및 성과에 대한 보상을 강조함으로 구성원의 동기를 부여하는 모습을 보인다. 따라서 목표달성, 성과, 생산성 등이 강조되며 조직구성원의 동기 부여를 위해 경쟁과 목표달성을 활용한다(전영빈·정충식, 2014). 협력문화는 관계지향문화(Clan culture)라고 지칭되기도 하며, 구성원의 참여와 높은 수준의 몰입을 통한 업무 책임감 및 조직 자긍심을 향상시켜 조직 효과성에 중요한 영향을 주며(조일형 외, 2018), 참여를 통해 조직이 추구하는 혁신과 변화를 인식하고 이를 통해 구성원은 내재적 동기를 얻게 된다(Kim, 2014).

Schein(1985)은 조직문화는 조직에 알맞은 리더십을 미리 정할 수 있다고 한다. 즉, 리더가 문화를 창조하지만 역으로 문화도 다음 세대의 리더를 창조한다고 하였다. 결국 리더는 조직문화와 상호영향을 미친다고 볼 수 있다(김호정, 2002). 협력문화는 집단의 유지를 위해 조직 구성원 간 가족적인 인간관계를 강조하고, 신뢰를 바탕으로 집단응집성의 가치를 중요시하여 구성원들 간 우호적인 관계, 가족적인 애착심 및 인간적인 유대감이 형성(김호정, 2002)된다는 점과 서번트 리더십이 조직 구성원의 성장을 위해 기여하며 팀이 진정한 공동체를 형성할 수 있도록 조직을 이끄는 리더십이라는 점은 '공동체 형성'이라는 공통점을 가진다. 또한 Freeman & Cameron(1993)에 의하면 협력문화의 리더는 조력자와 멘토와 같은 리더십을 보이는데(이강훈, 2015) 서번트 리더십 또한 리더가 구성원이 자발적으로 목표를 달성하게 동기부여 해주는 모습과 미래비전과 해결책을 제시한다는 모습에서 협력문화의 리더와 비슷한 리더십의 양상을 보인다. 이러한 선행연구를 토대로 관계·집단

지향적 문화가 조직 구성원 간 상호 신뢰와 존중을 장려하고 이러한 성격은 서번 트 리더십에 유의미한 영향을 줄 것이라고 보았으며 이와 상응되는 경쟁문화는 다른 효과를 가져올 것으로 기대하였다. 이에 따라, 본 연구는 관계 · 집단지향적 문화가 조직구성원 간 상호 신뢰와 존중을 장려하는 관계형 리더십 행동의 효과성을 높인다는 점을 미루어 보았을 때(박종수·최하영, 2022), 협력문화는 서번트리더십에 유의미한 영향을 줄 것이라 보았으며, 이와 상응되는 경쟁문화는 서번트리더십과 개인의 행태에 협력문화와 다른 효과를 가져올 것을 예측할 수 있다.

Ⅲ. 연구설계

본 연구는 최근 MZ세대 등 신규 유입 공무원들을 고려하여 변화하는 공직 문화 정착과 공직 사회의 활력과 국민을 위한 적극행정을 지속적으로 발전시키기 위해, 공직 내 서번트 리더십이 공무원의 자기효능감, 공공봉사동기의 행태를 매개로 적극행정에 미치는 영향을 살펴보고 협력문화와 경쟁문화 중 어떤 문화가 이를 긍정적으로 조절하는지 확인하고자 하였다. 연구모형은 다음과 같다.

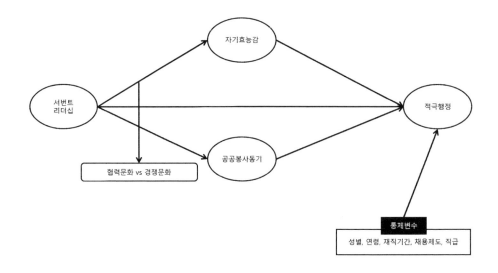

또한 본 연구는 한국행정연구원에서 실시하고 있는 2022년 「공직생활실태조사」[3]를 활용하여 실증분석을 실시하였으며 변수에 사용된 설문항목은 다음과 같다.

〈표 2-1〉

구분			문항	연구자
독립 변수	서번트 리더십	q19_11	나의 상급자들은 하급자나 본인보다 젊은 직원들을 인격적으로 존중한다 〈경청〉〈공감과 치유〉	Van (2014) 송용욱 외(2019)
		q19_4	나의 상급자는 내가 미래에 지향해야 할 확고한 비전을 제시해 준다 〈미래비전과 해결책〉	
		q19_10	나의 상급자는 자신의 실수를 솔직하게 인정한다 〈청렴성, 자기희생〉	Van(2014) 송용욱 외(2019)
		q25_1	상급자는 내가 조직목표에 어떻게 기여하는가를 이해하도록 잘 도와준다 〈공동체형성과 성장지원〉	Van(2014) 송용욱 외(2019)
매개 변수	자기 효능감	q26_1	나는 담당업무에서 요구되는 성과를 달성하고 있다	정연우 외(2019) 고대유 외(2021)
		q26_2	나는 담당업무의 성과를 달성하기 위해 책임을 다한다.	
		q26_3	나는 담당업무와 관련되어 있는 조직 및 타 기관, 이해관계자로부터 요구되는 성과를 달성하고 있다	
	공공 봉사 동기	q29_1	국가와 국민을 위한 뜻깊은 봉사는 나에게 매우 중요하다	김진아 외(2020) 김은지 외(2021)
		q29_2	비록 웃음거리가 된다고 하더라도 나는 다른 사람들의 권리를 옹호하기 위해 나설 용의가 있다	
		q29_3	나에게는 사회에 어떤 바람직한 변화를 가져오는 것이 개인적인 성취보다 더욱 큰 의미가 있다	
		q29_4	나는 사회의 선(善)을 위해서라면 스스로 매우 큰 희생을 감수할 마음의 준비가 되어 있다	
		q29_5	나는 일상생활을 통해 우리가 얼마나 서로 의존적인 존재인지를 늘 되새기고 있다	
조절 변수	협력 문화	q20_5	우리 기관은 참여/협력/신뢰를 강조한다	이재완(2018) 허유민 외(2021)
		q20_6	우리 기관은 조직사기/팀워크를 중시한다	
	경쟁 문화	q20_1	우리 기관은 계획수립/목표설정/목표달성을 강조한다	이재완(2018) 허유민 외(2021)
		q20_2	우리 기관은 경쟁력/성과/실적을 중시한다	

••••

3) 본 연구는 한국행정연구원에서 생산된 자료를 활용하였으며, 한국행정연구원 연구자료 관리규칙에 의거 사용허가를 받았다.

구분			문항	연구자
종속 변수	적극 행정	q32_1	나는 새롭고 독창적인 업무수행 방식을 창안/적용하도록 노력한다	강나율 외(2019) 김재형 외(2020)
		q32_2	나는 업무수행 중 발생하는 문제해결을 위해 새로운 아이 디어를 개발한다	
		q33_1	나는 시민들의 다양한 의견을 이해하고, 갈등을 해결하기 위해 적극적으로 노력한다	
		q33_2	나는 내 업무의 판단기준을 이해관계자들에게 설득하고 설명한다	

Ⅳ. 분석결과

본 연구의 측정변수들에 대한 분석은 SPSS 26.0과 AMOS 26.0을 활용하였으며, 다음과 같은 분석방법으로 연구를 수행하였다.

첫째, 연구변수의 신뢰도와 타당도를 분석하기 위해 탐색적 요인분석과 신뢰도 분석을 실시하고 요인분석결과가 전체 분석모형의 관점에서 적합한지 확인하기 위해 확인적 요인분석을 실시하였는데 그 결과 요인적재량, Cronbach's alpha값, 평균분산추출(AVE: Average Variance Extracted), 개념신뢰도(CR: Construct Reliability) 등 모든 문항이 타당도를 확보하였다. 둘째, 연구변수 간 관련성을 확인하기 위해 상관관계 분석을 실시하였다. 셋째, 연구가설을 검증하기 위하여 공분산구조분석을 실시하였고 서번트 리더십이 적극행정에 영향을 미치지 않는다는 결과를 도출하였다. 결과는 다음 표〈2-2〉와 같다.

〈표 2-2〉 공분산구조분석결과

경로		Estimate	S.E.	C.R.	P	결과
가설 1	서번트 리더십 → 적극행정	0.034	0.016	2.128	0.033	기각
가설 2	서번트 리더십 → 공공봉사동기	0.393	0.019	20.806	***	채택

경로		Estimate	S.E.	C.R.	P	결과
가설 3	공공봉사동기 → 적극행정	0.446	0.018	25.376	***	채택
가설 5	서번트 리더십 → 자기효능감	0.44	0.018	24.592	***	채택
가설 6	자기효능감 → 적극행정	0.35	0.017	20.253	***	채택
통제변수	성별 → 적극행정	−0.098	0.016	−6.032	***	
	연령 → 적극행정	−0.005	0.016	−0.292	0.77	
	재직기간 → 적극행정	0.024	0.008	2.979	0.003	
	채용유형 → 적극행정	0.02	0.019	1.06	0.289	
	직급 → 적극행정	−0.047	0.013	−3.699	***	

***.p<0.001[4]

넷째, 팬텀변수(phantom variable)를 포함한 부트스트래핑(Bootstrap)으로 매개효과 분석을 하여 간접효과를 추가적으로 검증하였다. 앞서 서번트 리더십이 적극행정에 접적인 영향 관계는 없는 것으로 나타났으나 공공봉사동기와 자기효능감 등이 적극행정이 정(+)의 영향 관계가 있는 것으로 나타난 것을 토대로, 매개변수로 주목한 두 변수를 매개하여 적극행정에 영향을 줄 수 있다는 가설을 검증하고 서로 상이할 수 있는 간접효과를 확인하고자 부트스트래핑 방식을 실시하였다. 결과는 표〈2-3〉과 같다.

〈표 2-3〉 매개효과 분석결과

경로		Indirect Effect	Boot SE	Confidence interval 95%		결과
				Boot LLCI	Boot ULCI	
가설 4	서번트 리더십→공공봉사동기→적극행정	0.175	0.015	0.152	0.205	채택
가설 7	서번트 리더십→자기효능감→적극행정	0.154	0.012	0.130	0.181	채택

● ● ● ●

4) 본 공분산구조분석결과, 가설 1이 나머지 가설에 비해 p값이 0.033으로 다소 높은 것으로 확인되었고 실제로 정(+)의 영향관계가 없는데 있다고 할 위양성(false positive)의 확률을 낮추기 위해 유의성 판정기준을 기준을 보다 엄격하게 적용하였다(Ioannidis, J. P., 2018)

마지막으로 조절효과 분석을 위해서 협력문화, 경쟁문화와 서번트 리더십 간의 상호작용항을 구성하여 조절효과의 유의미한 상호작용을 Little 등(2006) 접근법을 통해 증명하였다. 협력문화와 경쟁문화 모든 변수에 유의미한 조절효과를 가져온 것을 확인하였으며 서번트 리더십에 더 호응이 높을 수 있는 조직문화는 협력문화임을 확인하였다. 결과는 〈표 2-4〉와 같다.

〈표 2-4〉 Little 등(2006) 접근법에 의한 조절효과 분석

	경로	Estimate	S.E.	C.R.	P	결과
가설 8	서번트 리더십*경쟁문화 → 적극행정	0.053	0.016	3.381	***	채택
가설 9	서번트 리더십*경쟁문화 → 자기효능감	0.059	0.018	3.328	***	채택
가설 10	서번트 리더십*경쟁문화 → 공공봉사동기	0.123	0.021	5.839	***	채택
가설 11	서번트 리더십*협력문화 → 적극행정	0.057	0.015	3.731	***	채택
가설 12	서번트 리더십*협력문화 → 자기효능감	0.192	0.018	10.667	***	채택
가설 13	서번트 리더십*협력문화 → 공공봉사동기	0.159	0.019	8.477	***	채택

***.$p < 0.001$

V. 결론

본 연구의 목적은 적극행정의 활성화를 위해 새로이 공직에 유입되고 있는 MZ세대와 기존 공직에서 다수를 차지한 바 있는 기성세대가 공존하고 있는 현대 공공부문 조직의 상황에서 서번트 리더십의 효과와 리더십의 효과를 조절할 수 있는 조직문화의 유형을 규명하여 이론적 의의와 실무적인 함의를 제시하는 것에 있다.

분석결과는 다음과 같다. 첫째, 서번트 리더십이 적극행정에는 직접적인 영향을 미치지 않는 것으로 확인되었으나, 공공봉사동기와 자기효능감을 매개하여서는 적극행정과 유의미한 수준으로 긍정적 관계성을 가지는 것으로 나타났다. 앞서

살펴본 선행연구 결과와 서번트 리더십의 개념 정의를 종합하여 고려해 보았을 때 서번트 리더십이 다른 리더십 유형에 비해 조직 구성원의 일차적 행동 변화나 직접적 성과 창출에 대한 기여효과가 다소 적을 수 있다고 할 수 있을 것이다. 하지만, 서번트 리더십이 구성원의 공공봉사동기와 자기효능감 수준에 긍정적 영향을 주고, 긍정적 영향이 적극행정으로까지 연결된다는 점에서 서번트 리더십은 타 리더십 유형과 같이 외부로부터의 추동이 아닌 자기 자신 내부로부터의 추동을 일으킨다는 점에서 그 의미가 상당하다고 할 것이다. 둘째, 독립변수이자 매개변수로 구성한 공공봉사동기와 자기효능감은 적극행정에 유의미한 수준으로 긍정적 영향을 미친다는 결과는 선행연구의 결과와 맥을 같이한다(김재형 외, 2020). 이러한 높은 공직 가치의 내재화 수준은 개인 성과와 만족이 연계되어 적극행정으로도 연결될 수 있는 것을 미루어 생각해보았을 때(김재형 외, 2020), 내적 동기부여의 중요성이 확인된다. 셋째, 서번트 리더십과 공공봉사동기, 자기효능감, 적극행정 간 관계에서 경쟁문화와 협력문화는 각각 다른 수준으로 유의미한 조절효과를 보이고 있음을 확인하였다. 이는 리더십과 조직 효과성은 조직문화에 의해 영향을 받고 특성에 따라 효과 수준이 다르게 나타날 수 있다는 다양한 선행연구(Quinn & McGrath, 1985; 전상호, 신용준, 1995; 김호정, 2003)와 합치되는 결과라고 할 수 있다.

본 연구가 가지는 함의는 다음과 같다. 첫째, 본 연구는 행정학에서 주로 다루어지지 않은 서번트 리더십과 이에 적합한 조직문화를 실증한 점에서 이론적 의의가 있다. 둘째, 매개변수로 공공봉사동기와 자기효능감을 설정함으로써 타 세대보다 성취감에서 큰 동기부여를 얻는 MZ세대의 특성을 반영하고자 하였다. 셋째, 상대적으로 주목받지 못한 조직문화 유형인 협력문화의 의의를 환기한다는 점과 이를 활용하여 공공부문과 민간부문 관리자로 하여금 조직 내부 차원 지향과 유연성 고려의 중요성을 파악하여 현대조직에서의 조직관리의 실효성을 높이는 데 유용할 것으로 판단된다.

연구 결과를 바탕으로 다음과 같은 정책적, 실무적 함의를 제시할 수 있다. 첫째, 공무원의 '마음으로부터 추동'되는 적극행정을 설계하기 위해 공직 내 서번트 리더십과 공무원 개개인의 서번트리더에 대한 준비를 지원해야 한다. 서번트 리더십 구축은 리더만의 변화만으로 되는 것이 아니기 때문에 이를 구축하기 위한 구성원이 서번트리더에 대한 제대로 된 인지와 구성원이 직접 서번트리더를 만들 수 있는 '리버스멘토링' 제도 등을 통한 구성원과 리더 간의 지속적으로 수평적인 소통 체계를 구축해야 한다. 둘째, 개별 기관의 특성과 기관장 리더십에 적합한 조직문화 유형 진단과 맞춤형 개선 노력과 환류 작업이 지속되어야 한다. 조직기능 개편 및 조직효율성 제고를 위한 구조적 조직진단 작업뿐만 아니라 조직문화 진단을 통해 살펴보고 조직이 갖고 있는 문화적 강점을 살리고 약점을 보완하는 식으로 조직문화 개선을 시행한다면 해당 조직의 고유한 강점을 살리는 문화를 구축할 것으로 예상된다. 이를 위해서는 체계적으로 공직문화를 진단하고 관리할 수 있는 전담부서 지정과 정교화된 조직진단 도구의 개발이 필요하다. 또한, 이러한 진단 도구를 통하여 공직문화를 정확히 진단하고 기관맞춤형 조직문화 관리방안들을 도출할 수 있는 관리체계 마련이 필요하다.

위와 같은 연구적 함의에도 불구하고 다음과 같은 한계점이 있다. 첫째, 한국적 맥락을 추가적으로 고려하는 서번트 리더십 연구가 진행되어야 한다. 본 연구는 공직생활실태조사 2021년에 새롭게 추가된 문항을 고려하고 있으나 여전히 서번트 리더십에 대한 한국적 맥락에서 논의는 정리되지 못하고 있다. 이를 시작으로 한국적 맥락에서 조직에 필요한 서번트 리더십의 요소가 지속적으로 논의되어야 한다. 둘째, 본 연구는 2차 설문자료를 활용하였다는 점에서 한계가 있다. 또한, 조직문화를 진단하는 데 있어 설문지의 정량화된 질문을 통해 진단할 수 없는 조직의 내밀한 부분에 대해서 살펴보지 못한 한계점이 있다는 점에서 서번트 리더십의 적극행정에 있어서의 완전매개효과 등은 실무자 공무원들의 심층 면접을 통해 추가 논의가 필요할 것이다. 셋째, 본 연구는 자기 보고를 통한 단일시점 조사로 선행변수와 결과변수를 측정하고 있는바, 동일방법편의(Common method bias)의 문제 발생 여지가 있다. 응답자의 일관성 유지의 동기와 사회적 바람직성으로부터 자유로울 수 없음에 의한 응답자에 의한 편의가 나타날 수 있음이 한계로 지적될 수 있다. 향후 설문지 문항을 구성하는 데 있어 문항 배열의 순서배열에 보다 신중을 기하는 등의 노력이 필요할 것으로 생각된다. 넷째, 데이터 특성의 한계로 인해 중앙정부, 지방정부 부처의 특성이 고려되지 못하는 한계가 있다. 향후 다양한 공공부문 조직의 특성을 고려할 수 있는 다양한 자료 등이 구축된다면 더 많은 함의를 이끌어낼 것으로 기대된다.

4. 언론사례와 영화분석

박수 받으며 떠나는 메르켈, 비결은 국민 섬기는 리더십[5]

매일경제, 송오현 DYB 교육대표, 2021.11.10.

앙겔라 메르켈(Angela Merkel) 독일 총리 시대가 곧 막을 내린다. 16년간 총리로 재임했던 메르켈은 (중략) 국민들의 따뜻한 박수 속에 행복하게 떠난다. 그 비결은 뭘까? 바로 '서번트 리더십(servant leadership)'이다.

흔히 리더십 하면 카리스마와 권위를 우선 떠올리게 된다. 그러나 현대사회의 급변하고 불확실한 환경 속에서는 과거처럼 '나를 따르라'는 식의 리더십이 먹히지 않는다. 상명하복식의 지시와 훈계가 아니라 조직원의 창의성과 자율성을 살리는 '섬기는 리더'가 돼야 유연하게 대처할 수 있다. 그래서 조직의 리더가 하인(servant)처럼 낮은 자세로 구성원을 위해 섬기고 봉사하는 서번트 리더십이 더욱 필요하다.

서번트 리더십은 조직 구성원의 행복한 삶에도 영향을 미친다. '섬기는 리더'는 자신보다는 타인과 공동체의 선을 우선시하기 때문에 성과를 내면서도 모두가 행복해질 수 있도록 업무를 추진하려고 노력한다.

여러분은 아마 매슬로의 욕구위계(Maslow's Hierarchy of Needs) 이론을 들어봤을 것이다. 그는 욕구 피라미드의 최상위 단계로 자아실현(self-actualization)을 얘기했다. 그러나 우리 삶에는 자아실현 이상의 차원이 있다. 그것은 바로 타인실현이다. (중략) 내가 성취했을 때 느끼는 만족감도 크지만, 다른 사람이 성공할 수 있게 했을 때 느끼는 만족감은 그것과 비교할 수 없다. 결국 행복을 위한 궁극적인 추구 방

• • • •

5) https://bit.ly/3UcZCho(원문출처)

향은 성공이 아니라 봉사다.

성취하는 삶은 위대하지만, 그것은 나를 중심으로 한다. 봉사의 삶은 다른 사람들과의 관계 속에서만 일어난다. 내가 성취할 때는 승패가 있다. 그러나 내가 봉사할 때는 승리만 있을 뿐이다.

행복한 리더가 되려면 업무를 진행하기 전 스스로 질문해보길 바란다. 내가 어떻게 도움이 될 수 있나? 내가 어떻게 가치가 있을 수 있나? 어떤 방법으로 봉사할 수 있나? 세계적 오케스트라 보스턴 필하모닉의 지휘자 벤 잰더(Ben Zander)는 이렇게 말했다. "오케스트라 지휘자는 아무 소리도 내지 않는다. 그는 다른 사람들이 얼마나 소리를 잘 내게 하는가에 따라 능력을 평가받는다. 다른 이들 속에 잠자고 있는 가능성을 깨우는 것이 리더의 일이다."

생각해볼거리

기사에 언급된 바와 같이 메르켈 총리는 '유럽에서 가장 영향력 있는 지도자'라는 타이틀까지 얻은 당사자로 새로운 지도자의 모습을 제시한 상징적인 인물로 서번트 리더십을 논할 때 항상 언급되는 지도자이기도 하다. 기사를 토대로 메르켈 총리의 '서번트 리더십' 면모는 어떠한 사례에서 가장 두드러지게 나타났는지에 대해 토의해 보도록 하자. 또한 메르켈 총리의 재임 기간 중 다양한 상황 속에서 서번트 리더십이 아닌 다른 리더십을 펼친 사례에 관한 검토와 그녀가 항상 성공적인 리더십을 펼쳤을지에 대한 질문을 해보고 이를 토대로 메르켈 총리의 리더십에 관한 논의와 메르켈 총리가 발휘한 리더십의 실패 사례, 그리고 이에 어떤 정책과 방안으로 대처하고 지금의 메르켈 총리가 있는지에 관하여 생각해보자.

「70세 시니어 인턴 벤의 모습에서 찾은 서번트 리더십」

- 영화 '인턴'(2015) 사례 탐색 -

제목 : 인턴 | 감독 : 낸시 마이어스 | 장르 : 코미디 | 개봉일자 : 2015.09.24

영화 줄거리

창업 1년 반 만에 직원 220명의 성공신화를 이룬 줄스(앤 해서웨이). TPO에 맞는 패션센스, 업무를 위해 사무실에서도 끊임 없는 체력관리, 야근하는 직원 챙겨주고, 고객을 위해 박스포장까지 직접 하는 열정적인 30세 여성 CEO! 한편, 수십 년 직장생활에서 비롯된 노하우와 나이만큼 풍부한 인생 경험이 무기인 만능 70세의 벤(로버트 드 니로)을 인턴으로 채용하게 되는데…

출처 : 네이버 영화

사례

영화 인턴에 나오는 벤은 고령의 인턴임에도 불구하고 회사 내 그 누구도 하지 않는 온갖 짐이 쌓여 있는 책상 치우기부터 팀원들 고민 상담과 동료의 어려움에 대해 공감하고 해결책을 제시해 준다. 이러한 모습은 처음에 벤을 꺼려했던 줄스 또한 그의 팀에 대한 봉사와 배려, 공감 등을 인지하게 되면서 벤은 우리 조직에 꼭 필요한 존재라고 인식하게 된다. 공감과 치유, 자기희생, 미래비전과 해결책 제시 등의 '서번트리더'로서의 모습과 태도를 벤의 모습으로부터 찾을 수 있다.

생각해볼거리

그동안 우리는 공식적인 자격 또는 개인의 신분 또는 계급을 가진 사람만이 리더라고 생각해 왔다. 하지만 영화 속 벤의 모습을 보면서 조직 내 '리더의 실질적 역할과 행동'에 대해 다시 생각해보고 더 나아가 앞으로 공공조직에 요구되는 '진정한 리더의 모습과 역할'은 무엇일지에 관하여 생각해보자.

5. 토론문제

1. 서번트 리더십은 연구자마다 하위요인을 구성하는 데 차이가 있음을 논의하였다. 스피어스가 제시한 서번트 리더가 갖추어야 할 10가지 행동요소[6] 중 가장 한국적 맥락(한국 공공조직 문화)에서 논의될 수 있는 중요한 하위요인을 제시해주세요.

행동요소	개념정의
경청	구성원의 이야기를 성실히 청취
공감	구성원의 상황과 처지를 이해하고 공감하며 동정심을 가짐
치유	구성원의 육체적, 정신적 스트레스 해소를 위한 카운슬링과 멘토링
설득	개방적 커뮤니케이션을 행하며 상대방이 대등한 관계에서 상황을 잘 이해하도록 설명하는 것이 중요함
인지	구성원보다 상대적으로 지식과 인지력 수준이 높음
예견력	경험과 직감을 통해 앞날을 미리 살필 줄 알아야 함
나침반 역할	조직의 미래를 구상하고 좋은 길을 찾아야 함
청지기 의식	주인행세가 아닌 머슴의 역할을 하며 구성원을 대함
성장지원	구성원이 좀 더 나은 능력을 갖고 더 높은 위치로 성장하도록 도우며 자기개발을 통해 새로운 일을 성취하도록 이끌어야 함
공동체 형성	나(I)와 너(YOU)의 상호작용 속에서 '우리(WE)'라는 의식을 형성하도록 화합과 단결을 유도해야 함

2. 앞서 논의된 서번트리더십의 10가지 하위요인 외 시대변화적 관점(인구 구조의 변화, 다양성, 양극화 등)에서 볼 때 추가되어야 할 하위요인에 대해 논의해주세요.

● ● ● ●

6) 출처: 하미승. (2022). 리더십 이론과개발. (pp. 158). 윤성사

3. 본 연구는 서번트리더십이 내적동기를 유발하여 공공봉사동기와 자기효능감에 유의미한 영향을 미친다는 연구 결과를 제시하였지만, 구성원의 적극행정에는 유의미한 영향을 끼치지 못한다는 연구 결과 또한 제시하였다. 이러한 연구 결과가 도출된 원인에 대해 한국 공직사회의 인사·조직적 관점에서 논의해보자.

「한국사회와 행정연구」 제31권 제3호(2020) : 163~197

공직 내 변혁적리더십과 공무원의 적극행정과의 관계성 연구

저자 : 김재형, 김성엽, 오수연, 박성민
Peer Reviewer : 김보미

1. 서평

이동성(성균관대학교)

국민들은 자신의 민원을 공무원들이 앞장서서 제약에 얽매이지 않고 해결하길 원한다. 그래서 정부는 일선 공무원들에게 적극행정의 태도를 주문한다. 법과 규칙을 중시하여 업무를 처리하던 공무원들은 정부의 갑작스러운 변화에 당황할 수 있으나, 이때 중간관리자들이 변혁적 리더십을 잘 발휘하면, 일선 공무원들이 보다 원활하게 적극행정을 수행할 수 있을 것이다.

이 과정은 논리적으로 당연한 흐름처럼 보인다. 하지만 현실은 논리적 흐름대로만 작동하지는 않는다. "정말 그럴까?" -- 행정학은 이러한 물음을 지닌 채로 행정현상이 일어나는 곳을 살펴보는 것이다. 이 현상은 예산을 운용하거나, 인사제도를 운용하거나, 정책이 펼쳐지거나, 또는 중앙정부나 지방정부가 운영되는 과정일 수 있다. 또 학자들이 바라보는 곳은, 개인일 수도, 조직일 수도, 제도일 수도, 환경일 수도 있다. 그렇다면 이를 "어떻게 확인할 수 있을까?" 이에 대한 해답을 찾기 위해 이 장은 구조방정식을 사용하여 다양한 개념들이 서로에게 어떻게 얼마나 영향을 미치고 있는지 살펴보고 있다. 이러한 분석 방법을 통해 이 논문은 변혁적 리더십이 적극행정에 긍정적인 영향을 미친다는 것을 증명하였고, 행정학에서 핵심 개념인 '공공봉사동기(PSM)'가 변혁적 리더십이나 적극행정에 어떤 영향을 미치는지에 대해서도 밝히고 있다.

이 장에서는 '변혁적 리더십', '적극행정', '공공봉사동기', '학습지향성', '자기효능감'과 같은 행정학에서 중요시되는 추상적인 개념의 용어들을 다루면서도, 이 개념들이 현실 사회에서 과연 어떤 의미로 쓰이는지 언론이나 영화를 통해 고찰해보고자 하는 시도를 하고 있다. 언론이나 영화는 사회현상을 압축적으로 보여준다는 점에서 이러한 추상적 개념 용어들을 효과적으로 적용할 수 있는 도구라 하겠다.

이 장의 언론사례로는 기관장의 리더십을 다루고 있고, 이를 통해 지적 호기심을 유발하고 있다. 리더십이 부족해서 경영평가에서 낮은 점수를 받은 것인지, 만약 그렇다면 낮은 평가점수를 받은 기관장들과, 높은 평가점수를 받은 기관장들 사이에는 리더십과 다른 어떠한 특징의 차이가 있는지, 자연스럽게 미래의 연구 질문들을 유도하고 있다. 또한, 영화 '죽은 시인들의 사회'의 예를 통해서도 이 장에서 다루고 있는 변혁적 리더십의 역할에 대해 많은 생각과 질문을 하도록 한다.

이 장을 통해서 행정학의 추상적 개념 용어와 친숙해졌다면, 이를 다시 현실 행정과 행정학에 적용하려는 노력이 필요하다. 이 장에서 제시하고 있는 토론문제들이 이에 해당한다. 여러 문제들에 대해 토론하고 또 연구를 위한 질문을 던진다면, 좋은 연구자가 되기 위한 하나의 중요한 요건을 갖춘 것이다.

정부의 역할이 다시금 중요해졌다. 이의 일환으로써 적극행정은 현재 정부와 학계에서 모두 관심을 두는 주제이다. 하지만 적극행정이라는 개념이 등장한 지 오래되지 않아 이와 관련된 체계적 연구가 부족한 상황이다. 따라서 이에 대해 다양한 관점의 연구가 시도되어야 하고, 신진 학자들의 적극적인 역할이 기대되는 분야이다.

우선 개념을 이론화하기 위한 연구를 생각할 수 있다. 이를 위해서 행정학의 주요한 이론뿐만 아니라 인접한 학문들의 이론까지 검토할 필요가 있다. 구체적으로는 적극행정을 실현한 구체적인 사례를 연구하여 이론적으로 일반화하는 방법에 대해 생각해볼 수 있다. 한국 행정에서 적극행정 우수사례에 대해 적극적으로 논의되고 있기 때문에 관련 전문가들이나 담당 공무원들과의 인터뷰를 통해 질적 연구방법을 활용해 이론화하는 작업을 진행하는 것이다. 또한, 해외의 정치·정책·행정학계에서 활발하게 연구 중인 정책기업가정신(Policy Entrepreneurship)과 한국의 적극행정을 개념적으로 비교하여, 용어의 개념적 의미와 범위를 구체화할 수도 있다.

적극행정에 대한 사례분석 이상의 실증적 연구를 수행할 수도 있다. 적극행정을 잘 실현할 수 있는 제도나 환경, 조직 문화에 대한 이해를 위해, 실험적 연구 설계를 통해 적극행정의 주체인 공무원들이 적극행정에 대해 어떻게 생각하는지를 연구할 수도 있다. 마지막으로 적극행정이 실현한 결과에 대한 국민들의 인식을 살펴볼 수도 있을 것이다.

2. 시놉시스

1) 연구의 배경과 문제의식

　최근 COVID-19 확산 사태로 인한 사회적 거리두기 등과 같이 국가적으로 정부 및 공무원의 역할이 절실히 요구되는 사회적 문제가 발생하고 있다. 그래서 기존 정부와 공무원이 매뉴얼대로 해결할 수 있는 사회문제는 점점 줄어들고 재량권을 행사하여 사회문제를 해결해야 하는 경우가 늘어나고 있다. 가령, 현재 정부가 COVID-19의 확산을 막기 위한 방역단계 결정이라는 정책논의과정에서 다양한 집단의 이해관계를 고려하는 과정은 매뉴얼대로 해결할 수 있는 사회적 문제로 보기 어려워 보인다. 이와 같은 정부 및 공무원의 재량권 행사가 필요한 사회문제가 발생하는 환경에서 공무원의 적극행정 강화를 위해 공직 내 변혁적 리더십과 공무원의 적극 행정과의 관계성에 대해 연구하고자 하였다.

2) 연구가설 및 모형

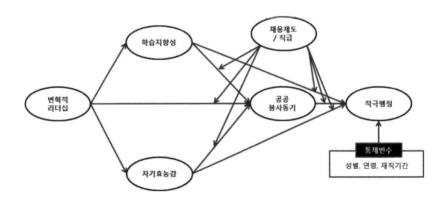

3) 사용 방법론

본 연구는 한국행정연구원에서 제공하는 2019년 공직생활실태조사를 활용하여 통계분석(SPSS 및 AMOS)을 진행하였다.

4) 시사점

분석결과 변혁적 리더십, 학습지향성, 자기효능감은 공공봉사동기에 영향을 미치고, 공공봉사동기는 적극행정에 영향을 미치는 것으로 나타났다. 또한 변혁적 리더십은 학습지향성, 자기효능감, 공공봉사동기를 매개로 적극행정에 영향을 미치는 것으로 나타났다. 다만 채용제도는 자기효능감과 공공봉사동기와의 관계에서만 조절변수로서 유의한 영향을, 직급은 자기효능감과 공공봉사동기와의 관계와 공공봉사동기와 적극행정과의 관계에서 조절변수로서 유의한 영향을 미치는 것으로 나타났다. 본 연구는 이러한 분석결과를 바탕으로 정부 인사행정 운영 측면에서 정책적 함의를 제시하였다.

3. 논문요약

I. 서론

　최근 COVID-19 확산 사태로 인한 사회적 거리두기 등과 같이 국가적으로 정부 및 공무원의 역할이 절실히 요구되는 사회적 문제가 발생하고 있다. 그래서 기존 정부와 공무원이 매뉴얼대로 해결할 수 있는 사회문제는 점점 줄어들고 재량권을 행사하여 사회문제를 해결해야 하는 경우가 늘어나고 있다. 이와 같은 정부 및 공무원의 재량권 행사가 필요한 사회문제가 발생하는 환경에서는 공무원 개개인의 적극행정을 이끌어내는 견인 요인을 연구하여 공직사회에 적용할 필요가 있다. 본 연구에서는 적극행정을 견인하는 변수로 채용제도와 직급을 추가하여 연구하고자 한다. 채용제도에서 공개채용이 아닌 경력채용으로 입직하는 공무원 군(群)은 이미 민간에서 경험한 직무성과를 인정받아 입직했으므로 직무성과가 직무만족을 이끈다는 Porter & Lawler의 성과만족이론을 통해 적극행정에 대해 다른 태도를 가질 수 있어 이에 대한 연구가 필요해 보인다. 그리고 한국 공직사회의 특성상, 직급은 업무자율성에 있어서 가장 큰 차이를 가져오는 핵심요인이라 할 수 있어, 개인에게 자율성(autonomy)이 많이 부여될수록 더 강한 내재적 동기를 유발하여 보다 높은 성과를 가져오게 된다는 Deci & Ryan(1985)의 자기결정성 이론(SDT)을 통해 직급별 차이를 연구할 필요가 있어 보인다. 이에 본 연구는 공직 내 변혁적 리더십을 독립변수로, 공무원의 적극행정을 종속변수로 하고, 두 변수 간의 관계를 공무원의 행태인 학습지향성, 자기효능감, 공공봉사동기를 매개변수로서의 역할을 하며, 채용제도와 직급이 조절변수로서의 역할을, 인구통계학적 특성인 성별, 연령, 재직기간, 직급을 통제변수로 설정하여 이를 실증 분석하고자 하였다.

II. 이론적 논의 및 선행연구 고찰

1. 적극행정

적극행정이란 다변하는 사회에서 표준운영절차만으로 사회문제를 해결하기 어려운 환경 속에서 현장의 다양한 문제들을 적극적으로 해결하고자 시행된 조치이며, 공무원이 공공의 이익을 위해 창의성과 전문성을 바탕으로 적극적으로 업무를 처리하는 행위를 의미한다(적극행정 운영규정 제2조). 적극행정을 이끄는 다양한 요인들은 크게 제도론적 관점과 행태론적 관점으로 구분할 수 있는데(강나율 등, 2019), 적극행정이 제대로 정착되기 위해서는 실제로 적극행정과 영향이 있는 사회구성원을 토대로 한 행태론적 관점의 연구가 필요하다. 행태적 관점의 선행연구들은 개인의 의지, 경향, 상관과 같은 개인차원의 요인, 의사결정권한, 협조, 전문성, 형식주의와 같은 조직차원, 문화 혹은 제3자 등 외부의 영향인 환경차원을 주목하였다(박충훈·이현철·김지연, 2016). 그 중에서도 리더십을 통한 공무원 개인의 동기 변화가 개인의 행동 변화로 연결된다면 미시적인 변화를 통해서도 적극행정의 행동 변화와 문화 정착으로 연결될 수 있다는 점을 예측할 수 있다. 개인의 변혁적 리더십이 조직의 문화를 수직적, 일방향적인 체제(Top-down system)에서 중장기적으로 하의 상달적(Bottom-up), 수평적, 상호 소통적 방식으로 바꿀 수 있다는 점에서 변혁적 리더십은 공공조직의 운영방식을 적극행정으로 전환시킬 수 있다(김호균, 2019). 이를 통해, 변혁적 리더십이 공직사회 구성원에게 학습지향성 그리고 자기효능감을 불러일으키고 공공봉사동기가 부여되어 이것이 적극행정으로 이어지는지 더 구체적으로 연구하고자 하였다.

2. 변혁적 리더십

변혁적 리더십(Transformational Leadership)은 빠르게 변화하는 사회에 조직이 발전하기 위해서 지금과는 다른 변혁이 필요하며 그에 걸맞은 조직 구성원들의 태도, 행동 변화를 이끄는 리더의 역할을 강조한다(박성민·김선아, 2015). 또한 보상 차원을 넘어서 구성원의 내재적 동기를 이끌어내는 것이 조직성과 및 혁신에 영향을 미칠 수 있고 리더와 구성원 간의 수평적 관계가 중시되고 조직의 지속적 성장을 위해 주목하는 리더십이다. 변혁적 리더십의 연구는 Burns(1978)가 처음 제시하고 Bass(1985)가 구체화하면서 다양한 방향으로 연구되어졌다(임재영·문국경·조혜진, 2019). 변혁적 리더십은 다른 리더십과 다르게 구성원에게 새로운 방법을 생각하도록 독려하고 개인적인 이익보다는 조직 전반의 이익을 추구하고 대내외적 변화에 적합한 조직문화, 분위기를 혁신을 주도하는 리더십이며(Bass & Avolio, 1990), 단순히 조직성과에 긍정적으로 영향을 미치는 것뿐만 아니라 구성원의 조직 몰입 및 혁신행동에 긍정적인 영향을 줄 수 있다(김지훈, 2020). 선행연구들을 살펴보면 문계완 등 (2009)은 리더십이 혁신행동에 유의미한 영향을 미친다는 점을 검증하였다. 또한 거래적 리더십과 변혁적 리더십 간의 비교를 통해 변혁적 리더십이 더 유의미한 영향을 미치는 점을 확인하였다. 이를 토대로 비추어 볼 때, 변혁적 리더십은 개인의 변화, 조직의 변화 모두에 유의미한 영향을 주고 있음을 확인할 수 있었다. 본 연구에서는 변혁적 리더십을 상사로서 구성원에게 비전을 제시해주며 내재적 동기를 일으켜 구성원을 새 시각과 행동 변화를 이끌어내는 리더십으로 종합하여 정의하고자 한다.

3-1. 학습지향성 : (Hackman & Oldham의 직무특성이론(Job Characteristics Model) 중심으로)

Hackman & Oldham의 직무특성이론(Job Characteristics Model)에 따르면 학습지향성은 새로운 지식을 창조, 획득, 공유하는 활동참여에 관한 고유성향이며(Slater & Narver, 1995), 숙달목표, 학습목표, 과제몰입목표를 추구한다. 이러한 학습활동이 개인의 내적 흥미 그리고 학습에 대한 긍정적인 태도로 연결될 수 있는데(진윤희, 2018), 즉 개인이 직무를 수행하는 과정 속에서 학습이라는 성장 욕구수준이 부합할 때 내재적 동기를 일으키며 또 다른 학습으로 이어질 수 있다. 학습지향성은 스스로 자신의 학습활동을 설계하고 내적 흥미에서의 즐거움을 찾아내며 학습에 대한 긍정적인 태도를 지속하는 것으로 나타난다(진윤희, 2018). 선행연구에 따르면 공공부문에서 학습지향성은 조직 내 지식축적, 지식공유, 지식활용활동에 유의미한 영향을 미치는 것으로 확인되었다(이홍재·차용진, 2007). 비록 공직사회에서 학습지향성을 토대로 적극행정에 유의미한지에 대한 직접적인 연구는 없지만 기존의 선행연구들이 이를 토대로 학습지향성이 기존의 절차중심적인 공직사회가 공직사회 내부에서의 혁신과 창의성을 증대시켜 적극행정을 이끌어내는지 알아볼 필요가 있다. 이에 따라 본 연구에서는 학습지향성을 공무원 개인의 업무 수행의 성과 증대라는 성취를 위해 교육훈련, 능력발전, 자기개발에 기여하는 성향으로 정의하고자 한다.

3-2. 자기효능감: Albert Bandura의 사회인지이론(Social Cognitive Theory)과 Porter& Lawler의 성과만족이론(ERPS)을 중심으로

사회인지이론(Social Cognitive Theory)에 의하면 지식의 획득이라는 학습과 이를 활용하여 수행하는 행동을 구분한다. 특히 직무차원에서 자기효능감은 구성원은 하나의 학습 모델을 설정하여 이를 통해 자기효능감을 형성하는데 이는 자신의 내부 상황을 들여다봄으로써 혹은 외부 환경을 토대로 향상시킬 수 있다. 대체로 선행연구에서는 자기효능감이 직무열의, 조직몰입, 창의성, 조직성과를 이끄는 변수로 주목받고 있다(유병규·이영균, 2019; 김석용, 2020; 강태원·이용기·이용숙, 2018; 이영균· 유광영, 2018; 김형진·심덕섭, 2018). 자기효능감이 강할수록 개인은 더 높은 수준의 목표를 설정하고 몰입수준을 증가시키고 더 많은 노력을 다시 투입하는 동기로 작용하며, 전략적 사고를 통해 자신에게 긍정적인 영향을 미치게 통제할 수 있다(진윤희, 2018). 또한 공직 내에서 자기효능감은 수준이 높아질수록 공직가치의 내재화 수준이 높아질 수 있다(정연우 · 박성민, 2019). 이러한 공직가치의 내재화 수준이 높아진다면 개인 성과와 만족이 연계되어 지속적인 적극행정으로도 연결될 수 있다. 선행연구에서는 자기효능감은 자신의 노력과 성과와 보상 만족이 유기적으로 연결되어 지속적인 행동의 선순환을 이끌 수 있다는 점을 확인할 수 있었다. 본 연구에서는 자기효능감을 자신이 맡은 업무에 대해 스스로 책임감과 성과에 대한 긍정적인 인식을 중심으로 살펴보고자 한다.

4. 공공봉사동기

공공봉사동기란 공공조직 및 공직사회에서 근본적으로 혹은 독특하게 내재되어 있는 동기에 반응하는 개인적 성향이다(Perry & Wise, 1990). 공공봉사동기는 외재적 보상이 지닌 한계를 극복하고 협업을 촉진시키는 요인이 될 수 있다는 점에서 사회 현상이 복잡해지고 협업이 필수적으로 여겨지는 새로운 적극행정 개념 대두에 필수적인 요소라고 할 수 있다. 선행연구에 따르면 리더십과 같은 조직환경적 요인과 공공봉사동기와 같은 내면적 요인 모두 혁신행동을 유발하는 것으로 확인되었으며 공공봉사동기가 변혁적 리더십과 혁신행동 사이에서 매개효과를 통해 간접적인 영향을 미치는 것을 실증적으로 밝혔다(김지수 · 윤수재, 2019). 그러나 다각도로 공공봉사동기 그리고 조직환경적 요인과 공공봉사동기 사이를 매개하는 요인들에 대한 연구는 부족하다. 이에 본 연구에서는 변혁적 리더십과 공공봉사동기 간을 매개하는 변수로 학습지향성과 자기효능감을 주목하였고 공공봉사동기를 변혁적 리더십과 적극행정 사이를 매개할 수 있는 변수로 설정하였다.

5. 채용제도의 조절효과

대한민국 공무원 인사제도에서 공무원을 채용함에 있어 크게 공개경쟁채용제도와 경력경쟁채용제도로 나뉜다. 현재 정부가 COVID−19의 확산을 막기 위한 방역단계 결정 과정과 같이 기존 공무원이 매뉴얼대로 해결할 수 있는 사회문제가 아닌 경우, 입직 경로에 따라 대응하는 방식이 다를 수 있다. 선행연구들에 따르면 공개채용제도와 달리 경력경쟁채용제도로 입직한 구성원이 공채출신에 비해 성과, 조직몰입, 직무열의 수준이 높다(박순애 등, 2018). 또한 경채로 입직한 공무원의 개방적인 성향이 조직몰입, 조직시민행동 등에 긍정적인 영향을 준다(안희정 등, 2013). 박윤 등(2020) 연구에 따르면 공채출신이 공공봉사동기가 더 높고, 공공봉사동기의 승진공정성 및 의사소통공정성의 정(+)의 영향은 경채집단이 더 크며, 이러한 선행변수들이 조직몰입에 미치는 정(+)의 영향은 공채집단이 더 크다고 한다. 따라서 앞선 연구 등을 통해 참고했을 때, 채용제도에 따라 본 연구에서도 각 변수 간의 설명에서 유의미하게 분석할 필요성을 실감하였다. 따라서 변혁적 리더십, 학습지향성, 자기효능감, 공공봉사동기와 적극행정 사이에서 두 채용제도가 유의미한 조절효과를 가질 수 있음을 알아보고자 한다.

6. 직급의 조절효과

우리나라 공무원의 직급체계는 일반직 공무원, 별정직 공무원으로 구분되어 있으며 일반직 공무원은 1급에서 9급까지 기술 연구 등의 업무를 수행하는 연구직·지도직 공무원으로 특정직 공무원은 타 법률에 의해서 구분된 공무원이다(권용수·임재진·김혜영·김상우·조태준, 2015). 직급별로 담당 업무와 과업의 범위, 특성과 권한, 책임 정도가 다를 수 있기 때문에 동기부여, 직무성과, 직무태도 및 적극행정에서의 차이가 있을 수 있다. 이승주 등(2019) 연구에 따르면 인적자본요인, 제도적 요인, 환경적 요인이 혁신행동에 있어 직급별로 차이가 있다는 점을 확인하였다. 또한, 김국진 등(2019) 연구에 따르면 비관리자들에게는 직무자율성과 목표명확성이 혁신행동에 긍정적 영향을 미치나 반대로 관리자들에게는 영향을 미치지 않는 것으로 나타났다. 따라서 공직사회에서의 직급은 채용제도와 더불어 개인과 조직 그리고 공직사회에 모두 영향을 주는 중요한 특성 중의 하나라고 볼 수 있다. 이에 따라 본 연구에서는 직급이 변혁적 리더십, 학습지향성, 자기효능감과 공공봉사동기 사이에서 조절하는 효과를 보이는지, 적극행정에 조절효과를 검증하고자 한다.

III. 연구설계 및 분석결과

본 연구에서는 한국행정연구원에서 제공하는 「2019년 공직생활실태조사」를 활용하여 통계분석(SPSS 및 AMOS)을 진행하였다. 연구대상자는 46개 부처, 17개 자치단체, 4,111명 일반직 공무원(부처 공무원 1,270명, 자치단체 공무원 2,841명) 샘플을 전부 활용하였다. 연구모형, 변수구성, 설문 문항, 요인분석, 신뢰도 분석, 공분산 구조분석, 매개효과분석, 조절효과분석결과는 다음과 같다.

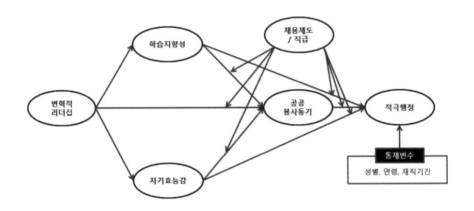

〈표 2-5〉 설문 문항, 요인분석, 신뢰도 분석

구분			문항	연구자	적재량	신뢰도
독립변수	변혁적 리더십	q19_4	나의 상사는 내가 미래에 지향해야 할 확고한 비전을 제시해준다.	고재권 등 (2020)	.873	.937
		q19_5	나의 상사는 내가 열심히 일할 수 있도록 동기를 부여한다.		.896	
		q19_6	나의 상사는 내가 새로운 시각에서 업무를 수행할 수 있도록 장려한다.		.889	
		q19_7	나의 상사는 내 자신을 스스로 개발해 나가도록 도와준다.		.876	
매개변수	학습지향성	q13_1	나는 업무수행 능력을 향상시키기 위해 자기개발을 꾸준히 하고 있다.	최석분 등 (2010) Gong 등 (2009)	.744	.794

구분		문항		연구자	적재량	신뢰도
매개변수	학습지향성	q13_2	나는 업무수행에 필요한 경우 적절한 교육훈련/능력발전 기회를 충분히 가질 수 있다.	최석분 등 (2010) Gong 등 (2009)	.827	.794
		q13_3	최근에 이수한 교육훈련/능력발전 활동은 나의 직무수행에 도움이 되었다.		.775	
	자기효능감	q26_1	나는 담당업무에 기대되는 성과를 달성하고 있다.	김문준 등 (2019)	.805	.896
		q26_2	나는 담당업무 성과를 위해 책임을 충실히 완수한다.		.844	
		q26_3	나는 담당업무와 관련되어 있는 조직 및 타 기관, 이해관계자로부터 요구되는 성과를 달성하고 있다.		.823	
	공공봉사동기	q29_1	국가와 국민을 위한 뜻깊은 봉사는 나에게 매우 중요하다.	Rainy & Steinbauer (1999)	.711	.884
		q29_2	비록 웃음거리가 된다고 하더라도 나는 다른 사람들의 권리를 옹호하기 위해 나설 용의가 있다.		.787	
		q29_3	나에게는 사회에 어떤 바람직한 변화를 가져오는 것이 개인적인 성취보다 큰 의미가 있다.		.798	
		q29_4	나는 사회의 선(善)을 위해서라면 스스로 매우 큰 희생을 감수할 마음의 준비가 되어 있다.		.787	
		q29_5	나는 일상생활을 통해 우리가 얼마나 서로 의존적인 존재인지를 늘 되새기고 있다.		.69	
종속변수	적극행정	q32_1	나는 새롭고 독창적인 업무수행 방식을 창안/적용하도록 노력한다.	김호균 (2019)	.766	.887
		q32_2	나는 업무수행 중 발생하는 문제해결을 위해 새로운 아이디어를 개발한다.		.775	
		q33_1	나는 시민들의 다양한 의견을 이해하고, 갈등을 해결하기 위해 적극적으로 노력한다.		.711	
		q33_2	나는 내 업무의 판단기준을 이해관계자들에게 설득하고 설명한다.		.686	
		q33_3	나는 언제나 개인적 가치보다 공직 의무를 중시하며, 업무를 수행한다.		.608	
		q33_4	나는 어떠한 경우이라도 공무원 윤리 가치와 규범을 준수한다.		.515	

〈표 2-6〉 공분산구조분석결과

	경 로	Estimate	S.E.	C.R.	p	결과
가설1	변혁적 리더십 → 학습지향성	0.365	0.014	28.186	***	채택
가설2	변혁적 리더십 → 자기효능감	0.28	0.013	22.295	***	채택
가설3	변혁적 리더십 → 공공봉사동기	0.074	0.012	5.907	***	채택

	경 로	Estimate	S.E.	C.R.	p	결과
가설 4	학습지향성 → 공공봉사동기	0.217	0.018	12.003	***	채택
가설 5	자기효능감 → 공공봉사동기	0.34	0.015	21.935	***	채택
가설 6	공공봉사동기 → 적극행정	0.53	0.02	26.929	***	채택
통제변수	성별 → 적극행정	−0.05	0.013	−3.787	***	
	연령 → 적극행정	0.026	0.012	2.259	0.024	
	재직기간 → 적극행정	0.019	0.006	3.281	0.001	

〈표 2-7〉 매개효과 분석

	경 로	Indirect Effect	Boot SE	Confidence interval 95%		결과
				Boot LLCI	Boot ULCI	
가설 7	변혁적 리더십 → 학습지향성 → 공공봉사동기	.1036	.0072	.0898	.1178	채택
가설 8	변혁적 리더십 → 학습지향성 → 적극행정	.1019	.0063	.0897	.1144	채택
가설 9	변혁적 리더십 → 자기효능감 → 공공봉사동기	.1069	.0078	.0923	.1228	채택
가설 10	변혁적 리더십 → 자기효능감 → 적극행정	.1268	.0082	.1112	.1434	채택
가설 11	변혁적 리더십 → 공공봉사동기 → 적극행정	.1490	.0087	.1319	.1666	채택
가설 12	학습지향성 → 공공봉사동기 → 적극행정	.1876	.0092	.1703	.2059	채택
가설 13	학습지향성 → 공공봉사동기 → 적극행정	.2135	.0105	.1928	.2341	채택

본 연구에서는 채용제도가 비메트릭변수이므로, 조절효과의 분석을 위해 대응별 모수비교에 의한 방법을 활용하였다. 대응별 모수비교에 의한 방법은 비제약모델에서 개별 모수의 차이를 검증하는 방법이다.

〈표 2-8〉 조절효과 분석(채용제도) - 대응별 모수비교

	경 로	모수 Label		두 모수의 차이	결과
		공개경쟁	경력채용 등		
가설 14	학습지향성 → 공공봉사동기	a_1	a_2	−0.507	기각
가설 15	변혁적 리더십 → 공공봉사동기	b_1	b_2	0.709	기각
가설 16	자기효능감 → 공공봉사동기	c_1	c_2	0.45	기각
가설 17	학습지향성 → 적극행정	d_1	d_2	−1.41	기각

경로		모수 Label		두 모수의 차이	결과
		공개경쟁	경력채용 등		
가설 18	공공봉사동기 → 적극행정	e_1	e_2	1.518	기각
가설 19	자기효능감→ 적극행정	f_1	f_2	-2.093	채택

Little 등(2006) 접근법은 독립변수의 관측변수와 조절변수의 관측변수를 각각 곱하여 상호작용항에 해당하는 지표를 만들어 종속변수에 미치는 영향관계를 보았을 때, 상호작용항의 회귀계수가 통계적으로 유의하면 조절효과가 있다고 판단한다.

〈표 2-9〉 조절효과 분석(직급) - Little 등(2006) 접근법

경로		Estimate	S.E.	C.R.	p	결과
가설 20	학습지향성*직급 → 공공봉사동기	23.306	12.607	1.849	0.065	기각
가설 21	변혁적 리더십*직급 → 공공봉사동기	0.022	0.016	1.363	0.173	기각
가설 22	자기효능감*직급 → 공공봉사동기	-0.016	0.022	-0.701	0.483	기각
가설 23	학습지향성*직급 → 적극행정	-0.003	0.019	-0.164	0.869	기각
가설 24	공공봉사동기*직급 → 적극행정	-0.063	0.02	-3.18	0.001	채택
가설 25	자기효능감*직급 → 적극행정	-0.06	0.019	-3.181	0.001	채택

IV. 결론 및 정책적함의

본 연구의 목적은 최근 코로나19와 같이 복잡성과 불안정성이 높고, 국민에게 미치는 영향이 큰 사회문제가 다방면으로 일어나고 있는 환경에서, 정부의 구성원이자 정책집행의 주체인 공무원의 적극행정을 강화할 수 있는 제도적 발전 방향을 제시하기 위함이다. 이에 본 연구의 분석결과는 다음과 같다. 첫째, 변혁적 리더십은 변혁적 리더십이 학습지향성과 자기효능감을 강화한다는 분석결과는 민간조직을

대상으로 한 다수의 선행연구결과와 일맥상통한다(강민완, 2014 ; 정대용 등, 2011 ; 박정하, 2016). 하지만 변혁적 리더십이 공공봉사동기에 정(+)의 영향을 미친다는 연구결과는 허성욱(2017)의 변혁적 리더십이 공공봉사동기와 부정적인 관련성을 가지고 있다는 연구결과와 다소 차이를 보인다. 따라서 변혁적 리더십과 공공봉사동기의 관계성에 대해 추후 보다 더 정밀한 논의가 필요할 것으로 사료된다. 둘째, 학습지향성과 자기효능감은 공공봉사동기에 각각 정(+)의 영향을 미치고 있었으며, 공공봉사동기는 적극행정에 직접적으로 정(+)의 영향을 미치는 것으로 나타났다. 이는 공공봉사동기가 적극행정에 긍정적인 영향을 미친다는 강나율 등(2019)의 연구결과를 지지하는 분석결과이다. 셋째, 학습지향성과 자기효능감은 모두 변혁적 리더십과 공공봉사동기의 사이와, 변혁적 리더십과 적극행정 사이를 매개하고 있었다. 즉, 변혁적 리더십은 학습지향성 또는 자기효능감을 매개로 공공봉사동기와 적극행정에 긍정적인 영향을 미치고 있음을 확인할 수 있다. 넷째, 공공봉사동기는 '변혁적 리더십과 적극행정', '학습지향성과 적극행정', '자기효능감과 적극행정' 사이를 매개하고 있음을 확인했다. 우선 변혁적 리더십이 공공봉사동기를 매개로 적극행정에 정(+)의 영향을 미친다는 분석결과는, 변혁적 리더십이 공공봉사동기를 매개로 혁신행동에 큰 영향을 미친다는 기존 선행연구(김지수 등, 2019) 결과를 지지하며, 이는 민간영역뿐 아니라 공공영역에서도 상사의 변혁적 리더십이 조직원들의 혁신행동과 적극행정을 이끄는 데 유의미한 역할을 한다는 것을 보여준다. 한편, 공공부문에서 학습지향성과 적극행정 간의 관계에 대한 연구는 전무했기 때문에 본 연구의 분석결과가 매우 중요하다. 학습지향성이 공공봉사동기를 매개로 적극행정에 정(+)의 영향을 미친다는 결과는 공공조직에서도 학습지향이 적극행정을 유도하는 핵심적인 요인이라고 해석할 수 있다. 다섯째, 채용형태에 따른 조절효과 검증에 있어서, 채용유형은 자기효능감과 적극행정 사이에서 조절효과가 있는 것으로 나타났다. 즉 본인이 업무상 성과나 책임을 달성하고 있다는 인식이 강할수록 독창적인 업무수행 방식 고안 노력, 새로운 아이디어 개발, 적극적인 노력, 공직 의무 및 공공가치 준수 등 적극행정이 제고되는 것을 의미한다.

이는 직무성과가 직무만족을 이끈다는 Porter & Lawler의 성과만족 이론을 통해 해석해 볼 수 있다. 이는 성과를 달성함으로써 직무만족이 발생하게 되고, 성과를 통해 도출된 직무만족이 보다 높은 차원의 성과 즉, 적극행정을 재생산해낸 것으로 이해할 수 있다. 여섯째, 직급에 따른 조절효과 검증에서, 직급은 공공봉사동기와 적극행정 사이에서, 자기효능감과 적극행정 사이에서 조절효과를 지니는 것으로 나타났다. 직급이 높아짐에 따라 공공봉사동기와 자기효능감이 적극행정에 미치는 정(+)의 영향력이 커진다는 분석결과는 SDT이론을 통해 한국 공직사회에 대해 이론적으로 유추하였던 부분을 실증적으로 규명하였다는 점에서 유의미하다. 이러한 분석결과를 바탕으로 인사혁신처 혹은 광역자치단체 인사조직 전략의 발전 방향을 제시하면 다음과 같다. 첫째, 공직 내 변혁적 리더십이 발휘될 수 있는 환경 조성이 필요하다. 특히 변혁적 리더십의 주요 요소인 영감적 동기부여, 지적 자극, 이상화된 영향력, 개별적 고려 중 학습지향성과 관련된 지적 자극의 요소가 적극적으로 발현될 수 있도록 공직 내 우수사례 발굴, 롤 모델 구축, 중간관리자를 대상으로 한 리더십 교육 등이 복합적으로 작용할 필요가 있다. 둘째, 공무원들의 학습에 대한 동기부여 및 자발적인 학습행태를 제고하기 위해 상시학습제도 개편에 대한 고민과 함께 AI 및 빅데이터 기반의 개별 학습자 맞춤형 콘텐츠 제공, 공무원 연구모임 등이 유명무실화되지 않고 활성화될 수 있도록 제도적 개선이 필요하다. 셋째, 공공봉사동기가 적극행정에 직·간접적으로 긍정적인 영향을 미치는 연구결과를 통해 볼 때, 공직 내 공공봉사동기의 제고가 적극행정 실현의 관건이라 할 수 있다. 따라서 공직사회 인사기능 전반을 아우르는 거시적이고 전략적인 인적자원관리의 관점에서 공공봉사동기를 제고할 수 있는 방안을 마련해야한다. 넷째, 채용유형(경채, 공채)은 자기효능감과 적극행정 사이에서 조절효과를 지니기 때문에 추후 채용 유형에 따른 공무원의 행태에 대한 심도 있는 분석 및 그에 따른 선발제도 설계가 필요하다.

4. 언론사례와 영화분석

"물갈이인가" 떠는 공공기관…다음주 尹정부 첫 경영평가[7]

뉴스1, 김혜지 기자, 2022.06.17.

다음주 윤석열 정부 출범 이후 첫 공공기관 경영평가 결과가 발표된다. 문재인 정부 시절 임명된 기관장들은 이번 평가 결과에 따라 운명이 갈릴 예정이다. 17일 정부와 공공기관에 따르면 기획재정부는 20일 2021년도 공공기관 경영평가 결과를 발표한다. 공공기관 경영평가 결과는 직원 성과급과 기관장 해임 건의 여부를 판가름하는 터라 기관들의 눈길이 쏠린다. 특히 지난해 기관 평가로 D등급 이하를 받은 기관장들이 불안에 떨고 있다. 2년 연속 D등급을 받으면 기관장 해임 건의 대상에 오른다. 예를 들어 지난해 D등급을 받은 한국가스공사, 국립생태원, 한국고용정보원 등은 이번에도 D등급 이하를 받을 시 해임 건의 대상이 된다. E등

••••

7) https://bit.ly/3VWEtrZ(원문출처)

급은 바로 그해에 해임 건의 대상이다. 지난해에는 이에 따라 4개 기관장에 대한 해임 건의가 이뤄졌었다. 윤 정부 출범 이후 첫 평가인만큼 기관장들은 더욱 긴장하면서 결과를 기다리고 있다. 현 공공기관장 대다수는 이전 정부에서 임명된 이들이다. 그런데 공기업 36곳 중 27곳(약 75%)의 기관장 임기가 2024년에 끝나며, 기관장 임기가 2025년에 만료되는 공기업도 2곳(약 6%)에 이른다. 이들 기관장은 새 정부의 코드와 맞지 않아 '국정 발목 잡기'라는 비판이 일각에서 제기됐다. 이런 상황에서 경영평가상 비계량 지표인 '리더십(지도력)' 부문이 D·E등급 낙제점을 받는다면 자진 사임하라는 신호로 해석될 수도 있다. 평가 결과가 C등급 이상이어야 성과급이 나오기 때문에 임직원들도 이번 발표에 주목하고 있다. 새 정부는 재무위험기관의 부채·사업구조 등 재무 상태를 사실상 전담 마크 하듯이 관리할 것으로 예상된다. 국정과제인 공공기관 혁신을 위해서다. 이들만 현 2단계인 공공기관 관리체계를 3단계로 늘리기로 했다. 추경호 부총리 겸 기재부 장관은 후보 시절 인사청문회에서 "최근 공공기관 규모와 인력·부채가 확대돼 경영 비효율성에 대한 우려가 높다"라며 "효율성을 높이고 재무건전성을 확보, 혁신을 위한 자율·책임 경영을 강화할 필요가 있다"고 말했다.

울산항만공사, 한국경영인증원 '노사관계 우수기업' 재인증[8]

연합뉴스, 김용태 기자, 2022.11.28.

　　울산항만공사는 한국경영인증원(KMR)으로부터 '노사관계 우수기업' 재인증을 획득했다고 28일 밝혔다. 노사관계 우수기업 인증은 한국경영인증원이 상생과 협력의 노사관계를 형성한 조직을 인증하는 제도다. 노사대표 인터뷰와 전 직원 설

• • • •

8) https://bit.ly/3upZb8m(원문출처)

문조사 등으로 ▲ 노사대표 리더십 ▲ 노사관계 성숙도 ▲ 노사관계 성과 등을 종합 평가해 우수기업 인증 여부를 결정한다. 울산항만공사는 경영진과 직원이 소통할 수 있는 직급별 CEO 간담회와 주니어보드 등을 통해 직원 의견을 수렴하고, 직무중심 인사제도 개선위원회를 설치하는 등 근로 환경을 개선한 점에서 좋은 평가를 받은 것으로 알려졌다. 노사관계 성숙도 분야에서는 타 기업 평균 대비 8점 이상 높은 83.9점을 받았다.

울산항만공사 김재균 사장은 "그간 노사 간 협력과 상생의 노력을 인정받은 것 같아 자긍심을 느낀다"며 "앞으로도 노사 간 신뢰를 공사 경영의 최우선 가치로 여기고 지역 노사문화를 선도하는 공공기관이 되겠다"고 말했다.

죽은 시인의 사회

영화 "죽은시인의 사회"와 리더십의 관계(황성근, 2016)

장르 : 드라마, 청춘 | 개봉 : 1990년 5월 19일 | 감독 : 피터 위어 | 출연 : 로빈 윌리엄스 외

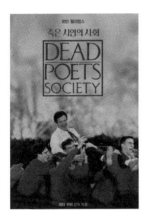

영화 줄거리

미국 입시 명문고 웰튼 아카데미, 공부가 인생의 전부인 학생들이 아이비리그로 가기 위해 고군분투하는 곳. 새로 부임한 영어 교사 '키팅'은 자신을 선생님이 아닌 "오, 캡틴, 나의 캡틴"이라 불러도 좋다고 말하며 독특한 수업 방식으로 학생들에게 충격을 안겨 준다. 점차 그를 따르게 된 학생들은 공부보다 중요한 인생의 의미를 하나씩 알아가고 새로운 도전을 시작한다. 하지만 이를 위기로 여긴 다른 어른들은 이들의 용기 있는 도전을 시간 낭비와 반항으로 단정 지으며 그 책임을 '키팅' 선생님에게 전가하는데…

출처 : 네이버 영화

사례

리더십은 상황에 따라 다양하게 펼쳐진다. 일부 영화에서는 강압적이고, 카리스마적인 리더십을 보여주는 반면에 희생적, 봉사적, 그리고 혁신적인 리더십을 보여주는 영화도 있다. 영화 「죽은 시인의 사회」가 그렇다. 이 영화가 진행되는 흐름은 학생들의 교육적인 문제를 다루고 있으나 주인공 키팅 선생님의 역할이나 행위에 초점을 두고 보면 변혁적 리더십의 전형적인 모습을 보여준다.

생각해볼거리

1. 「죽은 시인의 사회」에서 키팅 선생님의 리더십(변혁적 리더십) "오늘을 살아라(Carpe Diem)!"는 학생들의 새로운 도전(적극행정, 학습지향성, 공공봉사동기)을 시작하게 만든다. 이를 공직사회에서 비추어 볼 때 리더가 변혁적 리더십을 발휘하는 데

중요한 요인들은 무엇인가?

2. 이 영화에서는 리더(키팅 선생님)가 변혁적 리더십을 발휘함으로써 팔로워(학생들)와의 관계가 수평적인 관계, 공생적인 관계로 나타난다. 이를 공직사회에서 비추어 볼 때 조직 내부의 수평적인 관계 및 공생적인 관계가 적극행정이 효과적으로 발휘될 수 있을지 생각해보자.

5. 토론문제

1. 이 연구결과를 바탕으로 공직사회에서 유명무실화 되지 않고 적극행정 문화가 활성화될 수 있는 구체적인 제도개선들은 무엇이 있을까?

2. 본 연구 결과에 따르면 채용유형(공개경쟁채용, 경력경쟁채용)은 자기효능감과 적극행정 사이에서 조절효과를 지니는 것으로 나타났다. 추후 채용유형에 따른 선발제도 설계에 대한 구체적인 방안들은 무엇이 있을까?

3. 공직사회에서 인사기능 전반을(직렬 구분 상관없이) 아우르는 거시적이고, 전략적인 인적자원관리의 관점에서 공공봉사동기를 제고할 수 있는 구체적인 방안은 무엇인가? (대부분 보상(금전적인 것들)을 방안으로 생각하지만 이 외의 방안들도 생각해보자.)

Chapter 3.

조직문화

기혼 여성근로자의 삶의 질에 관한 비교 연구

(이효주, 오수연, 박성민, 2020)

「한국행정논집」제32권 제3호(2020) : 571~609

기혼 여성근로자의 삶의 질에 관한 비교 연구

저자 : 이효주, 오수연, 박성민
Peer Reviewer : 오수연

1. 서평

신은진(성균관대학교)

"기혼 여성근로자의 삶의 질에 관한 비교 연구"는 최근 한국 사회의 주요 화두인 삶의 질의 상승에 영향을 미치는 잠재적 요인들을 포괄적으로 분석한 연구로 시의적절한 연구 문제를 탐구하였을 뿐만 아니라 결과를 바탕으로 중요한 인사 정책의 시사점을 제공하고 있다. 또한 연구의 대상자를 기혼 여성자들로 초점을 맞춰 분석을 시행함으로써, 최근 지속되고 있는 혼인율 및 출산율 감소 트렌드를 심도 있게 이해할 수 있는 통찰력을 제공한다는 점에서 의의가 있다.

특히 본 연구에서 흥미로웠던 부분은 어떻게 가정 혹은 직장 관련 요인이 직장 및 여가생활의 질에 교차하여 영향을 미치는가에 관한 부분이다. 통상적인 연구에서는 직장과 관련한 요인들은 직장생활의 질에 영향을 미치는 것으로 한정하여 분석하는 경우가 많은데 본 연구에서는 이러한 요인들이 여가생활의 질에 영향을 미치는 영향을 밝혀낸 점이 인상 깊다. 이는 직장생활의 다른 삶의 영역으로의 spillover(파급) 효과를 암시하는 것으로써, 향후 공공 혹은 민간조직 정책의 효과 평가 시, 평가 범위 설정에 관한 생각할 거리를 제공해주고 있다.

논문 요약 외에도, 이와 함께 제시된 사례와 영화분석은 연구 질문과 밀접한 관련이 있을 뿐만 아니라 해당 영화의 화제성을 고려했을 때, 독자들의 분석결과에 대한 이해를 증진시키고 논문을 읽고자 하는 동기를 부여하는 데 큰 도움이 될 것으로 생각한다. 사기업과 공공기관의 가족 친화 문화 수준 차이를 구체적인 숫자로 제공하는 최신 언론 기사 역시 비슷한 역할을 할 것이라 생각된다. 또한 논문의 한계점을 극복하는 방식으로 토론문제를 구성한 것 역시 인상 깊다. 가령, 삶의 질이라는 개념 자체가 추상적이기에 이를 다룬 연구들이 고질적인 한계를 가져왔던 것을 고려하여, 이를 어떻게 극복할 수 있을지를 논의하는 것은 향후 연구방향을 제시하는 데도 이바지할 수 있으리라 생각한다.

전반적으로 논문요약, 사례, 토론문제가 일관되고 짜임새 있게 구성되어 있다고 판단되나, 한 가지 아쉬운 점은 분석방법과 분석표에 대한 설명이 부족하다는 점이다. 구체적으로, 탐색적/확인적 요인분석 및 구조방정식 결과표와 연계하여 주요 결과에 대한 설명이 "연구설계 및 분석결과" 섹션에 간략하게라도 제공된다면 독자들이 좀 더 매끄럽게 글을 이해하는 데 도움이 될 것이라고 생각한다. 또한 공공과 민간의 차이점이 서론 및 이론적 논의/선행연구 부분에서 강조되었으나, 이것이 연구설계 및 구조방정식 분석결과 보고 부분에서 어떻게 고려되었는지 명확하게 드러나지 않아 이 부분이 보완된다면 더 좋은 글이 될 것이라 생각한다.

본 연구는 향후 여성 근로자의 삶의 질과 관련한 연구의 초석을 다졌다고 생각되며, 지속적인 연구를 위한 몇 가지 조언 사항을 요약하면 다음과 같다. 첫째, 토론문제에도 언급되었으나, 삶의 질을 측정함에 있어 본 연구에서 사용된 감정 및 우울과 관련된 문항 외에도, 삶에 대한 전반적인 태도나 만족감(예: "나는 내 삶에 만족한다," "다시 태어나도 지금과 같은 삶을 살 것이다")을 함께 측정함으로써 기존 지표의 부족한 점을 보완할 수 있지 않을까라는 생각이 든다. 둘째, 분석결과 많은 변수에 대하여 공공부문 근로자와 민간부문 근로자 간의 유의미한 차이가 없는 것으로 나타났으나, 이는 공공부문 근로자의 표본 수가 상대적으로 적어 통계적 유의성에 영향을 주었을 가능성도 배제하기 어려워 보인다. 향후, 좀 더 많은 표본을 기반으로 한 데이터를 확보하여, 연구 결과의 견고성을 확인하고, 또한 조직의 특성과 관련한 추가 분석도 시행한다면 좋을 것이다. 마지막으로, 여가생활의 질이 삶의 질에 유의미하지 않은 영향을 미치는 분석결과에 대해 연구대상 그룹을 대상으로 인터뷰나 포커스 그룹 등의 질적인 자료를 수집하여 분석한다면, 추가적인 통찰력을 얻을 수 있을 것으로 기대된다.

2. 시놉시스

1) 연구의 배경과 문제의식

개인의 행복이 보다 중요해진 대한민국에서 직장생활과 가사·육아를 병행하는 워킹맘은 지속적으로 증가하고 있다. 정부는 일·가정 양립을 위한 친가족 정책 확대, 주 52시간제 도입 등 노동생산성, 삶의 질 제고를 위한 정책적 노력을 강구하고 있다. 이러한 현실을 반영하여 본 연구에서는 한국 기혼여성 근로자들의 직장생활, 여가생활, 삶의 질을 결정하는 요인을 살펴보았다.

2) 연구모형

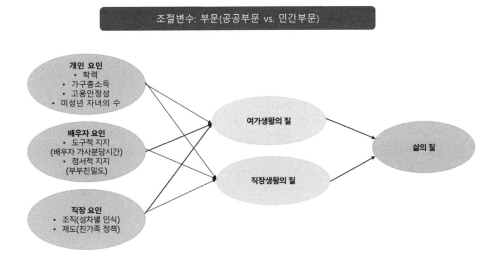

3) 사용 방법론

구조방정식 모형 분석을 통해 개인(학력, 가구 총소득, 고용 안정성, 미성년 자녀), 배우자(도구적·정서적 지지), 직장(성차별, 친가족 정책) 요인이 여가생활과 직장생활의 질에 미치는 영향과 이를 매개하여 삶의 질에 미치는 영향 관계를 규명하였다. 이러한 영향 관계와 여가생활의 질, 직장생활의 질, 삶의 질 인식 수준에 있어 공공·민간부문 근로자 간의 유의미한 차이를 검증하기 위해 조절효과 분석과 독립표본 t-test 검정을 실시하였다.

4) 시사점

근무혁신과 삶의 질 제고가 인사혁신의 주요과제로 제시되고 있는 시점에서 시의적절한 연구이며, 그동안 행정학에서 중점적으로 다뤄지지 않은 여가생활의 질을 직장생활과 함께 살펴보았다는 점에서 선행연구와의 차별성이 있다. 아울러 공·사부문 간의 인식수준 비교, 경로 간의 차이를 분석함으로써 보다 정교한 해석을 제시하였다는 점에서 실무적 함의가 있다.

3. 논문요약

I. 서론

행복에 대한 사람들의 관심이 높아짐에 따라 학계에서도 '삶의 질'에 관한 많은 연구가 진행되었다. 삶의 질을 측정함에 있어 기존에는 GDP(Gross Domestic Product, 국민총생산)가 대표적으로 사용되었으며 GDP가 곧 행복의 기준으로 작용했다. 하지만 인간의 행복이란 물질적·양적 요인뿐만 아니라 정신적·질적 요인도 함께 포함되어야 한다는 인식이 퍼짐에 따라 GDP의 단일한 경제적 관점은 한계를 지니게 되었다. 이에 경제적 측면은 물론 사회문화적 측면의 다양한 요소들을 종합적으로 다루는 행복지수를 개발하려는 시도가 이어졌다. 대표적으로 2011년 OECD가 개발한 BLI(Better Life Index, 더 나은 삶 지수)[9]가 있다(김형일·유승호, 2016).

한편 학계에서 삶의 질(QOL, Quaility of Life)에 대한 논의는 주로 직장생활의 질 관점에서 이뤄져왔다. '직장생활의 질(Quality of Work Life)'이란 직장생활을 통해 경험하게 되는 심리적·정서적 차원의 만족도(Satisfaction)를 의미하는 개념으로 직무만족, 조직만족, 조직몰입을 포괄하는 개념이자 '삶의 질(Quality of Life)'의 구성요소이다(김선아·박성민, 2018). QWL-QOL 간의 중요성은 학계에서도 널리 받아들여져 '삶의 질'을 연구함에 있어서 '직장생활의 질'에 관한 논의는 활발히 이루어졌으나, 직장생활의 여집합이라 할 수 있는 여가생활의 질에 대한 연구는 희귀하다. 하지만 여가를 적절히 향유하고 있다는 사람일수록 긍정 경험을 더 많이 하고, 삶의 만족도 역시 그렇지 않은 사람보다 더 높으며(유홍준 외, 2018), 여가활동에 참여한다는 사실

••••

9) BLI는 2개의 영역, 11개 차원, 22개의 지표로 구성되어 있어 기존의 GDP와 달리 종합적으로 삶의 질에 대해 접근할 수 있다는 장점이 있다.

(자체만으로 긍정적인 심리상태가 유발되어 개인의 삶의 만족도를 높이는 효과를 갖는다는 연구 결과가 존재한다(권상희 · 홍종배, 2009)), 이러한 중요성에도 불구하고 여가생활은 개인의 영역으로 여겨져 이에 대한 조직적 차원의 관심은 낮으며, 여가생활을 촉진하는 요인에 대한 국내연구도 부족한 실정이다. 이러한 문제의식을 바탕으로, 본 연구에서는 여성 근로자의 삶의 질을 향상시키기 위한 양 축으로 직장생활의 질과 여가생활의 질을 제시하고, 각각의 선행요인(개인 요인, 배우자 요인, 직장 요인)에 대해 실증적으로 검증하는 단계를 거쳐 시사점을 도출하고자 한다. 이를 통해 기혼 여성 근로자의 삶의 질에 관한 균형 잡힌 시각을 제시할 수 있을 것이다.

II. 이론적 논의 및 선행연구 고찰

본 연구에서는 종속변수인 삶의 질(Quality of Life), 매개변수인 직장생활의 질(Quaility of Work life)과 여가생활의 질, 독립변수인 개인요인(학력, 소득, 고용안정성, 미성년 자녀의 수), 배우자 요인(도구적지지, 정서적지지), 직장요인(성차별 인식, 친가족 정책)에 대한 이론적 논의와 선행연구 검토를 진행하였다. 이를 종합하여 각 변수에 대한 개념적, 조작적 정의를 진행하였으며 연구 가설을 제시하였다. 또한 공공부문 및 민간부문의 조직목표, 조직문화, 조직정체성 능을 검토하며 두 영역 간 유사성 및 상이성을 기술하였다. 이를 통해 공공·민간 영역기반 조절변수를 본 연구모형에서 다루는 이론적·제도적 근거를 제시하였다.

1. 삶의 질(Quality of Life, QOL): 전이이론을 중심으로

삶의 질은 다양한 속성을 내포하고 있는 다차원적 개념으로, 연구하는 학문 분야, 목적 및 주제에 따라 개념 정의가 다양하다. 삶의 질과 유사한 개념으로 행복감(Happiness), 만족감(Satisfaction), 복지(Welfare), 사회지표(Social Indicator), 생활 수준(Standard of Life), 생활만족도(Life Satisfaction), 안녕감(Well-being), 주관적 안녕감

(Subjective Well-being) 등이 있으며, 서로 혼용하기도 한다(한국보건사회연구원, 1997; 김선아 · 박성민, 2015).

삶의 질 개념에 대한 주요 논의들을 살펴보면 다음과 같다. Schneider(1976)는 삶의 질이란 삶을 영위하는 데 필요한 물리적 상태와는 무관하며 개인이 경험하는 직접적 복지와 관련이 깊다고 했으며, McDowell & Newell(1987)은 삶의 질을 물리적 상황의 적절성과 이러한 상황에 대해 개인이 느끼는 감정 모두를 포함하는 개념으로 정의했다. Diener(1984)는 삶의 질을 인간생활을 구성하는 여러 하위영역의 만족도에 영향을 받는 최종적 구성물로 정의했으며, 마찬가지로 Kahneman & Deaton (2010)도 삶의 질을 주관적 삶의 질(Subjective Well-being)로 개념화했다. OECD(2011)는 '삶의 질(Quality of Life)'을 BLI(Better Life Index, 더 나은 삶 지수)의 2개 영역 중 하나로 제시하며, 소득과 자산, 직업과 근로소득, 주거환경과 같은 물질적 삶의 조건 (material living conditions)과는 구분되는 개념으로 제시했다. 위의 논의들을 종합해보면, 삶의 질을 이해하고 측정하는 데 있어서 단일한 기준이나 측정 도구는 없으며, 삶을 구성하는 하위 요소들, 예컨대 근로소득, 자산, 주거환경과 같은 객관적 조건과 가정, 여가, 직장, 공동체 생활과 같은 삶을 형성하는 다양한 영역에 대한 주관적인 평가를 포함하여 다각적으로 삶의 질에 접근한다는 사실을 알 수 있다. 이를 통해, 삶의 각 구성요소에 대한 개인이 만족이 높으면 개인이 느끼는 전반적인 삶의 질 또한 높을 것이라는 추론이 가능하다.

삶을 구성하는 다양한 하위영역에 대한 주관적 만족감이 모여, 최상위 개념인 전반적인 삶의 질을 이루게 된다는 것을 증명하기 위해 학계에서 다양한 연구가 진행되었다. 대표적으로, 삶의 한 영역이 다른 영역에 긍정적·부정적 영향을 미친다는 사실을 뒷받침하는 이론적 근거로 전이이론(Spillover Theory)이 있다.

전이이론(Spillover Theory)은 특정 영역에서의 태도와 행동, 감정이 다른 영역에서의 태도와 감정, 행동 형성에 영향을 미친다고 보는 이론이다(Crouter, 1984). 전이이론의 관점에서 일과 가정의 영역은 독립적인 것이 아니라 서로 상호작용하며, 따라서 개인이 직장과 가정에서 경험하는 감정 및 태도가 각각 가정과 직장으로 파급효과를 미치게 된다(Sirgy et al., 2006: 426; Michel et al, 2011; Kossek & Ozeki, 1998; 김선희, 2010; 김성경, 2011; 이은희, 2000; 김준기·양지숙, 2012).

2. 여가생활의 질

문화체육관광부(2017, 2019)에 따르면, '여가'란 일하고 남은 시간에서 생리적 필수시간을 제외한 자유 시간을 의미하며, 직업상의 일, 필수적인 가사일, 수업 등과 같은 의무적인 활동 이외에 스포츠, 취미, 휴양 등의 활동에 할애되는 개인이 자기 뜻대로 자유롭게 이용할 수 있는 시간을 의미한다.

여가와 행복감(Happiness) 혹은 삶의 질(Quality of Life) 간의 관계에 대해 다룬 다수의 선행연구 검토 결과, 여가와 삶의 질 간의 주요 특징을 3가지로 정리할 수 있다. 첫째, 여가생활에 참여하는 것만으로도 개인의 행복과 삶의 만족도, 삶의 질 제고에 긍정적인 영향을 미치며, 여가시간이 많을수록 행복에 유의한 영향을 미친다는 연구 결과가 존재한다(이려정, 2010; 권상희·홍종배, 2009; 유홍준 외, 2018; 이유진·황선환·김재운, 2020). 둘째, 여가 유형에 따라 개인의 행복감에 미치는 영향이 달랐는데, TV 시청, 인터넷 검색, 독서와 같은 소극적인 여가활동이 아닌, 스포츠·문화예술 참여, 취미·오락 활동같이 적극적이고 활동적인 여가활동을 하는 경우 더 높은 행복감을 느꼈다(이명우 외, 2016; 구재선, 서은국, 2011). 이는 2019년 국민여가생활조사 결과와 일맥상통한다. 셋째, 단순한 여가시간의 증가는 개인의 행복도 및 삶의 질 제고를 담보하기 어려우며, 여가활동을 통한 '여가만족'이 유발되었을 때 유의미한 삶의 질 향상이 나타났다. 즉, 여가시간의 증대는 삶의 질 향상에 있어서 반드시 필요한 선행요건이지만, 삶의 질을 제고에 있어 여가시간의 확보 못지않게 여가활동 참가자의 태도와 적극적인 자세가 중요하다 할 수 있다(방신웅·우효동·황선환, 2015). 일례로, 문화예술참여 활동, 절대적 여가시간, 상대적·절대적 여가지출은 여가만족을 매개할 때에만 행복에 영향을 주는 것으로 나타났다(이명우 외, 2016).

3. 직장생활의 질(Quality of Work Life, QWL)

직장생활의 질에 대한 주요 학자들의 논의를 살펴보면, Danna & Griffin(1999)은 직장생활의 질을 개인이 직장생활을 통해 경험하게 되는 심리적·정서적 차원의 만족도 및 안녕감(Well-being)으로 보았으며, 직장생활의 질은 가장 상위 차원인 1) 직장생활 전반에 대한 만족도, 그 다음으로 2) 직무만족도, 3) 급여와 같은 직무특성 및 근무 환경에 대한 만족도가 위계적 관계를 지니며 구성되어 있다고 주장했다. Gallie(2009)는 직장생활의 질을 본질적으로 직장 내에서 개인이 경험하는 직무특성 및 조직 환경과 관련된 심리적·정서적 개념이라고 설명했다. 여러 학자들의 의견을 종합해보면, 직장생활의 질 개념은 직무 만족, 조직 만족, 조직몰입 등을 포괄하는 상위 개념이자, 직장생활 전반 및 급여·동료·조직적 지원 등 구체적인 직무특성과 근로환경에 대한 주관적·정서적·심리적인 만족감으로 이해할 수 있다. 직장생활의 질에 대해 논의한 다수의 연구결과들은 직장생활의 질이 '삶의 질'에 유의한 영향을 미친다는 사실을 지지하고 있었으며(윤대혁, 2008; 손영미·박정열, 2014; 김난주·권태희, 2009; 이효주·박성민, 2019), 종속변수로 반드시 삶의 질 외에도 결혼만족도, 이직 의도와 같은 종속변수에도 유의한 영향을 미친다는 사실이 검증되었다(손영미·박정열, 2014). 구체적으로, 직장생활의 질(Quality of Work Life; QWL)의 구성요소 중 하나인 직무 만족은 삶의 질의 중요한 결정요인임을 다수의 선행연구에서 지지하고 있었으며, 직장생활에서의 동기, 직무특성, 직무 태도가 전반적인 삶에 대한 만족도에 영향을 미치고 있었다(이효주·박성민, 2019).

4. 직장요인에서의 공공·민간 영역별 조절효과[10]

본 연구에서는 직장요인을 살펴봄에 있어 공공부문과 민간부문 사이의 조절효과를 설정하였다. 공공부문과 민간부문은 법적, 제도적 차이는 물론 문화적 차원에서도 차이를 갖고 있으므로, 조직 구성원들의 여가생활의 질, 직장생활의 질, 삶의 질을 파악하는 데 있어 다면적, 입체적 접근이 필요하다고 판단하였기 때문이다. 과거에는 일반적으로 공공부문의 경우 공공성을, 민간부문의 경우 수익성을 조직운영의 핵심 가치로 삼았다. 하지만 오늘날에는 어떠한 유형의 조직도 특정 가치 혹은 관리양태를 고수하지 않으며 신공공관리론의 대두에 따라 공공부문에서는 효율성과 경쟁의 가치가 강조되는 반면, 후기 신공공관리론(post-NPM) 가치에 기반한 사회적 책임(Social responsibility)의 등장에 따라 민간부문에서는 공공성과 책임성의 가치가 더욱 중요해지면서 점차 조직운영의 원칙들이 상호복합적, 다가치적 양상으로 나타나고 있다(장용석·조희진, 2013). 하지만 이처럼 조직 운영의 핵심가치가 융·복합적으로 나타남에도 불구하고, 여전히 공공부문과 민간부문은 각 영역만의 정체성을 지니고 있는 것이 사실이다. 구체적으로 공공부문의 경우, 법률 및 정부정책에 대한 순응이 상대적으로 높으며, 정책의 상징적 효과로 인해 공공부문에서 친가족정책이 더욱 제도화되는 경향이 있다(김희경·조규진, 2017). 이에 가치, 미션, 목적, 관리주체, 서비스 양태, 구성원 등에서 나타나는 공공 및 민간조직 요소들의 유사성과 상이성을 전제로 하여 영역기반 조절변수를 포함하였다. 친가족 정책의 제공 및 활용에 있어서 공사부문 간 비교를 진행한 연구는 다음과 같다. 김선아 외(2013)는 일과 삶의 균형정책과 조직 효과성 간의 관계에서 공공조직과 민간조직 간의 유의미한 차이가 있음을 실증 분석하였으며 심층인터뷰

• • • •

10) 해당 논문에서는 직장요인과 함께 개인요인 및 배우자요인도 살펴보았다. 개인요인으로 학력, 소득, 고용안정성(정규직 여부), 미성년 자녀의 수를 설정하였으며, 배우자요인으로는 도구적지지(배우자의 평일·주말 가사분담 시간)와 정서적지지(부부친밀도)를 설정하였다. 본 챕터에서는 공공부문과 민간부문의 비교분석에 초점을 맞추어 직장요인의 부분을 중점적으로 다루고자 한다. 개인요인과 배우자요인에 대한 세부적인 내용은 논문 본문을 통해 확인 가능하다.

를 병행하여 그 원인에 대해 분석하였다. 일과 삶의 균형 정책의 제공률과 수혜율 현황 분석결과 유연근무제, 친가족 정책, 개인신상지원 프로그램 모두 공공조직이 민간조직보다 제공률 및 수혜율이 높은 것으로 나타났다. 김화연·오현규·박성민(2015)의 연구에서는 친가족 정책의 제공 수준과 그 효과성을 공공조직과 민간조직을 구분하여 살펴보았다. 연구 결과, 친가족 정책의 경우 민간 조직보다 공공조직의 여성 근로자들에게 훨씬 더 많이 지원되고 있었으며, 친가족 정책의 도입 및 관리에 있어서 공공조직에 비해 민간조직에서의 참여율과 활용도가 매우 저조한 것으로 나타났다. 한편, 김태희·오민지(2019)는 일-가정 양립정책이 여성 관리자의 조직몰입에 미치는 영향과 조직형태에 따른 차이 유무를 분석한 결과, 공공부문의 경우 일-가정 양립정책 도입이 조직몰입에 유의미한 영향을 미치지 못한 반면, 민간부문은 제도의 도입이 조직몰입에 유의미한 영향을 미치고 있었다. 이를 종합하여 공공부문과 민간부문 영역 간의 유의미한 차이가 있을 것이라는 가설을 도출하였다.

III. 연구설계 및 분석결과

본 연구의 목적은 전이이론과 공정성이론을 바탕으로 기혼여성 근로자의 개인, 배우자, 직장 요인이 여가생활의 질, 직장생활의 질, 삶의 질에 미치는 영향 관계를 실증적으로 분석하는 것이다. 개인 요인으로서 학력, 가구 총소득, 고용 안정성(정규직 여부), 미성년 자녀의 수, 배우자 요인으로서 도구적 지지, 정서적 지지, 직장 요인으로서 성차별 인식, 친가족 정책이 여가생활의 질, 직장생활의 질에 미치는 영향과 이를 매개하여 삶의 질에 미치는 영향을 규명하였다. 나아가 공공부문과 민간부문에 따라 이러한 경로에 유의미한 차이가 있는지 살펴보았다. 즉 개인, 배우자, 직장 요인이 여가생활의 질, 직장생활의 질, 삶의 질에 미치는 영향을 공공·민간부문이 조절하는지 살펴보았다.

본 연구는 한국여성정책연구원에서 여성의 변화를 포착하고, 관련 정책을 분석하기 위해(한국여성정책연구원, 2020), 만 19세 이상 만 64세 이하의 여성 가구원을 대상으로 실시한 '여성가족패널조사'의 2018년 7차 웨이브 조사결과를 활용하였다. 이 중 민간회사 또는 개인사업체, 외국인 회사, 정부투자기관, 정부출연기관, 공사합동기업, 정부 또는 지방자치단체에 근무 중인 기혼 임금근로자의 데이터만 선별하여 추출하였으며, 최종 활용한 표본의 크기는 각 189부(공공부문), 1,507부(민간부문)이다.

연구가설 검증을 위해 SPSS 22.0과 AMOS 22.0을 활용하여 측정변수들에 대한 양적 분석을 진행하였다. 분석방법은 첫째, 기술통계분석을 실시하여 표본의 인구통계학적 분포를 확인하였다. 둘째, 탐색적 요인분석, 확인적 요인분석을 활용하여 연구변수의 타당도를 검증하였으며 신뢰도분석을 통해 신뢰도를 확인하였다. 셋째, 연구가설을 규명하기 위해 구조방정식 분석을 실시하였고, 다중집단분석을 통해 부문 요인의 조절효과를 분석하였다. 본 연구에서 활용한 설문문항과 탐색적 요인분석 · 신뢰도분석결과는 아래의 〈표 3-1〉과 같으며, 연구가설 검증을 위해 실시한 구조방정식 분석결과는 〈표 3-2〉, 공공 · 민간 부문 간 평균비교를 위한 독립표본 t-test 분석결과는 〈표 3-3〉과 같다.[11]

· · · ·

11) 이 외에도 관측변수와 잠재변수 간의 적합도를 확인하기 위해 확인적 요인분석(CFA)을 실시하였다. 연구모형의 적합도를 확인하고자 카이제곱검정을 실시하여 구조방정식 모형 적합도 분석결과를 제시하였다. 아울러 직장생활의 질의 매개효과를 검증하기 위해 AMOS 부트스트래핑을 진행하였으며 매개효과 검증 결과를 제시하였다. 또한 공공부문과 민간부문 간의 영역별 차이를 검증하기 위해 독립표본 t-test를 실시하였다. 구체적인 분석결과는 본 연구논문집에서는 다루지 못하였으나 논문 원문을 통해 확인 가능하다.

〈표3-1〉 설문문항 및 탐색적 요인분석·신뢰도분석결과

구분		문항	요인적재량	신뢰계수
도구적 지지	1	남편의 토요일 가사노동 시간	0.884	0.728
	2	남편의 일요일 가사노동 시간	0.767	
	3	남편의 평일 가사노동 시간	0.715	
정서적 지지	3	나는 남편과 부부생활(성관계)에 만족한다	0.828	0.831
	1	나는 남편과 평소에 대화를 많이 한다	0.822	
	2	나는 남편과 서로 견해가 비슷하다	0.792	
	4	나는 남편을 신뢰한다	0.760	
성차별 인식	5	비슷한 업무를 해도 남자직원이 여자직원보다 교육이나 연수받을 기회가 더 많다	0.912	0.952
	3	직급이 같거나 비슷해도 남자직원의 월급이나 수당이 여자직원보다 많은 편이다	0.906	
	2	경력이 같거나 비슷해도 남자직원이 여자직원보다 승진이 빠른 편이다	0.904	
	6	구조조정을 할 경우에 남자직원보다 여자직원이 그만두게 되는 경우가 더 많다	0.904	
	4	남자직원이 하는 일과 여자직원이 하는 업무가 고정되어 있거나, 관례적으로 구분되어 있다.	0.882	
	1	사람을 뽑을 때 비슷한 조건이면 여자보다 남자를 더 선호하는 편이다	0.831	
친가족정책 (휴가/휴직)	1	직장에서 산전후휴가(유사산휴가 포함)을 제공한다	0.878	0.817
	2	직장에서 육아휴직을 제공한다	0.872	
친가족정책 (유연근무)	1	직장에서 탄력근로·시차출퇴근제를 제공한다	0.910	0.855
	2	직장에서 육아기 근로시간단축제를 제공한다	0.900	
여가 생활의 질	1	지난 1년간 여가활동 충분 정도	0.945	0.893
	2	전반적 여가활동 만족도	0.938	
직장 생활의 질	9	전반적인 일의 만족도	0.851	0.916
	3	근로환경	0.799	
	2	하고 있는 일의 내용	0.796	
	6	직장 내 의사소통 및 인간관계	0.785	
	8	성과에 대한 인정	0.782	
	5	개인의 발전가능성	0.759	

구분		문항	요인적재량	신뢰계수
직장 생활의 질	4	근로시간	0.735	0.916
	7	복리후생	0.714	
	1	고용의 안정성	0.690	
삶의 질 (최근 일주일 감정)	2	무슨 일은 하든 정신을 집중하기가 힘들었다	0.820	0.877
	3	상당히 우울했다	0.808	
	10	도무지 무엇을 시작할 기운이 나지 않았다	0.755	
	1	평소에는 아무렇지도 않던 일들이 귀찮게 느껴졌다	0.731	
	4	모든 일들이 힘들게 느껴졌다	0.726	
	9	세상에 홀로 있는 듯한 외로움을 느꼈다	0.720	
	6	두려움을 느꼈다	0.710	
삶의 질(일상 생활 감정)	4	특별한 이유 없이 다른 사람에게 화를 내는 경우가 있다	0.767	0.743
	2	기분이 우울해서 혼자 술을 마시는 경우가 있다	0.737	
	3	혼자 TV를 보거나 인터넷을 하는 것이 다른 사람을 만나는 것보다 더 재미있다	0.736	
	5	특별한 이유 없이 다른 사람에게 화를 내는 경우가 있다	0.650	

〈표 3-2〉 구조방정식 분석결과

가설	경로	분석결과					채택 여부
		비표준화 경로계수(B)	표준화 경로계수(β)	S.E.	C.R.	P	
H1	여가생활의 질→삶의 질	.009	.017	.011	.888	.375	기각
H2	직장생활의 질→삶이 질	.161	.191	.023	6.982	***	채택
H3-1	학력→여가생활의 질	-.023	-.039	.026	-.884	.377	부분 채택
	가구 총소득→여가생활의 질	.030	.055	.021	1.401	.161	
	고용안정성→여가생활의 질	-.026	-.016	.057	-.461	.645	
	미성년 자녀→여가생활의 질	-.155	-.183	.028	-5.618	***	
H3-2	학력→직장생활의 질	.017	.043	.013	1.287	.198	부분 채택
	가구 총소득→직장생활의 질	.051	.144	.010	4.960	***	
	고용안정성→직장생활의 질	.230	.211	.028	8.286	***	
	미성년 자녀→직장생활의 질	-.012	-.022	.013	-.908	.364	
H4-1	배우자의 도구적 지지→여가생활의 질	.005	.008	.022	.236	.814	기각

가설	경로	분석결과					채택 여부
		비표준화 경로계수(B)	표준화 경로계수(β)	S.E.	C.R.	P	
H4-2	배우자의 도구적 지지→직장생활의 질	.044	.109	.011	4.035	***	채택
H5-1	배우자의 정서적 지지→여가생활의 질	.546	.246	.085	6.416	***	채택
H5-2	배우자의 정서적 지지→직장생활의 질	.135	.093	.040	3.335	***	채택
H6-1	성차별 인식→여가생활의 질	.100	.072	.042	2.360	.018*	기각(긍정)
H6-2	성차별 인식→직장생활의 질	-.041	-.045	.020	-2.026	.043*	채택
H7-1	친가족 정책→여가생활의 질	-.129	-.068	.095	-1.355	.175	기각
H7-2	친가족 정책→직장생활의 질	.162	.131	.048	3.413	***	채택

〈표 3-3〉 독립표본 t-test 결과

구분	평균		표준편차		t값	p값
	공공부문 (N=189)	민간부문 (N=1,507)	공공부문	민간부문		
학력	4.7672	4.3650	1.39482	1.10752	4.651	.000***
소득	3.6825	3.3882	1.53497	1.32749	2.821	.005**
고용안정성	1.4656	1.4599	.50014	.49855	.149	.882
미성년 자녀	1.7989	1.9416	.98489	.99429	-1.875	.062
배우자 도구적지지	2.4427	2.3141	1.43982	1.38378	1.162	.246
배우자 정서적지지	2.8598	2.8593	.51524	.46982	.012	.991
성차별 인식	1.8668	1.9679	.57303	.63178	-2.259	.025*
친가족 정책	1.3042	1.0829	.32520	.18717	13.849	.000***
여가생활의 질	4.3413	4.0843	1.07989	1.21092	3.041	.003**
직장생활의 질	3.6196	3.3108	.54591	.51191	7.380	.000***
삶의 질	3.5652	3.5461	.36231	.35418	.683	.495

IV. 결론 및 함의

본 연구는 전이이론, 공정성 이론을 바탕으로 우리나라 기혼여성 임금근로자의 개인, 배우자, 직장 요인이 직장생활과 여가생활을 통해 삶의 질에 어떠한 영향을 미치는지 살펴보고, 이들의 영향 관계에서 부문(공공·민간)이 조절변수로서 어떻게 작용하고 있는지를 규명하기 위해 한국여성정책연구원의 가족패널조사 자료를 활용하여 계량적 분석을 진행하였다.

분석결과를 살펴보면 다음과 같다. 여가생활의 질은 삶의 질에 유의미한 영향을 미치지 않는 것으로 나타났다. 즉 여가활동이 양적으로 충분하고, 질적인 측면에서 여가활동에 대한 만족도가 높더라도 이러한 만족도가 삶의 질까지는 유의미한 영향을 제공하지는 않는 것으로 이해할 수 있다. 직장생활의 질은 삶의 질의 중요한 선행요인으로 나타났다. 이는 전이이론을 바탕으로 직장생활에서의 만족감, 긍정적 감정이 삶의 전반적인 영역에 영향을 미친다는 선행연구를 지지하는 결과로 볼 수 있다(윤대혁, 2008; 손영미·박정열, 2014; 김난주·권태희, 2009; 이효주·박성민, 2019). 여가생활의 질이 직장생활의 질과 다르게 삶의 질에 영향을 미치지 않는 이유를 측정·방법론적 관점에서 분석해 보면, 양 영역 간 상호 '관계적' 측면에서는 유의미할 수 있으나 '인과적' 측면에서의 유의미성을 가지기에는 다소 그 영향력이 약하며, 따라서 다른 선행요인들(예를 들면, 주거, 소득, 노동, 공동체, 교육, 환경, 시민참여, 건강, 삶의 만족, 안전 등의 영역에서의 정서적 만족감)의 총체적 삶의 질에 대한 영향력이 여가생활의 질 효과를 감소시키고(crowding effects) 있다고 추론해 볼 수 있다. 즉 가정생활, 직장생활에서의 경험, 감정, 느낌 등이 전반적인 삶에 대한 만족도를 결정하는 주요 요인들이라고 가정한다면 여가생활의 질이 삶의 질을 차지하는 상대적 비중이 현저히 작아질 수도 있다는 것이다.

여가생활의 질의 결정요인 중 직장요인인 성차별 인식이 높을수록 여가생활의 질이 높아지는 것으로 나타났다. 이는 전이이론의 보상효과(compensation effect)를 통해 해석해볼 수 있다. 보상효과적 관점은 삶의 영역 간 균형점을 맞추고자 하는 내재적 속성에 초점을 맞추는데, 직장에서 불만족을 체험하는 사람은 직장 외 삶의 다른 영역에서 만족을 극대화하고자 노력한다(Sirgy et al., 2006; 이효주·박성민, 2019 재인용). 즉, 직장 성차별을 높게 인식하는 여성 근로자는 여가생활에서의 만족을 통해 직장생활에서의 부정적 감정, 느낌, 인식에 대해 스스로 보상하고자 여가생활에서의 긍정 경험을 추구하는 것으로 이해할 수 있다. 친가족 정책은 여가생활의 질에는 유의미한 영향을 미치지 않는 것으로 나타났다. 출산휴가제, 육아휴직제, 탄력근로·시차출퇴근제, 육아기 단축근로제 같은 경우 주로 효과적인 직장 생활을 위한 육아부담을 완화시켜주는 제도로 분류되는 바 여가생활의 질 제고까지는 기여할 수 없는 것으로 이해할 수 있다.

한편 직장생활의 질의 결정요인 중 성차별 인식이 높을수록 직장생활의 질이 저하되는 것으로 나타났다. 즉, 채용, 교육훈련, 승진, 보상 등 전반적인 인사관리 내 성차별이 만연하다고 느낄수록 여성 근로자의 직장생활에 대한 전반적 만족도는 낮아지는 것이다. 특히, 성차별은 이미 주어진 조건(성별)에 기인하는 차별로, 주어진 조건을 바꿀 수 없는 통제 밖의 상황에 기인한 것이다. 이는 심리적 무기력감, 조직몰입 저하 등 많은 정신적 손실을 낳고, 이직으로까지 이어질 수 있다. 인사관리 내 성차별을 방지하는 제도적 노력도 필요하지만, 합리적으로 설계된 제도를 이행하고 적극적으로 활용하며, 타인의 활용을 수용할 수 있는 양성 평등적 조직문화가 무엇보다 중요할 것이다. 한편, 친가족 정책은 직장생활의 질을 제고시키는 것으로 나타났다.

조절효과 분석결과를 살펴보면, 개인, 배우자, 직장 요인이 여가, 직장, 삶의 질에 미치는 영향 관계에 있어 공공부문 근로자와 민간부문 근로자 간의 유의미한 차이가 없는 것으로 나타났다. 즉, 공사부문 불문하고, 미성년 자녀의 수, 배우자의 정서적 지지, 성차별 인식은 여가생활의 질에 영향을 미치고, 가구 총소득, 고용안정성, 배우자의 도구적·정서적 지지, 성차별, 친가족 정책은 직장생활의 질에 유의미한 영향을 미치는 것으로 나타났다. 이는 앞서 살펴본 공공부문의 특수성을 중심으로 공사부문 간의 유의미한 차이를 주장한 선행연구(Sayre, 1958; Rainey

& Bozeman, 2000; Rainey, 2003; 전영한, 2009)와 상반된 결과로 이해할 수 있다. 즉, 정부 주도적인 친가족정책 등이 공공부문을 중심으로 도입 및 확대되고 있어, 성차별 인식도 수준, 친가족 정책의 제공 유무, 정도에 있어서도 공공부문이 민간부문보다 더 앞서 나가고 있는 것으로 나타나면서 양 부문 간 유의미한 차이가 나타났지만, 조직 운영원칙들이 상호복합적으로 나타나고 있고(장용석·조희진, 2013), 공사부문 간의 유사성이 높아(Boyne, 2002), 공공부문 종사자와 민간부문 종사자의 여가생활, 직장생활, 삶의 질을 결정하는 영향요인에 있어서는 유의미한 차이가 나타나지 않은 것으로 이해할 수 있다. 따라서, 정부 주도의 근무혁신 방침에 따라 공공부문부터 시행되고 있는 주 52시간제 근무 등 다양한 인사혁신정책이 대기업뿐 아니라, 중소기업에서도 직장생활, 여가생활, 삶의 질 제고에 긍정적 영향을 미칠 수 있도록 제도 시행에 대한 인센티브 제공, 리더십과 팔로워십 개발, 조직문화 개선, 조직 진단 툴 제공 등의 정책관리 또한 필수적이라 할 수 있다. 특히, 부문 간의 인식 수준을 비교한 t-test 결과에서도 나타난 바와 같이, 민간부문 근로자가 공공부문 근로자에 비해 성차별 인식 수준은 높고, 친가족 정책의 혜택은 적으며, 여가생활, 직장생활, 삶의 질 모두 낮다는 점은 민간부문의 근무환경에 대한 정책적 관심이 부족하다는 것을 알 수 있다. 친가족 정책의 도입이나 인사관리 성차별 금지를 법과 제도적으로 강제하는 것뿐 아니라, 실질적으로 해당 제도들이 원활히 운용되어 여성 근로자의 직장생활, 여가생활, 삶의 질 제고로 이어질 수 있도록 정책적 이해를 바탕으로 민·관 인사관리 담당자 인사교류 등 민·관 협력이 필요하다.

4. 언론사례와 영화분석

사기업보다 공공기관이 가족친화적⋯국가행정기관 최고[12]

연합뉴스, 계승현 기자, 2022.05.22.

민간기업보다 공공기관의 가족친화 문화 수준이 양호하며, 공공기관 중에서는 국가행정기관의 가족친화지수가 가장 높은 것으로 나타났다. 22일 여성가족부가 낸 '2021년도 기업 및 공공기관의 가족친화 수준 조사 결과'에 따르면 조사대상 공공기관 800곳과 상장 민간기업 900곳 등 총 1천700곳의 가족친화지수는 100점 만점에 46.9점이었다. 이는 2018년 같은 조사 때(40.6점)보다 6.3점 상승한 것이다.

공공부문 가족친화지수는 55.7점으로 민간부문 41.1점보다 14.6점 높았다. 공공 · 민간 모두 2018년 조사 때보다 지수가 각각 8.1점, 6.6점 올라갔다. 공공부문에서는 국가행정기관이 66.0점으로 지수가 가장 높았고, 다음으로 광역자치단체(65.5점), 공공기관(62.4점), 기초자치단체(60.7점), 지방공사 · 공단(57.9점), 한국방송공사(53.2점), 대학(43.9점)이 그 뒤를 이었다. 2018년에는 광역자치단체(61.3점)가 국가행정기관(59.4점)보다 높았다.

민간부문은 기업 규모가 클수록 지수가 높은 경향성이 나타났다. 구성원이 300~999명(48.0점)인 기업의 지수가 가장 높았고, 100~299명(42.7점), 1천 명 이상(41.5점), 1~99명(34.8점) 순이었다. 조사 항목별로 보면 근로자지원제도를 제외한 모든 영역에서 3년 전보다 상승했다. 그중에서도 가족친화문화조성(69.0점) 및 출산 · 양육 · 교육 지원제도(58.0점) 영역의 지수가 높게 나타났다. 각각 2018년보

●●●●

12) https://bit.ly/3UdDAuX(원문출처)

다 3.6점, 4.8점 올랐다. 특히 코로나19 상황에서 재택근무와 가족돌봄휴직이 많이 활용되면서 탄력근무제도도 11.8점 올라 29.1점이 됐고, 부양가족 지원제도도 18.3점 뛰어 29.5점이 됐다. 반면 코로나19 장기화로 근로자 상담 등 대면지원 프로그램 이용이 어려워진 데 따라 근로자지원제도 영역 지수는 41.8점에서 12.4점 떨어진 29.4점으로 내려왔다. 조사대상 중 정부가 인정하는 가족친화인증기업의 지수는 59.0점, 미인증기업은 40.6점으로 격차는 18.4점이었다. 2018년 16점보다 더 벌어진 것이다.

기업 및 기관의 여성 비율이 높을수록 가족친화지수도 높았다. 여성 근로자 비중 상위 20%인 기업과 기관의 지수는 47.9점, 하위 20%는 41.0점이었다. 여성 관리자 비중 상위 20%의 지수는 48.5점, 하위 20%는 40.4점으로 나타났다. 가족친화제도 효과로는 '근로자 직장만족도 향상'(59.7%), '근로자 생산성 향상'(51.5%), '근무태도 향상'(50.9%), '기업 생산성 향상'(50.4%) 순으로 응답률이 높았다. 가족친화제도 시행의 장애 요인으로는 '다른 직원의 업무부담 가중'(21.9%), '제도 효과성의 불투명'(18.0%) 등이 있었다. 가족친화지수는 민간기업과 공공기관의 유연근무, 출산·양육지원, 가족친화문화 조성 등 가족친화제도 시행 및 이용 수준을 나타내는 지표로, 지수의 변화 추이는 공공·민간 부문별, 가족친화 제도별 정책 개선의 기초 자료로 활용된다.

김현숙 여가부 장관은 "2008년 가족친화인증제를 시작한 당시 14곳에 불과했던 인증기관이 2021년 4천918곳으로 증가하면서 가족친화지수가 꾸준히 상승하고 있다"며 "현재 자녀돌봄 지원 수준에 높은 가중치를 부여하고 있는 가족친화 인증 기준을 개선해 근로자들이 일·가정 양립 제도를 자유롭게 사용할 수 있는 환경을 조성하겠다"고 말했다.

82년생 김지영(2019)

감독: 김도영 | 개봉: 2019.10.23 | 출연: 정유미, 공유

1982년 봄에 태어나 누군가의 딸이자 아내, 동료이자 엄마로 2019년 오늘을 살아가는 '지영'(정유미). 때론 어딘가 갇힌 듯 답답하기도 하지만 남편 '대현'(공유)과 사랑스러운 딸, 그리고 자주 만나지 못해도 항상 든든한 가족들이 '지영'에겐 큰 힘이다. 하지만 언젠가부터 마치 다른 사람이 된 것처럼 말하는 '지영'. '대현'은 아내가 상처 입을까 두려워 그 사실을 털어놓지 못하고 '지영'은 이런 '대현'에게 언제나 "괜찮다"라며 웃어 보이기만 하는데… 모두가 알지만 아무도 몰랐던 당신과 나의 이야기
출처: 네이버 영화

생각해볼거리

- 82년생 김지영에서 발견할 수 있는 대한민국 기혼여성근로자의 삶의 질과 직장생활의 질, 여가생활의 질은 어떠한가?
- 어떠한 제도적, 사회문화적 요소들이 우리 사회의 모든 82년생 김지영들의 일과 삶 균형을 지원할 수 있을까?
- 본 논문에서 나타난 개인요인, 배우자요인, 직장요인이 삶의 질, 직장생활의 질, 여가생활의 질에 미치는 영향에 대한 연구결과가 실제 영화와 현실을 잘 설명하는가? 그렇지 않다면 어떠한 점이 더 고려되어야 하는가?

5. 토론문제

1. 본 연구에서는 공공부문, 민간부문 영역에 따라 개인, 배우자, 직장요인이 여가생활, 직장생활의 질과 삶의 질에 미치는 영향이 달라질 것이라는 가설을 제시하였다. 하지만 연구 결과는 두 영역 간 유의한 차이가 없는 것으로 나타났다.
- 공공·민간 이외의 어떤 기준으로 비교집단 설정이 가능할지 고민해보자.
- 예를 들어 조직 규모, 기관의 주요사업, 조직 목표에 따라 비교집단 설정이 가능할지 논의해보자.

2. '삶의 질'의 구성요소에 대해 고민해보자.
- GDP와 BLI와 같은 삶의 질과 관련된 지표들을 살펴보고, 삶의 질의 구성요소에 대해 논의해보자. 어떠한 영역과 요인들이 삶의 질에 영향을 미칠까?
- 추가적으로 본 연구에서는 대체변수로 최근 일주일 간의 감정과 전반적인 삶에 대한 감정, 스트레스, 우울에 대한 응답치를 활용하였다.
- 이는 정서적 차원의 불안정감을 측정하는 것이어서 삶의 질이라는 다차원적인 개념을 담기에 한계가 있을 수 있다. 이를 보완하기 위해 어떠한 측정문항들이 추가되면 좋을지 고민해보자.

3. 행정학에서 '삶의 질'은 어떻게 개념적 정의를 할 수 있을까? 어떻게 측정할 수 있을까? 더 나아가 인사·조직 관리적 관점에서 삶의 질에 영향을 미칠 수 있는 선행요인을 고민해보고 연구모형을 구상해보자.

Chapter 4.

조직구조

청년정책 거버넌스 체계 현안 분석과 개선방안 연구

(오수연, 김성엽, 박성민, 2021)

스마트워크가 공직사회 회복탄력성과 민첩성에 미치는 영향에 관한 연구

(전은정, 박성민, 2021)

「현대사회와 행정」 제31권 제4호(2021) : 141~178

청년정책 거버넌스 체계 현안 분석과 개선방안 연구

저자 : 오수연, 김성엽, 박성민
Peer Reviewer : 김성엽

1. 서평

문병걸(성균관대학교)

시대의 변화에 따라 청년들의 기회 제공과 복지 증진 그리고 그를 통한 경제와 사회의 활력 제고와 성장 유인은 중요한 정책의 목표가 되어가고 있다. 일견 정책이라는 것이 정부와 일부 전문가들이 주도하여 최적의 정책 수단을 활용하여 그 목표를 달성해야 한다는 측면도 있으나 노인 세대와 유아동에 대한 정책과 달리 청년층은 자신들이 직접적으로 정책의 혜택을 받는 동시에 정책을 운영할 수 있는 노동과 재원을 제공한다는 측면에서 생애 주기적 관점에서 보았을 때 그 독특한 특성이 있다고 할 수 있다.

이 연구는 그러한 측면에서 몇 가지 중요한 의의를 제공해준다. 우선적으로 거버넌스 측면에서 청년정책의 함의를 도출하고 있다. 청년정책에 포함되어야 하는 내용과 중요 정책 수단들에 대해서는 경제적, 정책적 그리고 사회적 관점에서 많은 논의가 이루어져 온 것이 사실이나 앞서 서술한 바와 같이 정책 운영의 원동력을 제공하는 동시에 수혜자가 되는 청년층에 있어서 무엇보다 중요한 것은 그들의 목소리가 정확하게 반영되고 그러한 목소리가 다채롭게 교환될 수 있는 장의 마련이 중요하다고 할 수 있다. 단순히 정책 수요자의 수요와 욕구를 확인하는 데에 그치는 것이 아니라 주거, 결혼, 육아, 일자리, 복지, 노동과 삶의 질 등 복합적인 차원에서 논의가 되어야 하는 청년정책에 있어서 그 거버넌스 체계에 관해 확인하는 것은 무엇보다 중요한 과업이다.

또한, 국내외 청년정책의 운영체계를 비교 분석하는 데에 그치지 않고 이를 개선하기 위한 단기-중기-장기로 연결되는 개선방안과 목표 그리고 이를 위해 달성해야 하는 구체적인 방안들을 제안하는 것 또한 하나의 큰 의미가 있다. 이러한 접근은 청년정책이라는 것인 단기적으로 달성하기 어려운 것임을 대내외적으로 알려주며 또한 중장기 계획을 통하여 하나의 thematic한 지원이 아닌 정책의 하나의 갈래가 되어야 함을 확인해준다. 그리고 관련한 거버넌스의 개편을 통해 앞으로 발생할 수 있는 다양한 정책의 개선과 변화에 있어 청년에 대한 고려와 적극적인 반영이 가능할 것이라는 것 또한 짐작할 수 있다.

물론 이러한 과정에 있어서 몇 가지 고려해야 할 점이 있으며, 정책에 대하여 조직을 신설하고 이를 확장하는 것이 효과가 있는지에 대하여 분석이 선행되어야 한다. 현재 많은 부처와 단체에서 청년 관련 부처와 청년의 직접 참여를 위한 다양한 수단이 마련되고 있으나 그러한 외형적인 모습에 있어 우선적으로 갖추어져야 하는 것이 바로 그들이 실제 조직 및 단체에서 의사결정권과 영향력을 행사할 수 있는 소프트 웨어적인 운영체계가 마련되어 있냐는 것이 중요할 것이다. 따라서 관련한 제도의 개편 없는 대표성의 부여는 실질적인 효과를 반감시키며, 또한 참여하는 청년들의 대표성이 중요하다. 청년이라는 하나의 카테고리 안에도 인구구성학적 또는 경제 사회적 구분이 필요하며 이들을 포괄적으로 대표할 수 있는 청년들의 활동을 유도하고 이를 지원할 수 있는 제도적 재정적 지원이 필요하다. 또한 재정적 지원에 있어서 중요한 것이 관련 사업들의 예산 및 재정 투입이 청년들을 고려하도록 설계되어 있는지도 고려되어야 한다. 관련하여 청년참여예산제도 등과 함께 가칭 '청년인지예산제' 등을 바탕으로 하는 청년영향력평가 및 통계의 구축도 관련 거버넌스의 개편과 함께 논의되어야 할 것이다.

청년들이 자신의 의견을 피력하는 수단과 채널은 굉장히 다양해진 상황이다. 따라서 청년정책의 수요에 관한 연구에 있어서는 데이터 분석과 그에 따른 새로운 기법에 대한 적용이 필요하다. 예를 들어 청년정책 관련 기사들의 댓글분석, 청년정책 관련 간담회 및 회의록에 대한 텍스트 분석 그리고 그 과정에서 추출되는 토픽을 통해 주요한 연결점을 찾아가는 토픽 모델링 등의 방법은 향후 관련 연구에 있어 중요한 방안으로 제안하고자 한다.

또한 청년정책에 대한 구체적인 방향성을 제시하기 위해서는 tailored 된 데이터의 구축이 필요하다. 특히 청년들의 수요와 직접 연계되는 데이터의 구축과 통계의 생산은 다른 연령대와 차별화되어야 하며 그를 위한 사전적인 준비와 필요한 변수 그리고 자료 수집을 위한 패널조사 방안 등이 제시되어야 한다.

마지막으로 청년정책의 효과에 대한 분석이 단순 정책 효과 분석을 넘어 거시경제적 관점에서 접근될 필요성이 있다. 청년에 대한 지원은 단순한 복지와 삶의 질 차원이 아닌 현세대에는 생산성의 향상을 가져오고 이후 세대에는 적정 수준의 인구 유지를 통한 성장 동력의 확보 그리고 현 기성세대에는 복지 재원의 안정적 운영의 근간이 되기 때문이다. 따라서 세대 간 모형 등을 활용하여 관련 정책에 대한 투입이 투자로서 작용하고 이를 통해 지속가능한 성장이 이루어질 수 있음을 보여주는 것이 중요하다.

2. 시놉시스

1) 연구의 배경과 문제의식

청년정책, 청년사회문제는 2022년 대한민국 대통령 선거를 앞두고 큰 사회적 화두 중 하나였다. 저성장과 과경쟁 시대에 있어 현재 진행되고 있는 청년정책들의 현황과 청년정책을 수행하는 조직, 거버넌스 체계 현황을 검토하고, 실제 청년정책과 가장 가까이에 있는 청년들과 행정학 전문가들의 목소리를 반영할 필요성이 있다.

2) 연구가설 및 모형

청년정책 거버넌스 개념을 확립하고 청년정책 제도 개선방안을 도출하는 것이 본 연구의 목적이다

3) 사용 방법론

MZ세대 및 청년정책 거버넌스의 국내환경 분석(SWOT)을 시작으로, 국내 현황분석과 국외 현황분석에 대한 사례분석과 FGI를 수행하는 등 통합적 접근 방식으로 연구를 수행하였다.

4) 시사점

청년정책과 청년조직, 청년거버넌스의 유형화를 검토하고 국내 현황에서는 수행되고 있는 과제 수와 체계를 분석하였다. 국외 현황 사례분석을 통해 한국, 독일, 일본, 미국, 유럽연합의 사례를 비교 분석하여 한국 청년정책 거버넌스에서의 함의를 제시하였다. FGI를 청년과 행정학 전문가를 대상으로 정책, 조직, 거버넌스 차원의 다양한 의견들을 반영하여 단기적 차원에서 청년정책 개선안, 중기적 차원에서 청년정책 조직 개편안, 장기적 차원에서 청년정책 거버넌스 개선안을 제시하였다.

3. 논문요약

I. 서론

MZ세대란 밀레니얼 세대와 Z세대를 통합한 신조어로, MZ세대는 2021년 4월 말 기준 국내 인구의 약 36%(밀레니얼 세대 22%, Z세대 14%)를 구성하고 있다(행정안전부, 2021). 우리나라는 2020년 기준 청년 인구는 890만 명이며, OECD 국가 중 40세 이하인 청년 의원의 비율이 가장 낮은 국가로 청년의 정치 대표성이 낮으며 (국회입법조사처, 2021), 여론에서도 청년 관련 논의에 대해 '청년 없는 청년담론'이라는 지적이 계속해서 나오고 있다. '청년 문제'는 청년 자신과 부모가 공동으로 갖고 있는 문제로, 전 국민의 문제이자 제대로 해결하지 못하면 나라가 위태로워지는 미래의 문제라고 할 수 있다.

청년정책 거버넌스를 설계하기 위해서는 이 시대 청년층의 주역인 MZ세대의 특징과 청년정책 거버넌스가 당면하고 있는 환경적 특성들을 SWOT 분석을 통해 구체적으로 살펴볼 필요가 있다. 이에 따라 MZ세대 및 청년정책 거버넌스의 국내 환경 분석(SWOT)을 실시한 결과 아래와 같다.

〈표 4-1〉 MZ세대 및 청년정책 거버넌스의 국내 환경 분석(SWOT 분석)

내부적 강점(Strength)	내부적 약점(Weakness)
- MZ세대의 긍정적 특성과 영향력 - 다양성 존중, 일과 삶 균형, 다양한 자아실현의 욕구 - 디지털 세대, 디지털 네이티브, 소셜미디어를 잘 활용하고 이슈 확산에 익숙 - 기성세대와는 차별화된 가치 추구, 환경, 윤리적 가치 등	- 청년기의 이행기적 특성에 따른 변동성과 취약함. '은둔 청년', '니트족' - 청년에 대한 정의가 제각각 - 청년정책 주관 부처·기관(여성가족부, 보건복지부, 고용노동부 등)의 산재로 통일된 청년정책 추진의 어려움

외부적 기회(Opportunity)	외부적 위협(Threat)
- 디지털 트랜스포메이션 - 온라인 중심으로 뜻이 맞는 사람끼리 모이기 쉬움, 기술적 발전 - 공정성, 투명성, 합리성에 대한 지속적인 요청	- 코로나19 위기 이후 청년층은 더 큰 타격을 입을 계층으로 지목됨 - 청년 행정 및 지원조직, 전달체계의 미흡 - 코로나위기, 인구구조 변화, 한국의 높은 사회적 갈등 수준, 저성장 장기화, 저출산, 취업난, 소득 양극화 등 국·내외 환경변화

여전히 현재 청년정책은 청년층의 표심을 얻기 위한 단발성·일회성에 그친 정책들이 다수이며, 지속가능한 청년정책 논의 플랫폼과 통합된 청년지원 조직의 부재로 청년에 대한 정책적 접근이 체계적이지 못하다. 이러한 문제의식을 기반으로 본 연구에서는, 청년정책, 청년조직 및 기능수행체계, 청년조직관리, 청년정책 거버넌스의 차원에서 현재 우리나라의 청년정책을 조망해보고자 하며, 인사·조직관리의 관점에서 청년정책 플랫폼 거버넌스의 필요성을 제안하고자 한다.

II. 제도적 논의

'청년정책'이란 청년발전을 주된 목표로 하는 것으로서 국가 또는 지방자치단체가 시행하는 정책을 말한다. 이때 '청년'이란 19세 이상 34세 이하인 사람을 말하며, 다른 법령과 조례에서 청년에 대한 연령을 다르게 적용하는 경우에는 그에 따를 수 있다. 우리나라 청년정책은, 기존 2020년 179개 과제 16.9조 원에서 2021년 270개 과제 22조여 원으로 확대 운영함으로써 전년대비 예산을 30% 확대하였다. 청년정책을 특정분야 정책이 아닌 종합정책으로 인식하고, 청년기본법을 제정 및 시행하여 컨트롤 타워 구축 등 기본적인 토대를 마련했다는 점에서 긍정적이다. 다만, 기준중위소득을 기준으로 취약계층을 한시적으로 지원하는 정책이 중심이며, 고용·주거·교육·복지 등 개별 부처 위주 추진, 코로나19 등 대처를 위해 청년정책이 고용정책으로 수렴되는 양상을 보여 다양한 욕구를 반영하지 못했다는 한계가 있다(관계부처합동, 2020). 청년정책은 정책분야별로 크게 5개의 분야, 일자리, 교육, 주거, 생활(복지·문화), 참여·권리로 유형화할 수 있으며, 5개의 대분류는 11개의 중분류로 세부 유형화할 수 있다(변금선, 2019; 한국청소년정책연구원, 2021).

청년층은 사회적으로 실존하지만 조직화되지 않은 집단이라는 측면에서 정책적 파트너십을 형성하기 어려우며(이현우 외, 2016), 이러한 특성으로 인해 청년들의 정책과정 참여와 청년정책 추진에 있어서 조직과 거버넌스의 역할이 중요하다.

Ⅲ. 국내외 현황분석: 청년정책 및 기능수행체계 분석

본 연구에서는 국내 현황 분석으로 청년정책 유형화, 중앙정부와 지방정부의 청년정책 과제 개수와 예산을 검토하였다. 2021년 3월 기준, 일자리, 교육, 주거, 생활(복지·문화), 참여·권리, 5가지 청년정책 유형별로 세부과제 수와 소관부처 현황을 분석하면 다음과 같다.

〈표 4-2〉 2021년 청년정책 시행계획(중앙부처·지자체) 총괄

구분	중앙정부	광역시·도	계
과제(개)	308	1, 258	정책 308, 사업 1, 258
예산(조원)	23.8	2.2	26.0

자료: 관계기관합동(2021)

첫째, 청년정책관련 중앙행정기관의 경우, 2021년 기준 청년정책을 소관하고 있는 중앙행정기관은 총 17개의 부, 3개의 처, 7개의 청, 4개의 위원회, 1개의 국무조정실이 각 세부과제를 담당하고 있다. 17개의 부처는 총 282개 과제를 진행하고 있으며, 3개의 처는 총 9개 과제를, 4개의 위원회는 총 10개 과제, 국무조정실은 7개 과제를 소관하고 있다. 즉 현재 우리나라 청년정책은 중앙부처 중심으로

추진되고 있으며 각 중앙부처는 청년정책과 유관한 사업들을 별도로 진행하고 있다. 둘째, 국무조정실 청년정책추진단 및 국무총리 소속 청년정책조정위원회이다. 2019년 7월 발족한 국무조정실 청년정책추진단은 청년정책조정위원회를 지원하는 사무국 기능을 수행하며 청년정책을 보다 체계적이고 효율적으로 지원하는 것을 목적으로 한다. 청년정책조정위원회는 정부, 지방, 민간으로 구분하여 구성되며 청년정책의 계획에서 평가까지 전 과정을 총괄하는 컨트롤 타워로서 역할을 하도록 설계되어 있다. 이를 통해, 다양한 부처에서 중복되거나 분산되어 실행되던 청년정책을 통합적으로 관리함과 동시에, 청년정책이 보다 체계적으로 추진될 수 있을 것으로 기대하고 있다(임유진, 2020). 셋째, 각 지방자치단체 산하의 청년정책 담당 부서로, 일례로 서울시의 경우 청년미래기획단(구 청년청)이 있다. 17개 광역시·도들은 청년과 관련한 기본조례 및 기본계획을 수립하고 시행하고 있으며 이를 집행할 청년정책 전담조직을 설치·운영하고 있다.

청년정책 거버넌스를 법제도 기반 확충을 위한 중앙-지방 거버넌스, 정책결정 과정에서 청년 참여를 강화하기 위한 중앙-지방-민간 거버넌스 혹은 민-관 협력 체제, 청년 맞춤형 소통 홍보를 위한 청년정책 온·오프라인 플랫폼 거버넌스로 유형화하여 제시하였다. 첫째, 중앙정부와 지방자치단체를 중심으로 한 청년 거버넌스 법·제도적 기반 확충으로, 이는 주로 중앙-지방 거버넌스를 통해 추진되고 있다. 구체적으로 17개 시도는 청년정책 추진 거버닌스 기반 마련을 위해 모두 청년(기본) 조례를 제정 및 운영하는 등 법적 기반을 구축하고 있었으며, 청년(정책) 책임관을 지정하고 청년정책 전담조직의 신설 등을 통해 청년정책 추진을 위한 제도적 기반을 강화하고 있다. 둘째, 청년(정책)조정위원회, 청년네트워크의 운영 등을 통한 정책결정과정에서 청년들의 참여기반을 강화하고자 하는 흐름으로, 이는 중앙-지방-민간 거버넌스 혹은 민-관 거버넌스의 유형이다. 17개의 시도 모두에서 청년정책위원회가 운영되고 있으며, 해당 청년정책위원회에서 지자체 청년 정책 기본계획을 심의·의결하고 주요 청년정책에 대한 논의를 진행한다. 청년정책 플랫폼 거버넌스 유형으로, 온·오프라인 플랫폼 운영을 통한 청년과의 소통 및 청년에 대한 홍보를 강화하고자 하는 움직임을 들 수 있다. 청년정책 플랫폼 거버넌스는 중앙행정기관, 지방자치단체, 청년정책 시민단체, 관계부처 및 민간합동 TF 등 다양한 협업관계를 찾아볼 수 있었다. 마지막으로 청년정책 온 · 오프라인 플랫폼으로, 온라인 플랫폼의 경우 관계부처 및 민간 합동 TF를 통해, 청년 친화적 정책 전달체계를 구축하기 위해 현재 운영하고 있는 '온라인 청년센터(https://www.youthcenter.go.kr/main.do)'를 개선 · 확대하여 중앙과 지자체 청년정책을 온라인 플랫폼을 통해 연계하는 '청년하나로'를 수립할 예정이다.

국외 현황분석으로 한국의 청년정책조직에 함의를 줄 수 있는 독일, 일본, 미국의 사례를 분석하였다. 해당 국가별 주요 청년정책 대상과 주요 정책과 조직체계는 다음 표로 요약할 수 있다.

〈표 4-3〉 청년정책 대상과 주요 정책과 조직체계

청년정책	한국	독일	일본	미국
주요 대상	• 청년 전반	• 청(소)년 전반	• NEET, 사회부적 응자	• 소외 계층, 소수 인종 중심
주요 정책	• 취업, 창업, 주택 · 금융, 생활건강, 정책참여 정책 • 취업정책에 가장 큰 초점	• 취업, 교육 정책, 주거 정책 • 세대통합적 관점, 다양성 관리, 참여 부분, EU와의 협력	• 취업과 주거 정책 중점 • 세대통합적 관점을 투영하고자 노력	• 나이별 증거기반 정책 수립 • 위기 청(소)년 지원 정책 • 참여, 권한 청년정책
조직 체계	• 위원회 성격, 개별 정책 각 부처 수행 • 국무총리 산하 청년정책조정위원회 (심의, 조정)	• 전담 부처 내 부서 • BMFSFJ(가족여성청년부)부처 내 청년부서가 전담	• 위원회 성격 • 내각부 산하 특별 기관 아동청년육성 지원본부	• 위원회성격 • IWGYP 워킹 그룹

유럽연합의 사례까지 고려하여 다음과 같은 함의점을 제시하였다. 첫째, 국가마다 청년정책 대상이 상이하며, 사회 전 계층을 대상으로 하는지 소외 계층을 대상으로 하는지로 구분할 수 있다. 일본의 경우 NEET족 및 사회 부적응자 등을 대상으로 수행하였으며 직접 보조금을 지원하는 형태에서 교육과 고용을 연계하는

정책으로 변하고 있는 모습을 볼 수 있다. 미국의 경우는 다양한 인종 배경에서 소외된 계층이 중점 대상이다. 특히 IWGYP를 구상하여 단절 청소년, 위기 청소년 대상에 초점을 맞추어 정책을 수립하고자 하였다. 독일의 경우 교육이나 주택 복지 차원에서는 청년 전체를 대상으로 하지만 BMFSFJ의 지도 아래 개별 청년에게 맞는 정책을 지원하고자 한다. 유럽연합의 경우 청년보장, 청년 지원뿐만 아니라 청년참여와 청년이 만들어나가는 참여 정책도 구축하고 있다. 일반 정책 참여부터 민주주의, 기후 변화 등을 통해 다양한 청년들의 목소리를 내는 모습을 살펴볼 수 있다.

둘째, 살펴본 3개의 국가는 청년정책만을 대상으로 하는 독립된 단일 부처에서 청년 대상 정책을 시행하고 있지 않다. 독일은 가족 전반을 대상으로 하는 부처 내 부서에서 수행하고 있었으며 일본은 전 부처를 통솔하는 내각부의 특별기관에서 청년정책을 시행하고 있다. 미국의 경우는 연방 21개 부처의 장관 및 직원이 위원으로 참여하는 위원회로 구성하여 청년정책을 추진하고 있다. 통합된 부처에서 청년정책 기능을 담당하면 청년정책의 기획, 집행, 평가 및 환류를 통합적으로 운영할 수 있다는 장점이 있다. 또한, 위원회가 아닌 독립된 부처에서 청년정책 기능을 담당하면 청년 대상만의 정책을 수립할 수 있으며 지속적으로 청년정책을 집행할 수 있다는 점을 살펴볼 수 있다.

셋째, 청년정책의 플랫폼 거버넌스는 유럽연합의 Youthwiki와 European Youth Forum의 사례서 함의를 이끌어 낼 수 있다. 청년을 지원하고 정책을 집행하는 과정에 있어서 통합적으로 관리되는 것도 중요하나 지역 및 분야별 특성에 맞게 정책을 집행하는 것도 중요하다. Youthwiki는 유럽이사회 청년정책개발위원회에서 마련한 각 유럽의 국가들의 정책을 비교할 수 있는 온라인 플랫폼이다. 각 국가별 청년정책의 거버넌스 구현 정도와 고용, 교육, 복지, 참여 차원에서 각 국가가 수행하는 전략과 프로그램을 파악할 수 있다. European Youth Forum은 청년들이 정책에 참여할 수 있는 장이다. 새로운 유럽 청년 전략에 따르면 참여와 협력을 강조하고 있다. 두 가지의 플랫폼 거버넌스는 증거기반에 따라 정책을 수립하게 해주고 기획 및 집행, 평가과정 안에서 청년들의 목소리가 실질적으로 반영하는 데 그 목적이 있다.

IV. 청년정책 및 청년정책 전담조직 디자인을 위한 전문가 초점 집단 인터뷰(FGI: Focus Group Interview)

본 연구는 국내외 현황분석 외에도 실제 수혜집단이자 청년정책을 위해 다양한 활동을 하는 청년NGO, 정당 내 청년조직, 정부부처 재직 청년, 청년정책에 관심 있고 연구를 직접 수행한 경험이 있는 대학교, 대학원 학생들과 행정학계 전문가를 대상으로 전문가 초점 집단 인터뷰(이하 FGI)를 수행하였다. 전문가조사 항목은 다음의 표와 같다.

〈표 4-4〉 전문가조사 항목

대분류	세부항목
청년정책 현황평가	• 취업지원, 창업지원, 주거금융, 생활복지, 정책참여 각 분야별 청년정책 현황에 대한 논의 • 청년정책 분야별 시급성과 준비도 평가 • 청년정책 분야별 한계점 • 청년정책 분야별 개선방안
청년정책 전담조직 필요성	• 국내 청년정책 전담조직 필요성과 타당성 • 전담조직 기능의 유형(정책기획, 권익증진, 부처 간 협력, 정책참여유도, 정책실험) • 기구의 형태와 규모(부/처/청 등의 독립된 부처기구, 기존 부처의 확대 개편, 위원회, 한시적 특별기관화) • 전담조직의 내실화(조직/인사/예산)
청년정책 플랫폼 거버넌스	• 플랫폼 거버넌스와 청년정책 적합성 논의 • 온라인 플랫폼 활용 • 정책 연계, 중앙부처간, 중앙-지방간 정책 조정 및 협력 • 공공-민간-NGO 교류 확대 • 청년정책 참여확대

청년정책 현황 평가에는 다음과 같은 의견을 제시하였다.

의견을 종합해본 결과 가장 시급한 청년정책은 취업지원 청년정책이었으며 준비가 잘되어 있는 청년정책으로는 취업지원, 창업지원이었다.

취업 정책은 청년들이 가장 많이 이용하고 혜택을 받는 정책 중 하나라는 긍정적인 평가와 함께 추가 개선방안이 논의되고 있다고 제시하였다. 단기 일자리에 집중되어 있고 양질의 일자리와 연계가 되지 않는다는 공통된 의견이 있었고 이는 행정학계 전문가들도 동의하였다. 창업지원 청년정책은 청년, 행정학계 모두 앞선 취업지원 정책에 비해 시급성은 낮으나 준비 정도는 상대적으로 잘된 정책으로 평가되었다. 코로나19 위기 이전에는 창업에 대한 많은 정책과 혜택이 기획되었으나 코로나19 위기 이후에 사회 전반적으로 창업이 현실적으로 시도되기 어려워진 배경도 고려되었다. 주거금융 청년지원 정책이 장기간 시행되었던 청년정책임에도 불구하고 보편적 지원 확대, 중복 수혜, 예산 문제와 관련하여 한계점을 제시하였다. 장기적으로 청년들의 자산형성 프로그램이 정착될 수 있다는 것에 대한 긍정적인 평가가 있고 저소득층 청년들에게 효과가 있다는 점에 대해서 긍정적인 평가를 하였다. 하지만 복지 사각지대를 해소하기 위해 주거금융 정책 개선이 시급하며 지역별, 지자체와 연계하여 개선이 필수적이라는 점에서 합의하였다. 생활복지 청년지원 정책에는 정신건강 지원 및 문화 생활 지원 등이 있다. 청년 자문가들에 따르면 시급성은 떨어지나 준비가 많이 되어 있는 정책으로 긍정적인 평가가 다수였다. 반면, 행정학계 전문가들은 여전히 준비가 미진하다는 점을 지적하였다. 프로그램 자체는 많아지고 있으나 활용과 관리 측면에서의 개선이 필요하다는 것이다. 정책참여 정책은 시급하지 않지만 정책 수요자가 직접 자신의 의견을 반영한다는 측면에서 장기적으로 반드시 필요한 정책으로 논의되었다. 학계 전문가의 의견에 따르면 정책참여가 정책반영으로 연계된다면 정책효능감이 높아진다는 점을 제시하였다. 청년 자문가들은 자신의 경험을 토대로 프로그램 수에 비해 내실화 있게 운영이 되지 못하고 청년들이 과소 대표되고 정치권 및 행정 운영상에 청년의 목소리를 담을 수 있는 메커니즘과 수단이 부족하다는 것을 지적하였다.

청년정책 전담조직에는 다음과 같은 의견을 제시하였다.

청년 초점 인터뷰 대상자들은 청년정책조정위 조직 위상으로는 청년정책을 원활하게 조정하고 정책 기능을 수행할지에 대해 부족하며 조직의 위상이 적어도 부나 처 단위가 필요하다고 답하였다. 대부분 독립된 새로운 조직을 설계하는 것을 제안하였으나 소수의 청년은 기존의 부처를 확대 개편하는 안을 제시하였다. 행정학계 전문가들은 최근 청년정책이 일자리, 창업 외에 다른 청년정책에 대한 고려가 필요하다는 점에서 총괄 조정 기능을 수행하는 부처가 필요하다고 인식하였다. 전담부처가 신설된다면 청년, 거시적 관점에서 유기적인 정책 설계는 가능할 수 있지만 타 특정 부처의 의존 문제가 여전히 존재할 수 있고 행정 비용이 추가 소모된다는 점을 우려하였다. 이에 따라 기존의 위원회의 권한을 추가 부여하는 안과 미래세대를 통합하여 정책을 수행하는 부처 안을 제시하였다. 청년정책 전담조직이 설계된다면 필요한 유형으로는 청년들과 청년정책의 기획, 청년의 권익증진 관한 사무, 부처 간 조정 및 협력 유도, 청년정책 참여 유도, 청년정책 실험 차원이 논의되었다. 행정학계에서는 기존의 위원회의 역할을 능가하고 독립된 부처로 재설계하는 데 드는 비용을 상쇄하기 위해서는 부처 간 조정 및 협력 유도가 꼭 필요하다고 제안하였다. 반면, 청년들은 유형으로 제시된 기능이 모두 필요하다고 의견을 전달하면서도 필요 유형의 우선순위는 상이하였다. 청년전담조직이 구성된다면 해당 조직의 내실화를 위해 청년들은 조직, 인사, 예산 차원에서 논의를 하였다. 청년전담조직 내 조직을 구상한다는 의견에 청년, 행정학계 모두 긍정적이지 않았다. 혼란을 야기할 수 있고 정치적으로 이용될 수 있는 인사이동 문제를 근거로 들었다. 일부 청년들의 의견 중에서는 인사차원에 있어서는 전담조직 내 인적 구성을 50% 이상 비율을 배치하는 참신한 의견이 있었다. 하지만 실질적인 권한을 부여하여 다수의 청년들을 고위직에 배치하는 것에 대해서는 시기상조라 생각하며 이에 대해서는 세대균형이라는 관점도 고려하여 청년들이 기존 세대의 의견도 함께 존중하며 정책을 설계하는 조직이었으면 하는 의견도 있었다. 마지막으로 예산 차원에서는 청년자율예산편성권에 대해서도 긍정적으로 검토하고 있으나 실현가능성이 있는지 기존의 지자체에서 수행한 다양한 정책 실험에 기반 하여 전국적인 청년전담조직에서 수행하는 방안에 대해서는 대부분의 청년 자문가와 학계가 동의하였다.

마지막으로 청년정책 플랫폼거버넌스에는 다음과 같은 의견을 제시하였다.

온라인 플랫폼 활용은 청년정책을 기획 수행하고 조정 기능, 홍보를 하는 데 있어 모듈화 인터페이스, 개방성, 양면성을 구축할 수 있는 필수 요건으로 논의가 되었다. 행정학계 전문가들은 청년 세대들이 디지털에 대한 접근성이 높으나 정책 참여에는 여전히 일부 청년들만 접근성이 높다는 점을 지적하며 온라인 플랫폼의 목적과 기능을 명확하게 할 것을 주문하였다. 청년 자문가들도 현재 청년정책이 하나의 포털에서 모여 제시되어 있지 않고 국무조정실 청년정책조정위원회 혹은 각 지자체별로 제시는 되어 있으나 표준화가 되어 있지 않다는 한계점을 제시하였다. 정책 간 연계도 청년정책 전담조직의 필요성과 내실화와 플랫폼거버넌스 구상과 밀접하게 연관이 되어 있다고 청년들은 공감하였다. 현재 논란이 되는 청년의 교육 문제, 취업 문제, 주거 문제, 결혼 문제 등은 또 다른 사회적 문제인 경제 저성장 문제, 저출생 문제 등과 연계될 수 있다는 점을 통해 이해하였다. 특히 취업 지원과 주거복지가 연계될 가능성이 있어서 단순히 각 부처에서 해당하는 정책을 시행하는 것보다 문제가 중첩되고 파생되어 다른 새로운 문제를 일으킬 가능성을 하나의 부처에서 통합적으로 개방성과 양면성을 바탕으로 연계하여 해결해야 한다고 제시하였다. 행정학계 전문가들은 기존의 청년정책의 영역들 간의 연계성이 명확하지 않는 점을 지적하였다. 그 중에서도 정책 참여 부분에 있어서 정책 참여의 결과가 실질적 영역에서의 정책결정과 정책집행에 유의미한 영향을 미칠 수 있도록 정책 참여 자체의 설계와 실행 체계를 고도화할 필요가 있다고 제시하였다. 정부 내 조정 및 협력체계를 공고히 해야 하는 것도 플랫폼거버넌스를 청년정책 전담조직을 구상하는 데 있어 필수적 요소라고 논의되었다. 협력체계를 바탕으로 지자체별로 정책의 시행 여부와 수행 배경, 수행 성공과 실패를 비교 분석하여 증거기반형 정책을 수립하는 데 동의하였다. 이원적이면서 중첩적인 중앙과 지방 간의 역할에 대해서도 논의한 바 있으며 이를 제안한 청년은 중앙에서는 각 현장의 다양한 실태에 대해서 투입과 과정, 산출과 효과에 대해서 정리하여 비교 연구를 수행하고 이를 바탕으로 지역 현장에서는 지역의 특수성과 수요자 중심의 지원이 수행될 수 있도록 세밀한 정책을 설계하는 것이 동시에 수행되어야 함을 강조하였다. 이와 함께 공공-민간-NGO 간 교류 확대가 이어서 논의되었다. 청년정책 참여확대에 대해서는 청년들의 각기 제안한 방식들이 상이하였는데 이는 초점 인터뷰 대상자가 자신이 현재 담당하고 있는 청년정책 전문가 역할이 상이한 것에서 비롯되었다고 볼 수 있다. NGO단체에서 대학생들의 청년 입법 교육과 입법 활동을 지원하는 대상자는 대학생을 대상으로 교육을 통한 입법과정을 체험하고 현실화되었을 때 느끼는 정치적 효능감을 중시하였다. 지자체의 청년정책 거버넌스에 참여하였던 대상자는 지방정부 기반의 청년 당사자가 참여를 주도하고 이를 통해 실질적으로 효과를 가져왔을 때 정책참여 차원에 있어 가장 체감도 있는 정책을 만들 수 있었던 원동력으로 인식하였다. 행정학계 전문가들은 동의하면서 청년들의 정책참여 수요에 대한 조사가 정기적으로 수행해야 된다는 점과 세부집단별 대표성을 갖춘 인사들로 구성된 위원회 구성, 활동 정례화(routinization) 등 체계적 정책참여 관리가 필요하다고 제안하였다.

이를 종합하여 다음과 같은 개선방안과 제언을 제시하였다.

시기	청년정책	청년 조직개편	청년 거버넌스
장기			• 거버넌스 유형의 다각화 및 다양화 -다양한 이해관계자의 접근성, 개방성, 참여가능성 확대 -거버넌스 채널의 다각화로 유연한 참여 -민간기업, 시민단체, 학계 등 다양한 참여자의 자발적 참여를 유도할 새로운 가치 및 인센티브 마련이 필요
중기		• 청년정책 전담 특임장관 신설 -특정 기관이 전담하기 곤란하거나 다양한 정부 부처 간 협업이 필요한 국정과제 추진에 도움 -특임장관의 리더십에 따라 상이해지는 조직개편 효과성 -한시적인 수행기간, 조직의 낮은 존속가능성	• 온·오프라인 플랫폼 구축 가속화 및 통합된 온라인 플랫폼의 설계 -시·공간적 제약을 벗어나 언제 어디서든 자유롭고 자발적인 청년담론 개진의 가능성
중기		• 청년정책 관련 전담 중앙행정기관 신설 -청년관련 정책의 안정적·효과적 추진 가능 -청년정책의 계획~평가 전 과정 총괄하는 컨트롤 타워 -조직 신설에 따른 예산과 인력 확보의 문제 대두 -기존 부처와 중복방지를 위한 범정부적 검토 요망	• 통합된 온라인 청년플랫폼('청년하나로(예시)') 구축 추진에 있어 더딘 진행상황
단기	• 청년을 위한 사회안전망 강화 및 갈등 치유 및 회복탄력성 제고를 위한 특화정책 발굴 -청년층 사회안전망 강화를 위한 제도적, 정책적, 관리적 기능 보강 가능성 제고 -청년특화정책 발굴을 위한 중장기적 실행체계 마련 필요 • 전 국민 행복생활보장을 위한 복지확대정책을 청년정책과 연계시켜 청년 복지사각지대를 최소화	• 기존 부처에 청년정책주관 기능을 추가하여 기존 조직 확대개편 -기존 여러 정부 부처에 분산되어 있는 청년관련 정책 예산, 집행 인력의 흡수·통합하여 확대 마련 가능 -청년기능 주관할 부처 선정 과정에서 갈등 비용 발생	•
단기	→ • '청년그룹' 및 '정책전문가그룹'으로 이루어진 청년 싱크탱크 구성 -청년그룹을 통한 효과적인 대외 수행 및 메시지 전달 가능 -정책전문가그룹을 통한 청년이슈·아젠다 발굴 및 체계화 가능 -Track1 청년그룹과 Track2 정책전문가그룹의 이원화된 두 그룹 사이의 유기적 소통채널 확보가 관건		
단기	→ • 창업지원 청년정책과의 연계를 통한 '청년취업·창업정책 지원 통합플랫폼' 구축 추진 -통합형, 수요자 중심형, 뉴딜형 정책을 통한 보다 거시적이고 통합적인 청년취·창업지원 플랫폼 구축이 가능 -청년일자리정책, 청년 1인 가구정책, 여성정책, 저출생정책 등을 입체적 관점에서 조망하고 보다 근본적인 대안 탐색 가능 -플랫폼 구축을 위한 재원확보의 어려움과 다양한 정책실험과정의 부담감 -현정부의 뉴딜정책과의 연계성과 차별성 확보의 어려움		
	청년정책	청년 조직개편	청년 거버넌스

4. 언론사례와 영화분석

기재부 등 4개 주요부처에 '청년' 전담부서 생긴다.
청년정책 총괄 · 조정 ···교육부 등 5개 부처는 전담인력 보강[13]

행정안전부 보도자료, 2021.08.31.

    정부가 청년세대의 취업난과 주거불안정 등 어려움에 대해 체계적 · 종합적 지원을 강화하기 위해 기획재정부 등 9개 부처에 청년전담 기구 · 인력을 신설 · 보강한다. 국무조정실과 행정안전부는 31일 이 같은 내용이 포함된 기획재정부 등 9개 부처 직제 일부 개정령안이 국무회의에서 의결돼 오는 9월 7일 시행될 예정이라고 밝혔다. 이번 직제개정은 지난해 8월 제정된 청년기본법 후속조치로, 부처별 청년정책의 총괄 · 조정과 과제발굴 · 실태조사, 범부처 협력 등 청년정책을 종합적 · 체계적으로 추진하기 위해서 마련됐다. 기재부는 범부처 청년경제정책의 지원, 국토부는 맞춤형 주거정책 추진을 통한 청년층 주거불안 해소, 중기부는 청년창업 지원 · 활성화 및 고용촉진, 금융위는 청년을 대상으로 한 금융생활 지원을 각각 추진한다. 교육부는 대학생 맞춤형 교육 및 취업지원, 행안부는 청년을 통한 지역활성화, 문체부는 문화 · 체육 · 관광분야 청년정책 조정 및 문화분야 청년인재양성은 물론 문화향유를 지원한다. 또한 복지부는 맞춤형 청년 보건 · 복지 정책 발굴을 통한 청년안전망 강화를 추진하고, 고용부는 청년 고용정책 효과성 제고를 각각 추진할 계획이다. 한편 이번 직제개정은 청년의 노동시장 진입지체로 청년세대의 생애주기 이행의 불안정성이 가중되는 등 청년정책의 필요성이 확대되고, 정부의 청년정책 과제 및 관련 예산이 지속적으로 증가하는 등 부처별 청년관련 업

● ● ● ●

13) https://bit.ly/3Vt57t3(원문출처)

무량이 증가한 점을 고려했다.

생각해볼거리

업무가 중복되지 않는 새 조직을 만드는 것은 불가능하다. 그렇기 때문에, 또 하나의 조직을 특정 대상 혹은 특정 사안을 위해 만드는 것에 대해 비판적인 시각이 많다. 그럼에도 불구하고, 하나의 컨트롤 타워 기능을 하는 청년을 위한 조직이 필요하다고 생각드는가? 전담인력 보강 외에도 청년정책연구원을 설립해 새 조직을 만들기에 앞서, 가조직, 실험조직을 만드는 사안 중 하나라고 보여지는가?

「청년을 위한 기차역(조직) 설계, 기적처럼 이루어질까?」

-영화 '기적'(2021) 사례 탐색 -

영화 : 기적 | 감독 : 이장훈 | 개봉 : 2021.09.15. | 출연 : 박정민(준경), 윤아(라희)

영화줄거리

오갈 수 있는 길은 기찻길밖에 없지만, 정작 기차역은 없는 마을. 오늘부로 청와대에 딱 54번째 편지를 보낸 '준경'(박정민)의 목표는 단 하나! 바로 마을에 기차역이 생기는 것이다. 그의 엉뚱함 속 비범함을 단번에 알아본 자칭 뮤즈 '라희'(임윤아)와 함께 설득력 있는 편지쓰기를 위한 맞춤법 수업, 유명세를 얻기 위한 장학퀴즈 테스트, 대통령배 수학경시대회 응시까지! 오로지 기차역을 짓기 위한 '준경'만의 노력은 계속되는데…! 포기란 없다. 기차가 서는 그날까지!

출처: 네이버 영화

사례

준경은 자신의 동네에 기차역을 만들기 위해 자신이 활용할 수 있는 모든 방법을 동원해, 기차역을 만들어줄 수 있는(혹은 예산을 마련해줄 수 있는) 대통령에게 청원을 하는 셈이다. 그러나 그의 방식은 다소 엉뚱하며, 비공식적이며 절차를 따르지 않는 것으로 보인다.

생각해볼거리

1. 청년들은 청년정책 및 청년을 위한 정부 조직을 만들기 위해서 다양한 전략을 활용한다. 단체를 만들어 정치권에 이야기를 전달하기도 하고, 축제를 활용하여 자신들의 정책효능감을 높이고 있다. 청년 입장에서 청년정책을 효과적으로 제안하기 위해서 어떤 전략이 필요하다고 보여지는가?

2. 청년정책을 위한 적합한 기차역(조직)을 설계하는 데 있어서 부/처/청/ 수준으로 조직을 설계한다고 가정하고 각각의 정책 효과와 문제점을 상상해보자. 기차역(조직) 설계자에게 혹은 기존의 세대들에게 가장 효과적인 제안 접근 방식은 무엇일까?

5. 토론문제

1. 조직개편을 추진하게 만드는 가장 큰 원동력은 무엇이라고 생각하는가? 정치적, 경제적, 사회적, 문화적 환경 중에 가장 큰 영향을 줄 수 있는 것은 무엇인가? 대한민국의 조직개편은 정치적 수사에 불과한가? 정부 개편 및 사회적 사건만이 조직개편을 일으킨다고 생각하는가?

2. 청년정책 온오프라인 플랫폼을 구상하는 데 있어서 가장 시급하게 필요한 것이 무엇이라고 생각하는가? 청년정책 및 거버넌스를 하나의 플랫폼에 통합하는 것이 옳다고 생각하는가? 역사적으로, 다른 국가와 비교하면서 우리나라의 가장 적합한 청년 조직 설계의 모습은 어떠한 것인가?

3. 조직의 탄생, 번영, 쇠퇴, 폐기를 살펴보는 연구를 진행한다고 가정해보자. 조직 연구에 있어 합리적인 시각을 바라보는 연구자도, 제한된 합리성을 바탕으로 바라보는 연구자도 있다. 현 상황의 여러 조직을 살펴보고 비교해보는 연구를 한다고 할 때, 가장 적합한 관점은 무엇이며, 이러한 관점을 투영한 연구를 진행하기 위해서 필요한 연구적 자료와 방법론을 고민해보자.

「정부행정」 제17권(2021) : 119~161

스마트워크가 공직사회 회복탄력성과 민첩성에

미치는 영향에 관한 연구

저자 : 전은정, 박성민
Peer Reviewer : 전은정

1. 서평

배광빈(동국대학교)

코로나 19 기간 동안 민간과 공공 부문에 재택근무가 크게 확대되었고 다양한 업무형태로 분화하고 있다. 근로자가 근무 시간과 장소를 선택할 수 있는 유연근무제도와 집에서 근무할 수 있는 재택 근무제도 및 근무 시간과 근무 장소를 새롭게 정의하는 스마트워크(smart work) 등 다양한 제도가 도입되었다. 재택근무와 유연 근무제도의 도입에 대해 기업과 근로자 모두 만족하고 있는 경향을 보인다. 2020년 고용노동부의 '재택근무 활용 실태조사'에 따르면 재택근무 경험이 있는 근로자의 91.3%는 재택근무에 만족하고 73.9%는 재택근무로 인해 업무의 효율성이 높아졌다고 응답하였다. 기업인사담당자의 경우도 66.7%의 응답자가 재택근무로 인해 업무효율성이 높아졌다고 응답하였으며, 51.8%의 응답자는 코로나 19 이후에도 재택근무를 지속적으로 시행하겠다고 하였다.

이렇게 사회 전반적으로 새로운 근무 형태가 확대 운영되고 있지만 재택근무의 효과 및 효율적 운영을 위한 제도 방안에 대해서는 충분히 연구가 되어 있지 않다. 이러한 측면에서 '스마트워크가 공직사회 회복탄력성과 민첩성에 미치는 영향'에 대한 연구는 시의성과 필요성이 충분한 연구라고 하겠다. 특히 뉴노멀 시대에 많은 관심을 받고 있는 주제인 회복탄력성 및 민첩성에 대해 연구한 것은 매우 흥미가 있었다. 회복탄력성(resilience)은 심리학, 사회학, 교육학 및 경제학 등 다양한 분야에서 연구되는 개념으로 역경과 실패에 대해 대응하고 이전과 같은 상황으로 극복할 수 있는 역량으로 정의된다. 특히 저자가 언급한 바와 같이 위기상황에서 조직 구성원의 혁신행동과 조직 자발성에 영향을 미쳐 중요성이 크다고 하겠다. 또한 민첩성(agility)도 위기와 혁신 상황에서 중요하게 고려한 요인이라고 하겠다. 민첩성은 환경 변화를 감지하고 유연하게 대응할 수 있는 역량으로 정의된다. 맥킨지 리포트 'The Need for Speed in the Post-COVID-19-and How to Achieve it'

에 따르면 코로나 19와 같은 위기 상황에 민첩성은 조직의 수익성, 성장 및 안정성에 기여하는 것으로 나타난다.

　해당 연구의 결과 스마트워크는 조직의 회복탄력성과 민첩성에 긍정적인 영향을 미치는 것으로 나타났다. 또한 스마트워크가 긍정적 나르시시즘을 매개로 회복탄력성과 민첩성에 긍정적 효과를 보이고 있다. 이러한 연구 결과는 스마트워크 제도가 환경 변화에 민첩하게 대응할 수 있고 위기에 대응할 수 있는 역량을 증진할 수 있는 것을 보여준다. 토론문제에서 제시된 바와 같이 최근 공무원들의 퇴직률이 증가하고 있으며 특히 재직 기간 5년 미만 퇴사자의 경우 2017년 이후 매년 증가하여 2021년에는 1만 명을 넘는 수준으로 나타났다. 최근 퇴직률이 늘어나고 있는 MZ세대 공무원들은 경직된 조직 문화를 주요 퇴직 이유로 제시하고 있는데 인사혁신처는 이를 개선하기 위해 유연근무 및 스마트워크 제도 활용 등의 공직문화 혁신안을 제시하고 있다. 해당 연구의 결과는 스마트워크 제도 활용 등 공직문화 혁신제도의 효과와 스마트워크의 긍정적 효과를 증진시키기 위해 필요한 요인들에 대해 제언하고 있다. 특히 공직자로서의 긍정적 자긍심 고취와 공익적 기여에 대한 만족감 등이 퇴직률을 줄일 수 있는 역할을 할 수 있다고 보았다.

　일부에서는 비대면 근무의 확대에 따라 대면 관계에서 느낄 수 있는 유대감 등이 저하될 수 있다는 우려를 나타내기도 한다. 특히 일상생활에서 지속되는 관계를 통해 조직에 대한 소속감도 증가할 수 있어 대면 근무의 장점에 대해 주장하는 의견들도 있다. 하지만 뉴노멀 시대에 코로나 19와 같은 위기 상황은 언제든지 도래할 수 있고, MZ세대의 유연근무제 및 스마트워크 제도 등에 대한 선호에 따라 비대면 근무와 대면 근무의 장점을 융합할 수 있는 하이브리드 모형에 대한 제안도 나오고 있다.

　코로나 19의 확산 이후 확대된 재택근무 및 스마트워크에 대한 관심이 늘어남에 따라 최근 이에 대한 연구들도 증가하였다. 이지현 외(2021)의 스마트워크에 관한 연구논문 리뷰에 따르면 사회과학 분야뿐 아니라 다양한 분야에서 스마트워크에 대한 연구가 진행되었다. 기존의 연구에서는 스마트워크의 활용을 위한 이론적 논의 및 스마트워크의 활용이 조직의 성과에 미치는 영향 등을 분석하는 연구가 주를 이루었다. 따라서 해당 연구는 기존의 연구와 차별성을 가지며 스마트워크의 효과를 다양한 측면에서 분석하였다는 점에서 기존 연구에 기여하고 있다.

하지만 해당 연구의 조사 대상이 스마트워크 제도 등을 이용한 경험이 있는 공무원이 대상이라는 점에서 대상별로 세분화된 정책 대안 도출에 어려움이 있다. 추후 연구에서는 스마트워크 제도의 효과성에 대해 연령별·성별 등 조사 대상을 세분화하여 조사하게 된다면 실무에서 활용이 가능한 정책적 개선 방안을 도출할 수 있을 것으로 본다. 특히 최근 퇴직률이 높은 MZ세대 공무원을 대상으로 연구를 진행하거나 스마트워크 제도를 이용해보지 않는 대상과 이용한 경험이 있는 대상 간 차이를 분석해 보는 것도 의미가 있을 것으로 본다.

한편 방법론적 측면에서 추후 연구에서는 스마트워크 제도의 효과를 인과관계(causality)적 측면에서 분석해 볼 것을 제언한다. 이를 위해서 진실험설계(experimental design)나 준실험설계(quasi-experimental design)를 활용하여 스마트워크제도의 효과성에 대해 연구해 볼 수 있다. 패널 분석(panel analysis)을 활용하여 횡단면적 분석과 시계열 분석을 합쳐서 분석하거나, 이중차분모형(Difference-in-Difference)을 활용하여 스마트워크 제도 도입의 효과를 집단별·시기별로 분석하여 인과관계적 측면에서 분석해 볼 수 있다. 최근 사회과학연구에서 많이 진행되고 있는 실험연구설계(experimental research design)를 활용하여 정책의 효과를 엄밀하게 분석해 볼 수도 있다.

2. 시놉시스

1) 연구의 배경과 문제의식

본 연구는 COVID-19로 공직사회에서 일상화된 스마트워크의 효과를 재조명하고, 회복탄력성과 민첩성에 유의미한 영향을 미치는지 실증적으로 분석하였다. 위기 상황에서 스마트워크의 중요성과 필요성을 인식하게 되었고, 많은 시간과 자원을 투자한만큼 스마트워크가 효과적으로 작동하는지 점검하는 기회가 필요하기 때문이다. 또한 이들의 영향 관계에서 공직자의 긍정적 나르시시즘이 매개변수로서 어떻게 작용하고 있는지를 함께 확인해본다.

2) 연구가설 및 모형

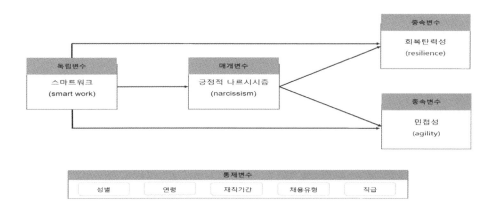

3) 사용 방법론

한국행정연구원에서 실시한 「2020년 공직생활실태조사」 데이터를 Amos 22.0 프로그램을 활용, 구조모형 분석을 실시하였다. 더불어 중앙행정기관 재직 공무원을 대상으로 인터뷰를 실시하여 분석결과에 대한 지지와 신뢰성을 확보하였다.

4) 시사점

공직사회도 위기 대응을 통한 발전에 더욱 주목할 필요가 있으며, 회복탄력성과 민첩성 기반 혁신역량을 개인 및 조직 차원에서 제고시켜 지속적으로 점검, 진단, 평가, 환류하는 것이 중요하다는 점을 확인할 수 있었다. 따라서 포스트 코로나·위드 코로나 시대를 대비하여 디지털 행정으로 일하는 방식을 전환시킬 수 있도록 해야 한다. 인적자원관리 차원에서는 공직자 개인의 나르시시즘 측면에도 관심을 기울여 공직사회 내에서 회복탄력성과 민첩성을 인지시키고 내재화하도록 해야 할 것이다.

3. 논문요약

I. 서론

첫 COVID-19 확진자가 나온 이후 우리는 급격한 사회변화를 겪었다. 경제불황뿐만 아니라 정치적 혼란, 사회적 긴장과 갈등 악화 등 예상했던 것과 다른 미래가 전개되고 있고, 이를 극복해 나가고 있는 오늘도 불확실한 상황은 진행 중이다. 따라서 외부환경이 좋지 않은 상황으로 변하더라도 조직이 좋은 성과를 유지하고 지속적으로 성장해 나가기 위해서는 회복탄력성과 민첩성을 주목할 필요가 있다.

이에 본 연구에서는 COVID-19라는 복잡하고 불확실한 상황에 대응하는 과정에서 스마트워크를 통한 일하는 방식의 변화가 공직사회의 회복탄력성과 민첩성에 미치는 영향에 대해 분석해보고자 한다. 더불어 그 관계에서 공직자의 긍정적 나르시시즘의 매개효과도 파악하고자 한다. Kohut(1977)에 따르면 긍정적 나르시시즘은 인간이 온전한 자기(self)가 되어가는 과정으로, 자기애를 기반으로 행복하고 온전한 상태를 유지하려는 긍정적이고 생산적인 측면도 지니고 있다.

이에 본 연구의 목적을 달성하기 위해 다음과 같은 연구 문제를 설정하였다.

첫째, 스마트워크는 조직의 회복탄력성에 유의미한 영향을 미치는가?

둘째, 스마트워크는 조직의 민첩성에 유의미한 영향을 미치는가?

셋째, 긍정적 나르시시즘은 스마트워크가 조직의 회복탄력성과 민첩성에 긍정적인 영향을 매개하는가?

이를 토대로 조직의 회복탄력성과 민첩성의 중요성을 인식하고, 포스트 코로나(post corona)·위드 코로나(with corona) 시대의 새로운 현실에 적응하는 공직사회 인적자원 관리 방향에 대한 정책적 시사점을 제시하고자 한다.

II. 이론적 논의 및 선행연구 고찰

1) 스마트워크(smart work)

스마트워크(smart work)는 지정된 근무시간과 공간적 개념을 벗어나, 최신의 정보통신기술을 활용하여 사람·정보·지식·시스템을 네트워크로 연결, 업무를 수행할 수 있는 근무환경까지 포괄적으로 정의하고 있다(남수현·노규성·김유경. 2011).

정부는 일과 삶의 균형 실현, 저출산·고령화 문제 해소를 목적으로 스마트워크의 중요성과 필요성을 오랜 기간 제기해 왔다. 조직 차원에서도 스마트워크를 통한 구성원 개개인의 삶의 질 향상은 조직의 생산성 증가, 성과 향상, 창의성 및 인식적 유연성 증대, 협력·협업 증진 등 조직 효율성 강화에 크게 기여한다는 측면에서 그 의미가 있다고 할 수 있다(박성민·김선아, 2015).

최근에는 COVID-19를 계기로 유연근무, 재택근무, 스마트워크센터, 영상회의로의 업무환경 변화가 급속히 확산되었는데 이에, 본 연구는 스마트워크를 통한 일하는 방식의 변화가 공직사회에 미치는 영향을 분석하고자 한다. 스마트워크는 일하는 방식뿐만 아니라 커뮤니케이션 방식의 변화가 주축이 된다는 점에서(장민제·남은우·이정우, 2021) 조직적 차원에서 예측하지 못했던 변화에 즉각 대응하는데 실질적으로 영향을 미치는지에 대한 분석이 필요할 때이다.

2) 회복탄력성(resilience)

조직 차원에서 회복탄력성의 중요성이 인지된 것은 최근의 일이다. 조직 회복탄력성은 강한 스트레스와 변화 상황에서도 유연하고 강하게 적응하는 시스템의 역량과 스킬(Coutu, 2002)로, 예상치 못한 문제가 언제 어디서나 발생 가능하며, 예측할 수 없다는 가정에 기초하여, 변화에 반응하는 능력을 증가시킴으로써 안전을 추구하는 전략이다(Wildavsky, 1988). 이정아(2018)는 급격한 비즈니스 환경과 정치적 변화, 반복되는 금융 위기 등 다양한 위기들이 상존하는 상황에서 조직이 회복탄력적이라는 지각은 구성원의 관계적 심리계약에 영향을 미쳐, 위기 시 혁신행동과 조직자발성에 영향을 미친다는 사실을 확인했다. 환경이 점점 더 역동적으로 변하고 예측할 수 없는 상황이 이어지면 회복탄력성의 중요성이 '효율성'보다 커질 수밖에 없다.

이에 본 연구에서는 위기 상황에 대한 창의적이고 유연한 대응은 공직사회에서도 필요하다는 측면에서 최근 공직사회에 급증한 스마트워크 환경이 공직사회의 조직 차원 회복탄력성에 긍정적인 영향을 미칠 것이라는 가설을 설정하였다.

3) 민첩성(agility)

민첩성은 유연성, 적응성과 유사한 개념으로(김종근, 2016) 다양한 경로를 모색하며 유연하게 대응하는 역량으로 정의할 수 있다. 특히 조직적 측면에서의 민첩성은 환경변화를 빠르게 감지하고, 유연하게 대응하는 역량을 말한다(김치풍·윤우근·김재원, 2012). 또한 예상할 수 없는 변화에 대응할 수 있는 능력, 변화에 선제적 행동을 취할 수 있는 능력(Arteta · Giachetti, 2004), 기회와 위기를 빠르게 감지하고 대응할 수 있는 능력(Tallon & Pinsonneault, 2011) 등으로 정의되기도 한다.

공직사회를 대상으로 하는 민첩성에 대한 연구도 활발하게 진행되고 있지 않은 실정이지만, 이는 공직사회가 환경적 격변성이 높지 않다는 인식에 기인하는 것으로 볼 수 있다(김종근, 2018). 다만 Odkhuu Khaltar·김태형·문명재(2019)에 따르면 정부의 민첩성과 관리역량에 대한 국민의 긍정적인 인식은 정부신뢰를 향상시킴으로써 경제위험과 환경위험 인식을 낮추는 것으로 확인되었다. COVID-19와 같은 급속한 환경변화와 불확실한 상황이 발생했을 때 정책집행 및 서비스 제공 과정에서 정부가 민첩성을 발휘한다면 공공의 이익을 증대하고 정부신뢰를 향상시키는 요인이 될 것이라는 것이다.

이에, COVID-19 확산이라는 급격한 환경변화에 대응하며 공직사회에서 스마트워크를 신속하게 도입했다는 점은 조직 민첩성에 유의미한 영향을 미칠 것으로 기대할 수 있다.

4) 긍정적 나르시시즘(narcissism)

이현재 · 정예지(2018)는 긍정적 나르시시즘이란 '자기'만을 내세우는 것이 아니라(홍이화, 2011) 견고한 자신(firm self)을 구축하는 것이라고 정의하였다. 긍정적 나르시시즘을 지닌 사람들은 할 수 있다는 확신(Malkin, 2016), 카리스마, 왕성한 학구열과 명확한 비전(Maccoby, 2007) 등의 특성을 지닌다는 것이다. Maccoby(2007)는 빌 게이츠, 스티브 잡스, 오프라 윈프리 등을 긍정적 나르시시즘 정도가 높은 리더로 보고 나르시시즘이 다이내믹하게 변화하는 산업에 종사하는 경영자들에게 가치 있는 특성 중 하나라고 밝힌 바 있다.

이러한 효과성을 살펴보기 위해 이경선(2020)은 행정학 분야 인적관리 측면에서 관료의 나르시시즘을 촉진하는 것이 적절한지 알아보는 연구를 진행하였으며, '민간 대비 공무원이 갖는 업무능력 자신감', '타 공무원 대비 공무원이 갖는 업무능력 자신감', '공무원의 사회적 지위에 대한 만족감'과 같은 세 요인이 공무원의 혁신행동과 직무성과에 중요한 영향을 미치고 있음이 나타났다. 이는 공무원들에게 눈에 보이는 경제적 보상이나 지원 못지않게 대내외적으로 심리적인 인정과 존중을 중요하게 받아들이고 있음을 보여준다.

반면에 인적자원 관리 측면에서 긍정적 나르시시즘을 촉진하는 것이 적절한지 조직의 환경적 요인과 매개하는 요인에 대한 연구는 부족하다. 이에 본 연구에서는 스마트워크가 공직자의 긍정적 나르시시즘에 어떠한 영향을 미치는지, 또 긍정적 나르시시즘은 조직의 회복탄력성과 민첩성에 어떠한 영향을 미치는지 알아보고자 한다.

III. 연구설계 및 분석결과

1) 변수구성

본 연구는 한국행정연구원에서 제공하는 「2020년 공직생활실태조사」를 활용하여 진행하였다. 조사 대상자는 중앙행정기관 본청 및 광역자치단체 소속의 일반직 공무원으로, 응답자 중 유연근무제, 재택근무, 스마트워크센터, 영상회의 활용 및 이용경험이 있는 3,921명의 자료를 활용하였다.

〈표 4-5〉 변수구성과 설문문항

구 분				설 문 문 항
독립 변수	스마트 워크 (smart work)	유연근무제	Q.5_2_3	가족친화적 근무제도 활용 만족도_유연근무제
		재택근무	Q.6_2_1	원격근무제도 및 스마트워크 이용 만족도_재택근무
		스마트 워크센터	Q.6_2_2	원격근무제도 및 스마트워크 이용 만족도_스마트워크센터
		영상회의	Q.6_2_3	원격근무제도 및 스마트워크 이용 만족도_영상회의
매개 변수	긍정적 나르시시즘 (narcissism)		Q.14_1	내가 수행하는 업무는 높은 역량이 요구된다
			Q.14_3	나의 업무수행 역량은 유사 업무를 수행하는 민간기업(대기업 수준) 담당자보다 우수하다
			Q.15_2	전체 공무원 대비 본인의 업무 전문성 수준
종속 변수	회복탄력성 (resilience)		Q.18_2	우리 기관에서는 조직목표 간 우선순위가 분명하다
			Q.18_4	지난 1년간 우리 기관의 목표 달성 정도를 객관적으로 측정할 수 있다
			Q.20_7	우리 기관은 안정성/일관성/규칙준수를 강조한다
			Q.24_2	우리 기관의 성과는 꾸준히 향상되고 있다
			Q.24_3	우리 기관 성과의 질은 개선되고 있다
			Q.20_5	우리 기관은 참여/협력/신뢰를 강조한다
			Q.23_1	우리 기관에서는 업무상 협조가 필요한 경우 부서 간 협업이 대체로 원활하다
	민첩성 (agility)		Q.22_1	우리 기관은 융통성 있고 변화에 즉각적으로 대응한다
			Q.22_2	우리 기관은 혁신을 위해 어느 정도 위험을 감수하는 것을 용인한다
			Q.22_3	우리 기관에서 추진한 변화는 대체로 긍정적 효과를 가져온다

2) 구조모형 분석

검증 결과 첫째, 스마트워크는 조직의 회복탄력성과 민첩성에 각각 정(+)의 영향을 미치는 것으로 나타났다. 둘째, 스마트워크는 공직자의 긍정적 나르시시즘에 정(+)의 영향을 미치고, 공직자의 긍정적 나르시시즘 또한 조직의 회복탄력성과 민첩성에 각각 정(+)의 영향을 미치는 것으로 나타났다. 반면 통제변수 중 재직기간 이외에는 유의미한 영향을 미치지 않는 것으로 나타났다.

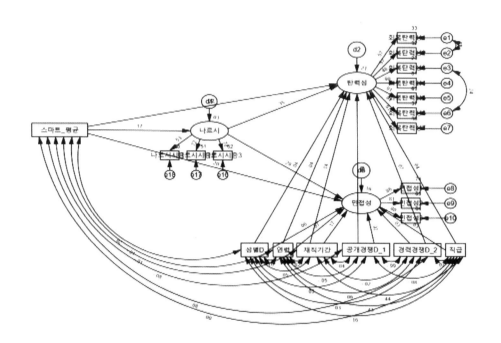

〈그림 4-1〉 구조모형

〈표 4-6〉 구조모형 분석결과

	경 로	Estimate	S.E.	C.R.	p	비고
가설 1	스마트워크 → 회복탄력성	0.122	0.009	13.478	***	채택
가설 2	스마트워크 → 민첩성	0.189	0.016	12.023	***	채택
가설 3	스마트워크 → 긍정적 나르시시즘	0.086	0.009	9.195	***	채택
가설 4	긍정적 나르시시즘 → 회복탄력성	0.387	0.024	15.809	***	채택

경로		Estimate	S.E.	C.R.	p	비고
가설 5	긍정적 나르시시즘 → 민첩성	0.554	0.04	13.986	***	채택
통제 변수	성별 → 회복탄력성	0.038	0.014	2.674	0.007	
	성별 → 민첩성	0.087	0.026	3.396	***	
	연령 → 회복탄력성	−0.022	0.014	−1.58	0.114	
	연령 → 민첩성	−0.06	0.025	−2.348	0.019	
	재직기간 → 회복탄력성	0.035	0.007	4.992	***	
통제 변수	재직기간 → 민첩성	0.074	0.013	5.833	***	
	채용유형(공개) → 회복탄력성	0.072	0.106	0.685	0.493	
	채용유형(경력) → 회복탄력성	0.076	0.107	0.714	0.475	
	채용유형(공개) → 민첩성	0.034	0.193	0.174	0.862	
	채용유형(경력) → 민첩성	0.055	0.195	0.283	0.777	
	직급 → 회복탄력성	0.027	0.011	2.543	0.011	
	직급 → 민첩성	0.03	0.02	1.541	0.123	

3) 매개효과 분석

긍정적 나르시시즘의 매개효과는 $p < 0.05$ 수준에서 통계적으로 유의한 것으로 검증되었다. 이에 긍정적 나르시시즘은 부분 매개효과를 가지는 것으로 확인되었다.

〈표 4-7〉 매개효과 분석결과

경로		Indirect Effect	Boot SE	Confidence interval 95%		결과
				Boot LLCI	Boot ULCI	
가설 6	스마트워크 → 긍정적 나르시시즘 → 회복탄력성	.033	.006	.024	.046	채택
가설 7	스마트워크 → 긍정적 나르시시즘 → 민첩성	.048	.009	.033	.067	채택

4) FGI 인터뷰 내용 종합

분석결과의 논리성을 확보하고자 중앙행정기관 중 통일부에 재직 중인 공무원

3인을 대상으로 인터뷰를 실시하였다. 3인은 모두 5년 이상 공직사회 근무 경력을 가지고 있으며 COVID-19 상황 전후로 유연근무제, 재택근무, 영상회의 등 스마트워크 제도를 활용한 경험이 있다. 통일부는 오랜 기간 예측하기 어려운 정세변화와 불안정성을 겪어왔으며, 긴장 요인 가운데서도 신속하게 안정적 정세를 견인하기 위한 적극적이고 민첩한 대응이 필요한 조직이기도 하다.

스마트워크와 조직의 회복탄력성, 민첩성 간 관계를 묻는 질문에서는 응답자 모두 긍정적인 영향을 미치고 있다고 응답하였다. 특히 대상자 방문형 사업으로 전환된 경우에도 관련 프로그램을 사전에 설치하여 전국 각지에서 언제든지 행정망 인트라넷에 접속, 결재·메일·게시판을 이용하며 신속한 보고체계 유지가 가능했고 현장의 긴급현안도 처리할 수 있었다고 밝혔다. 돌봄 가족이 있는 상황에서도 관리자뿐만 아니라 다른 직원들의 눈치를 보지 않고 수시로 비대면 보고가 가능했다는 점에서 스마트워크가 일·가정 양립에도 기여했음을 알 수 있었다. 무엇보다 스마트워크가 제도적으로 확산되면서 관리자들이 형식보다는 효율적으로 일하는 부분에 관심이 높아졌다는 점을 확인할 수 있었다. 이전에는 많은 시간이 아이디어 검토와 이에 따른 보고, 승인, 후속조치 등에 소요되었지만 지금은 성과를 내기 위해 아이디어를 빠르게 도입해서 추진하고 코로나 이전과 같은 상태로 안정화시키는 데 중점을 두고 있다고 밝혔다.

더불어 스마트워크를 활용하면서 스마트워크 관련 제도가 마련되어 있다는 점, 다양한 스마트워크 제도를 활용할 수 있다는 점 등에서 응답자 자신의 사회적 지위와 역할에 대한 만족도와 성취감, 자부심이 높아졌고 특히 가족들의 행복감이 높아졌다며 인터뷰를 통해 스마트워크가 긍정적 나르시시즘에도 영향을 미친다는 점을 확인하였다.

Ⅳ. 결론

본 연구는 공직사회에서 일상화된 스마트워크의 효과를 재조명하고, 회복탄력성과 민첩성에 유의미한 영향을 미치는지 실증적으로 분석하고자 하였다. 또한 이들의 영향 관계에서 공직자의 긍정적 나르시시즘이 매개변수로서 어떻게 작용하고 있는지를 확인하고자 하였다. 이를 종합적으로 살펴보면 다음과 같다.

첫째, 스마트워크는 조직의 회복탄력성에 유의미한 영향을 미치는 것으로 나타났다. 즉, 각종 위기 상황이 발생하더라도 스마트워크를 지원 방안으로 활용하면 일하는 장소와 시간을 유연화하여 공직자의 안전을 보장할 뿐만 아니라, 업무를 유지·재개하는 것이 가능하다는 것으로 이해할 수 있다. 이는 변화를 예측할 수 없는 경우에는 안전을 추구하기 위해 회복탄력적(resilience) 접근이 필요하다는 Wildavsky의 회복탄력성 전략이 실증적으로 규명된 것으로도 볼 수 있다.

둘째, 스마트워크는 조직의 민첩성에 긍정적 영향을 미치는 것으로 나타났다. 이는 스마트워크가 추구하는 유연성, 연결성과 즉시성이 환경변화에 대한 조직의 민첩성 역량을 높여가는 순기능을 하고 있다는 염유경·이용환·이상민(2016)의 연구 결과와 일맥상통한다. 즉 조직이 변화를 인지하고 민첩하게 대응하기 위해 스마트워크는 필수적이라고 할 수 있다.

셋째, 스마트워크는 공직자의 긍정적 나르시시즘에도 영향을 미치는 것으로 나타났으며, 공직자의 긍정적 나르시시즘 경우에도 조직의 회복탄력성과 민첩성에 각각 유의미한 영향을 미치는 것으로 나타났다. 즉 스마트워크는 공직자의 긍정적 나르시시즘을 매개로 조직의 회복탄력성과 민첩성에 긍정적인 영향을 주고 있음을 확인하였다. 다만 공무원 시험 쏠림 현상이 심화되고 있음에도 의원면직률이 매해 증가하고, 이직 의향 역시 증가 추세를 보이고 있는 만큼 공직자의 긍정적 나르시시즘을 촉진하는 요인을 연구해 볼 필요가 있다. 과거의 비합리적인 관행을 되돌아보고 변화하는 시대에 발맞춰 근무혁신에 대한 인식과 태도 변화가 필요하다.

분석결과를 바탕으로 시사점을 살펴보면 다음과 같다.

첫째, 회복탄력성과 민첩성을 갖춘 조직은 변화나 예상하지 못했던 상황을 기회로 바꿀 수 있는 조직혁신 역량을 갖추고 있다. 따라서 위기 상황에 직면했을 때 그렇지 못한 조직과의 경쟁력 격차는 훨씬 커질 수밖에 없다. 따라서 공직사회도 단순히 위기 이전의 상태를 회복하는 것보다는 위기 대응을 통한 발전에 더욱 주목할 필요가 있다. 따라서 민첩성과 회복탄력성 역량을 개인 및 조직 차원에서 제고시켜 나가는 것이 중요하고, 따라서 민첩성과 회복탄력성 기반 혁신역량의 수준을 지속적으로 점검, 진단, 평가, 환류하는 것이 필요할 것이다.

둘째, 이번 감염병 위기에 대응하며 스마트워크에 대한 필요성과 공감대가 폭넓게 형성되었고 이를 통해 애자일 조직 등 유연하고 민첩하게 외부 변화를 감지, 대응할 수 있는 팀 중심의 운영조직체계 구성의 중요성을 인지하게 되었다. 향후 정부혁신 담당자들은 문제해결중심, 실무중심, 성과중심으로 직무체계를 구성되고 합리적 팀제 문화, 수평문화를 조성해 나가면서 다양한 현안들에 대하여 적극 행정과 책임행정을 수행할 수 있는 조직을 구상해 나가야 할 것이다.

셋째, 이번 위기를 통하여 한층 빨리 다가온 무경계위험사회를 체감하면서 미래형, 비대면형, 스마트형 조직 및 인사관리에 대한 방향과 전략을 구체적으로 구상하게 만든 계기가 되었다. 뿐만 아니라, 기성세대와 다른 가치관을 지닌 밀레니얼 세대 공무원 비중이 지속적으로 증가하며 개인의 일에 대한 관점이 다양해졌고, 공직사회 내에서도 조직문화와 근무방식 개선 필요성이 제기되고 있다(2021년 공무원 근무혁신 지침, 인사혁신처). 즉 포스트 코로나·위드 코로나 시대를 대비하여 국가적 차원에서 ICT를 행정혁신 전략적 수단으로 활용하며, 디지털 행정으로 일하는 방식을 근본적으로 전환시킬 수 있도록 해야 한다. 한국행정연구원 「2020년 공직생활 실태조사」에 따르면 연령과 연차가 낮을수록 공직에 대한 자부심과 봉사인식, 만족도는 낮고, 이직 의향은 높은 것으로 나타났다. 그동안 공공봉사동기에 공직사회 성과의 많은 부분을 의지해왔다면 이후에는 공직자 개인의 나르시시즘 측면에도 인적자원 관리 차원에서 관심을 기울여 공직사회 내에서 회복탄력성과 민첩성을 인지시키고 이를 내재화하도록 해야 할 것이다.

4. 언론사례와 영화분석

공무원도 '스터디 카페' 재택근무 가능하게…
퇴사하는 공무원 붙잡을 수 있을까[14]

경향신문, 김원진 기자, 2022.08.17.

3년차 지방직 공무원이던 30대 A씨는 지난해 가을 사표를 냈다. 주 2~3회씩 야근을 하는 노동 강도에 비해 받는 월급은 적다고 판단했기 때문이다. 공무원 주변에선 "퇴사하고 갈 자리는 마련해 두었냐"며 말렸지만 A씨는 일단 사표부터 냈다. 그는 "일은 아랫사람들이 다 하고, 공은 윗사람들이 차지하는 경직된 조직문화 역시 퇴사를 결심하게 된 주요 원인"이라고 말했다.

최근 저연차 공무원을 중심으로 퇴직자가 급증하면서 정부가 공직사회 동기부여에 나섰다. 20~30대 MZ세대가 공직사회의 주류로 부상하면서 이들이 요구하는 조직문화 변화 없이는 이들의 조기 퇴직을 막을 수 없다는 절박함에서 나온 조처로 보인다.

인사혁신처는 17일 향후 공무원들에게 성과급 지급 시 동료평가를 반영하고, 원격근무 등 근무형태 유연화를 시범 도입하는 등의 내용을 담은 '공직문화 혁신 기본계획'을 발표했다. 기본 계획은 인재 혁신, 제도 혁신, 혁신 확산을 기조로 공무원 중요 직무급 지급 대상 확대, 재택근무지 다양화, 근무 평가체계 개편 등의 내용을 담았다.

…(축약)…

••••

14) https://bit.ly/3Td2rxV(원문출처)

또한 인사혁신처는 원격근무나 재택근무가 가능한 장소·시간을 유연하게 활용할 수 있도록 한다고도 밝혔다. 현재 원격근무는 자택이나 스마트워크센터에서만 할 수 있다. 스마트워크센터는 서울(10곳), 인천·경기(5곳) 등 전국에 있지만 각 센터마다 좌석수가 20개 안팎에 불과하다. 앞으로는 보안업무만 아니면 스터디 카페나 정책 집행·발굴 현장에서 업무를 할 수 있게 된다.

…(축약)…

'메타버스 오피스' 선점 경쟁…LG CNS·한컴·티맥스[15]

전자신문, 권혜미 기자, 2022.10.04.

LG CNS와 한글과컴퓨터, 티맥스메타버스가 오피스 환경에 특화된 메타버스를 공개, 일상 업무 공간을 메타버스로 확장한다. 혁신적 업무 환경 제공과 더불어 오프라인 업무환경을 유지하며 공간 제약을 없애는 메타버스 오피스 수요를 선점하려는 포석이다.

…(축약)…

LG CNS 메타버스 오피스는 자체 그룹웨어 솔루션 사내포털에 메타버스 플랫폼을 연계한다. 1 대 1 영상채팅, 다자간 영상회의, 1,000명 이상 수용 가능한 영상 콘퍼런스 등 다양한 기능을 적용한다. LG CNS는 메타버스 오피스를 사내에 적용하고 기술 검증 이후, 외부 고객을 대상으로 사업을 확대할 예정이다. LG CNS 관계자는 "메타버스 오피스에 지속적인 콘텐츠 업데이트와 사용 후기 반영을 통해, 내년에는 메타버스 오피스 모바일 버전 개발을 추진할 계획"이라고 말했다.

한글과컴퓨터는 '실물 연동형 오피스 메타버스 서비스'를 2.5D 기반으로 연내

• • • •

15) https://bit.ly/3WCApi7(원문출처)

론칭한다. 온·오프라인 오피스를 연동, 메타버스로 제공하는 방식이다. 한컴이 보유한 메타버스 기술에 영상 미팅·채팅 등 협업 도구 툴을 구현하고 출퇴근 인식, 회의실 예약, 주차 등 오프라인 서비스를 연동 및 구축함으로써 재택근무의 효율성을 높이는 효과를 제공할 예정이다.

…(축약)…

티맥스메타버스는 메타버스 기반 오피스 환경 구축 수요를 공략, 누구나 쉽게 원하는 메타버스를 구축할 수 있는 노코드 방식 플랫폼 출시를 앞두고 있다.

…(축약)…

김상균 경희대 교수는 "오피스 메타버스처럼 버티컬(특정 제품군 전문) 메타버스가 한 축으로 자리 잡고 있다"며 "함께 일할 수 있는 공간성을 확보하기 위해서는 플랫폼이 낮은 기기 사양에서도 작동하고 인사·결재시스템 연동이 쉬워야 한다"고 말했다.

레디 플레이어 원(Ready Player One, 2018)

영화 : 레디 플레이어 원 | 감독 : 스티븐 스필버그 | 개봉 : 2018.03.28. | 출연 : 타이 쉐리던, 올리비아 쿡 外

영화줄거리
영화는 '오아시스'라는 가상현실 게임이 사람들의 일상을 잠식한 2045년을 배경으로 한다. 모두가 자포자기한 힘든 현실이지만 HMD(일종의 VR)기기만 착용하면 누구나 원하는 캐릭터로 어디든지 갈 수 있고, 상상하는 모든 것이 가능하다. 마침 오아시스의 창시자 제임스 할리데이가 죽음을 맞이하며, 3가지 미션을 해결할 시 오아시스의 모든 운영권과 유산을 준다는 유언을 세상에 발표한다. 주인공 웨이드(유저네임 파시벌)는 그의 기억과 그가 사랑했던 80년대 대중문화를 되짚어보며 우여곡절 끝에 우승을 하게 된다.
출처 : 네이버 영화

사례

　주인공은 우승 이후 유언에 따라 오아시스를 운영하게 되지만 화요일과 목요일은 오아시스를 닫기로 한다. 제임스 할리데이가 정말 바라던 것은 따뜻한 밥을 먹을 수 있는 현실의 사람들과 시간을 보내는 것이었음을 깨달았기 때문이다. 이 영화는 메타버스를 쉽게 이해하는 데 더없이 좋은 영화로 가상세계에만 몰두하는 미래사회의 어두운 면을 지적하고 있다. 특히 "현실만이 유일한 진짜(Reality is the only thing that's real.)"라는 대사로 영화를 마무리한다는 점에서 의미가 있다. 『트렌드 코리아 2021』에서는 코로나19 사태로 '언택트(untact)' 기술이 가장 조명받았지만 시간이 지날수록 '휴먼터치(Human Touch)'의 필요성이 커지고 있다고 밝히고 있다. 많은 것이 온라인에서 이루어질수록(ontact) 역설적으로 사람의 온기가 그리워진다는 것이다.

생각해볼거리

　1. 팬데믹 이후 디지털 전환에 대한 투자가 빨라지고 있다. 공직사회에서도 업무환경의 혁신을 지속적으로 추진하고 있으며, 다양한 업무환경으로 변화하는 과정에서 물리적 접촉의 기회는 이전보다 줄어들 것으로 예상된다. 따라서 동료들과 함께하는 점심, 사소한 잡담 등을 통한 자연스러운 네트워크 또는 조직문화 형성이 어려울 수밖에 없다. 직원들(특히, 저연차 MZ세대)이 조직적응을 돕고 소속감을 높일 수 있는 조직 차원의 '휴먼터치' 방안에는 어떠한 것들이 있을까? 함께 생각해보자.

5. 토론문제

1. COVID-19 위협이 완화되면서 조직은 직원들을 사무실로 복귀시킬지, 원격으로 근무하게 할지를 결정하는 기로에 있다. 조직 대다수는 직원들을 사무실로 복귀시키는 것을 선호하기 때문에 원격근무 모델은 급격히 감소할 것으로 예상된다. 대신 하이브리드(hybrid work) 모델과 같은 분산된 작업 모델이 향후 표준이 될 것으로 보고 있다(Incisiv, 2022).

최근 평생직장 개념이 희박해지고 직업 간 이동이 활발해지면서 젊은 공무원들의 퇴직이 급증하고 있다. 정부가 조직의 효율성과 생산성은 높게 유지하면서 민간기업과 인력 경쟁을 벌여야 하는 상황에 이른 것이다. 이러한 배경에서 인사혁신처에서는 원격근무 유연화 방안을 발표하였다.

미국이나 영국에서는 원격근무 등을 "공무원의 호화로운 혜택"이라고 지적하며 공무원은 사무실로 돌아와야 한다고 비판하는 의견도 있다. 그렇다면 우리나라 공직사회의 하이브리드 모델 도입에 대해서 어떻게 생각하는가?

2. Thomas J. Allen 교수는 조직에서 물리적 거리가 가장 가까운 사람들과 소통할 가능성이 높으며, 물리적 거리가 멀어질수록 의사소통 빈도가 줄어들고 효율적인 의사소통을 하기 어렵다고 밝히고 있다(일명 "Allen Curve", 1977). 또한 ICT가 발전한 지금 시대에도 이 가설은 역시 적용된다(2007).

조직원 간 물리적 거리가 멀어지고 커뮤니케이션이 줄어든다면 이는 조직성과와도 연결될 수밖에 없다. 전체 약 40%가 재택·원격근무제를 수행하던 IBM社의 경우, 직원협업과 생산성 향상을 위해 제도 도입 24년 만인 지난 2017년, 제도를 전면 폐지하고 직원들에게 사무실 복귀를 통보한 바 있다.

하이브리드 워크 환경에서 조직 구성원 간 소통과 협력, 조직성과, 생산성의 문제는 어떻게 최소화할 수 있을까?

3. 우리나라 공직사회에 하이브리드 워크 환경을 도입한다면 인재를 어떻게 채용하고 관리해야 할까? 자발적으로 퇴사하는 저연차 공무원이 늘어나고 있는 점을 감안하여 '채용 – 교육 – 평가 – 보상' 등 인적자원관리 전반에 대해 논의해보자.

Chapter 5.

조직행태·동기

대한민국 공무원의 동기, 직무, 제도적 요인이
직무만족과 삶의 질에 미치는 영향요인 연구
(이효주, 박성민, 2019)

공직 내 적극행정의 영향요인에 관한 연구
(강나율, 박성민, 2019)

「현대사회와 행정」 제29권 제3호(2019) : 59~106

대한민국 공무원의 동기, 직무, 제도적 요인이
직무만족과 삶의 질에 미치는 영향요인 연구

저자 : 이효주, 박성민
Peer Reviewer : 이가빈

1. 서평

민경률(제주대학교)

본 연구는 공직에서 근무하거나 공무원을 꿈꾸는 사람이라면 반드시 읽어보라고 권하고 싶은 연구이다. 많은 이들이 공직에 진출하기 위해 치열한 경쟁을 하고 있지만, 정작 공직생활에 대한 만족도는 높지 않다는 것은 아이러니한 일이 아닐 수 없다. 특히 젊은 세대일수록 공직에 대한 자부심이 낮아지고 있다는 것은 시대적 흐름에 따라 공직을 바라보는 관점 또한 변화하고 있다고 볼 수 있다. 이러한 시기에 공무원의 직무만족과 삶의 질에 미치는 영향을 분석한 본 연구는 우리에게 공무원으로서 어떻게 살아가야 하는가에 대해 다시금 생각해 볼 수 있는 기회를 제공한다는 측면에서 매우 뜻 깊은 의미가 있다. 다만 참고문헌을 제외하고도 본문 내용이 37페이지이니, 약간의 마음의 준비를 하고 논문을 시작하면 좋을 듯하다.

저자인 이효주 박사와 박성민 교수는 인적자원관리 분야에서 전문성을 가지고 있으며, 특히 공공부문에 종사하고 있는 조직 구성원들의 동기와 역량을 높이기 위해 다양한 연구들을 수행해오고 있다. 본 논문을 읽어 나가다 보면 어떻게 하면 공무원들이 보다 즐거운 마음으로 자신의 직무에 몰입하고, 조직 내에서의 생활에 만족할 수 있는가에 대한 고민이 배여 있음을 알 수 있다. 저자들의 이러한 고민을 함께 생각해보면서 살펴보면, 논문을 통해 저자들이 이야기하고 싶었던 것에 좀 더 다가갈 수 있지 않을까 싶다.

연구의 목적을 간략히 살펴보면, 공무원의 직무만족, 삶의 질 영향요인을 동기, 직무, 제도적 차원에서 규명하기 위해 네 가지의 연구 질문을 제시하고 있다. 첫째, 공무원의 직무만족 수준은 삶의 질에 유의미한 영향을 미치는가? 둘째, 공무원의 동기(공공봉사동기)는 직무만족에 어떠한 영향을 미치는가? 셋째, 공무원의 직무요구자원(업무수행자원, 업무자율성, 직무스트레스)은 직무만족에 어떠한 영향을 미치는가? 넷째, 최근 대두되고 있는 유연근무제와 육아휴직제에 대한 활용 만족도가 공무원의 동기, 직무특성요인이 직무만족에 미치는 영향을 조절하는가?

이상의 연구 질문에 대한 답을 얻기 위해 다소 소홀히 할 수 있는 선행연구 검토와 관련 이론들을 충실히 논의함으로써 저자들이 주장하고 있는 것에 대한 논리적 근거를 잘 마련하고 있고, 설정된 가설을 검증하기 위한 정교하게 설계된 분석기법으로 공무원의 직무만족과 삶의 질에 영향을 미치는 요인을 살펴보고 있다. 또한, 관련 언론사례를 제시하고 영화를 분석함으로써 여러 측면에서 생각해볼 수 있도록 다양한 읽을거리를 제공하고 있다. 이와 함께 다른 사람과 자신의 생각을 의논하고 의견을 교류할 수 있는 토론문제도 제공하고 있어, 독자에게 다양한 읽을거리를 제공 해주려는 저자들의 배려가 느껴지기도 한다.

마지막으로 저자들이 제시하고 있는 실무적 · 정책적 함의도 중요한 의미를 가지고 있지만, 본 연구를 통해 그동안 관심을 받지 못해왔던 공무원들의 삶에 대한 논의가 이어질 수 있다면 무엇보다도 큰 의미가 있다고 생각된다.

성경에 "게으른 사람은 재치 있게 대답하는 사람 일곱보다 자기가 더 지혜롭다고 생각한다"(성경 잠언 26:16)는 말이 있다. 이 말의 의미를 살펴보면, 게으른 사람은 자신의 게으름을 정당화하기 위해 가상의 상황을 만들어 낸다고 한다. 우리는 어떤 일을 시작하는 데 있어 의미를 부여하고 차일피일 미뤘던 경험들이 있을 것이다. 막상 미뤄뒀던 시점이 다가와도 다른 핑계를 만들어 또다시 미루기도 한다.

하지만 결과가 나오기 위해서는 반드시 시작이 있어야 하기 때문에 우리가 무엇이든 시작하지 않는다면 아무것도 이뤄지지 않는다. 새롭게 시작한다는 것은 언제나 두렵고 힘든 일이다. 하지만 어려운 일이라고 포기하기보다는 작은 것에서부터 시작해볼 수 있다. 우리가 일상생활에서 논문을 구상하거나 공부를 하고 있지 않더라도 문득 논문에 대한 아이디어들이 떠오를 때가 있다. 이러한 아이디어를 메모하는 것에서부터 시작해볼 수 있다. 시작하는 것에 망설이지 않는다면, 결국은 조금씩 나아갈 수 있기 때문이다.

2. 시놉시스

1) 연구의 배경과 문제의식

삶의 질에 대한 관심과 그 중요성에 대한 인식은 날로 커지고 있지만, OECD, UN 등 각종 삶의 질 조사에서 대한민국은 꾸준히 하위권을 기록 중이다. 2017년 정부는 공직생산성 제고와 일·가정 양립을 위한 근무혁신을 공표하였다.

2) 연구가설 및 모형

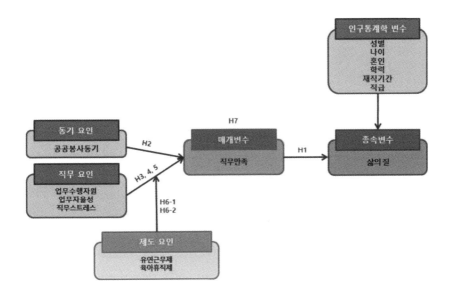

3) 사용 방법론

본 연구는 구조방정식 분석과 부트스트래핑을 이용하여 변수 간 직접효과 및 간접효과를 확인하였다. 또한 Ping의 2단계 접근방법을 활용하여 제도적 요인의 조절효과를 검증하였다.

4) 시사점

본 연구는 국내에서 연구주제로서 도외시되어 왔던 공무원의 삶의 질을 궁극적 종속변수로 설정하고, 실제 제도 이용자의 만족도를 조절변수로 설정하였다는 점에서 친가족정책 연구의 확장에 이론적으로 기여하였다고 볼 수 있다. 이에 직무 수행 과정에서 직무만족과 공공봉사동기 수준을 제고시킬 수 있는 방안이 필요함을 제시하고, 근본적으로 근로시간 단축을 가능케 하는 직무특성(역할갈등, 역할모호성, 업무자율성)에 대한 제도적 관심이 필요하다는 것을 실증적으로 규명하였다. 마지막으로 동기, 직무, 제도요인의 긍정화를 통해 삶의 질을 제고시키고자 하는 방향은 반드시 공직사회의 근무혁신 확산과 정착을 위한 노력과 연계의 필요성을 강조하였다.

3. 논문요약

I. 서론

지난 6월 경제협력개발기구(OECD)에서 발표한 '2018 더 나은 삶의 질 지수'(The Better Life: BLI)에 따르면 대한민국의 종합순위는 조사국 40개국 중 30위를 차지하였다. 유엔에서 발표한 '2019 세계행복보고서'(World Happiness Report 2019)에서도 대한민국은 156개국 중 54위를 기록했다(박영준, 2019). 국민소득은 27위로 상위권을 차지한 것에 비해 전체적인 행복 순위가 상당히 낮은 것으로 보아, 왜 우리는 물질적 풍요 속에서도 행복하지 않은지에 대한 고민이 필요하다. 이와 같은 맥락에서 행정학 분야에서는 주로 삶의 질을 논할 때, 정부의 정책과 서비스의 수혜자인 국민의 삶의 질에 초점을 맞추어왔다(김선아·박성민, 2018). 즉, 정부의 정책과 서비스의 궁극적인 목적이 '국민의 삶의 질 제고'라는 점에서 공히 다뤄져야 할 연구 주제라 할 수 있다. 하지만, 이에 비해 국내연구에서는 공무원의 삶의 질이 연구 주제로서 상대적으로 도외시되었고, 최근 지속적으로 보도되는 공무원 자살 소식(유대근 외, 2017)과 공직 내 일과 삶의 불균형에 대한 언론보도는 공무원의 삶의 질에 대한 실무적, 학문적 관심과 여론을 환기시키는 계기가 되고 있음을 알 수 있다.

II. 이론적 논의 및 선행연구 고찰

본 연구에서는 종속변수로 다루고자 하는 삶의 질에 대한 개념적 논의와 삶의 질과 관련된 선행연구들을 검토하고, 대한민국 공무원의 동기, 직무, 제도적 요인이 직무만족과 삶의 질에 미치는 영향관계를 실증적으로 규명하고자 변수들의 개

념적·조작적 정의 및 변수 간 관계에 대해 기술하였다. 본 연구에서 선행연구 검토
결과 토대로 도출된 삶의 질의 개념 정의는 다음과 같다.

〈표 5-1〉 삶의 질의 다양한 개념 정리

구분			개념정의
국내	행정 기관	한국보건사회 연구원(1996)	소득과 같은 객관적 지표로 개발한 삶의 질 지표를 경제·교육·건강· 문화 등 네 가지 영역으로 구성
	연구자	조경호(2003)	주관적 지표로서 교통·통근, 직장생활, 건강, 안정 및 안전, 교육, 가족생활, 친구관계, 국가 및 삶에 대한 '일반적 체감만족도'로 구성
		임희섭(1996)	삶을 영위하는 데 필요한 객관적, 물질적 조건, 환경에 대한 주관적, 감성적 평가
		조경호·이선우 (2000)	직장에서의 개인의 삶, 개인의 능력개발, 가족들의 삶의 질로 삶의 질을 분류
		김선아·박성민 (2018)	소득 수준과 같은 절대적 개념보다 삶의 경험에 대한 인지된 만족도 와 같은 상대적 개념으로 삶의 질을 이해
국외	연구자	Sirgy et al. (2001)	심리학, 사회학, 경영학, 보건학 등 다양한 학문 분야에서 다뤄지는 개념으로, 전반적인 삶에 대한 만족으로 이해 가능하며, 삶 만족도, 개인적 행복, 주관적 안녕감 등으로도 불리움
		Collin&Shaw (2003)	시간(time), 몰입(involvement), 만족(satisfaction)의 균형으로 삶의 질 을 바라봄

다음으로 삶의 질과 관련된 선행연구들을 검토한 결과는 다음과 같다.

〈표 5-2〉 제도론적 관점에서 진행된 삶의 질 선행연구 정리

연구자	주요 내용	분석대상	분석방법
박경효 (1999)	공직사회를 바라보는 균형된 시각, 권한부여, 인사정책 과 공무원의 개발욕구 부합성, 퇴직관리 등 인사관리 개 선방향을 제시하며 공무원 삶의 질에 대한 중요성 역설	공무원의 삶의 질로서 경제적 보상, 근무여 건, 자기개발, 개인적 권리의 실태 논의	맥락분석 요건분석
조경호 ·김미숙 (2000)	공무원들이 민간기업 종사자보다 삶의 질을 낮게 평가하고 있음을 확인	중앙부처 공무원과 서 울, 대전 등에 소재한 중견기업 종사자	실태분석 비교분석

연구자	주요 내용	분석대상	분석방법
김화연 ·박성민 (2017)	조직 내·외 갈등요인과 삶의 질, 조직시민행동 간의 관계와 긍정심리자본이 미치는 조절효과를 조사하여, 가족 내 갈등, 일·가정 갈등이 삶의 질에 부정적 영향을 미침을 규명	책임운영기관 종사자	실태분석
서은혜 ·이효주 ·박성민 (2018)	외재적 보상 만족도가 공공봉사동기를 통해 조직시민행동과 삶의 질에 미치는 영향을 규명하고, 자율성, 역량성, 관계성의 조절효과 검증	행정부 소속 국가공무원 및 광역자치단체 소속 지방공무원	실태분석

본 연구에서 사용된 매개변수의 이론적 논의를 요약하면 다음과 같다.

〈표 5-3〉 선행연구에서 도출된 이론적 논의

변수	분류		연구자	주요 내용
직무 만족	개념		Locke(1976)	직무 또는 직무 경험에 대한 평가에 기인한 긍정적 감정 상태
			민경률·박성민 (2013)	업무 효용을 대표하는 지표로서의 역할을 하며, 직장과 삶의 질을 구성하는 핵심 요소 중 하나
			박선경 외(2011)	직무만족을 협의적 개념으로만 이해한다면, 직무 특성에 대한 만족도로만 그 범위를 제한할 수 있으며, 광의적 개념으로 해석하는 경우 고용안정성, 임금, 승진기회 등과 같은 고용관계 및 근로조건에 대한 만족도까지 포함
	중요성		박선경 외(2011)	공사부문 구분 없이 조직 구성원의 높은 수준의 직무만족은 직무성과, 조직성과를 제고시키고, 조직몰입과 조직시민행동과 같은 바람직한 직무태도를 촉진시켜 조직에 이로운 영향을 미친다고 받아들여짐
			제갈욱·김병규 ·제갈돈(2015)	높은 수준의 직무만족은 유능한 근로자들은 조직 내에서 유지할 수 있으므로 더욱 중요한 변수임
			박운성(1985)	사람의 불만족은 대체로 관련 없는 영역에까지 확장되는 경향이 있어, 직무에 대한 불만족은 가정, 여가, 삶 자체에도 불만족으로 연결될 수 있음
	이론적 논의	국외	Drobnic, Beham & Prag(2010)	유럽의 9개국(핀란드, 스웨덴, 영국, 네덜란드, 독일, 포르투갈, 스페인, 헝가리, 불가리)을 대상으로 분석하여 업무자율성, 직업에 대한 긍정적 전망, 흥미로운 업무가 높은 수준의 직무만족으로 전환되고, 이는 간접적으로 삶의 질을 제고시킴
			Kantak, Futrell & Sager(1992)	미국 내 판매사원들의 직무만족 요인이 직무만족과 삶의 질에 미치는 영향관계를 증명하였는데, 이러한 결과는 맥락적으로 상이할 수 있으므로, 다른 문화적 맥락에서의 연구의 필요성 역설

변수	분류		연구자	주요 내용
직무 만족	이론적 논의	국내	보육/유아교사(김규수 · 고경미 · 김경숙, 2014; 조경서 · 김은주, 2014), 간호사(임은영 외, 2014), 피부미용사(김민주 · 김도연, 2019)와 같은 감정적 노동이 요구되는 직종에서 직무만족과 삶의 질에 대한 선행연구가 있는 것으로 확인됨	
			박광표 · 김동철 (2015)	장애인의 직무만족이 삶의 질에 미치는 영향에 대해 분석
			조경호 · 김미숙 (2000)	민간기업 종사자와 공무원의 삶의 질을 비교한 연구결과를 바탕으로 두 변수 간의 긍정적(+) 관계를 유추

마지막으로, 본 연구에서 사용된 독립변수의 이론적 논의를 요약하면 다음과 같다.

〈표 5-4〉 선행연구에서 도출된 이론적 논의

변수		이론적 논의	관련 선행연구
동기 요인	공공 봉사 동기	동기이론을 바탕으로 공공봉사동기의 하위범주를 살펴보고 공공봉사동기가 조직에 미치는 긍정적 영향에 대한 선행연구들을 제시	• Perry(1990)는 Knoke&Wright-Isak(1982)의 동기이론을 바탕으로 합리적 동기, 규범적 동기, 정서적 동기로 공공봉사동기의 하위범주를 제시하였다. • 개인의 공공봉사동기 수준이 높을수록 조직몰입(Crewson, 1997; Taylor, 2007), 직무 성과(Anderson, 2009; Wright & Grant, 2010; Park & Rainey, 2008; Naff & Crum, 1999), 조직시민행동(Kim, 2006; Taylor, 2007), 내부고발(Brewer & Selden, 1998), 조직 내 사회자본(Lee et al., 2019)이 증가하고, 이직의도(Park & Rainey, 2008)는 감소한다.
	업무 수행 자원	상사, 동료와 같은 사회적지지, 자율성, 기술활용과 같은 직무향상기회, 상황적합성 보상 및 처벌과 같은 강화적 상황으로 직무자원 구성	• 염영희(2013)는 직무요구자원이론을 기반으로 상사의 지원이 간호사의 비인간화에는 부(−)의 효과, 자아 성취감에는 정(+)의 효과를 미쳐 직무만족을 증가시킨다는 것을 규명 • 이성자 · 임은미(2019)는 교사의 직무자원과 직무만족 간의 관계를 조사하여 직무자원이 직무만족에 직 · 간접적인 영향을 미친다는 것을 확인

변수		이론적 논의	관련 선행연구
직무 요인	업무 자율성	또 하나의 직무자원으로서 업무수행자원을 활용하여 본입의 업무 목표, 계획, 절차 등에 주도적으로 판단 및 결정할 수 있는 것으로 규정	• Hackman & Oldham(1975)에 따르면, 업무자율성은 업무수행 방법, 절차, 계획을 스스로 결정할 수 있는 충분한 자유, 독립성, 재량권을 보장받는 정도를 의미 • Sadler–Smith et al.(2003)의 연구에 따르면 업무자율성은 조직몰입 강화, 결근율 감소와 같은 조직효과성에 긍정적 영향을 미침 • 업무자율성을 통해 의사결정에 소요되는 시간과 노력 등의 비용을 절감할 수 있고(Golden & Veiga, 2005), 업무 과부화를 낮은 수준으로 인지하게 함(Ahuja et al., 2007)
	직무 스트 레스	특정 직무와 관련된 스트레스 요인(과다 업무, 역할갈등, 역할 모호성) 또는 부정적 환경요인을 의미함	• 직무스트레스는 개인의 정신적, 육체적 건강을 해칠 뿐 아니라 직무태도에 부정적 영향을 미치므로, 조직효과를 저하시킬 수 있음(Hobfoll & Marshall, 1976) • 국내 공무원을 대상으로 분석한 선행연구에서도 직무스트레스와 직무만족 간 부정적 영향관계가 지속적으로 나타남(김대원·박철민, 2003; 하미승·권용수, 20020; 옥원호·김석용, 2001; 박희서 외, 2001)
제도 요인	유연 근무제	공직생산성을 향상시키고 삶의 질을 높이기 위해 개인·업무·기관별 특성에 맞는 유연한 근무형태를 공무원이 선택하여 활용할 수 있는 제도(국가공무원 복무규정 제14조)이며, 시간선택제 전환근무와 탄력근무제로 한정하여 분석	• Bae & Yang(2017)은 한국 공공부문 대상 육아휴직제가 직무만족에 미치는 영향을 분석하여 두 변수 간 유의미한 긍정적 관계 확인 • 한편, 유연근무제가 적합하게 활용되지 않는다면 오히려 조직 구성원의 총 노동시간을 증가시키는 부정적 연구결과도 존재(Kurland, 2002) • 유연근무제의 '활용경험'은 직무만족에 정(+)의 영향을 미치지 않는 반면, '활용 만족도'는 유의미하게 직무만족을 증가시킨다는 것을 발견(민경률·박성민, 2013)
	육아 휴직제	만 8세 이하 또는 초등학교 2학년 이하 자녀를 양육하기 위해 3년 이내로 휴직할 수 있는 제도	• 박선영(2015)은 4개년도 패널데이터를 통해 여성근로자의 유아휴직 활용경험이 조직몰입을 증가시킨다고 설명

III. 연구설계

본 연구에서는 이론적 논의와 선행연구 고찰을 통해서 공무원의 삶의 질을 제고시키기 위한 동기요인, 직무요인, 제도요인을 중심으로 가설을 설정하고 요인 간 관계 및 영향력의 차이를 알아보고자 연구모형을 제시하였다. 본 연구는 한국행정연구원에서 실시하고 있는 2018년 「공직생활실태조사」[16]를 활용하여 실증분석을 실시하였으며 변수에 사용된 설문항목은 다음과 같다.

〈표 5-5〉 변수구성과 설문문항

구분			문항		관련 연구
독립변수	동기요인	공공봉사동기	29-3	나에게는 사회에 어떤 바람직한 변화를 가져오는 것이 개인적인 성취보다 더욱 큰 의미가 있다.	Perry(1996), Brewer, Selden, Facer & Rex(2000), Kim et al. (2013)
			29-4	나는 사회의 선(善)을 위해서라면 스스로 매우 큰 희생을 감수할 마음의 준비가 되어 있다.	
			29-2	비록 웃음거리가 된다고 하더라도 나는 다른 사람들의 권리를 옹호하기 위해 나설 용의가 있다.	
			29-1	국가와 국민을 위한 뜻깊은 봉사는 나에게 매우 중요하다.	
	직무요인	업무자율성	4-1	나는 업무수행 방식/절차에 대한 선택권을 가지고 있다.	Breaugh & Colihan (1994)
			4-2	나는 업무수행 속도/마감시간을 조절할 수 있다.	
			4-3	나는 업무수행 평가지표/기준을 수정할 수 있다.	
		업무수행자원	3-2	나는 업무수행에 필요한 예산 등 물적 자원을 적절히 제공받고 있다.	Subamaniam & Youndt (2005)
			3-3	나는 업무수행에 필요한 정보나 IT시설 등 정보 자원을 적절히 제공받고 있다.	
			3-1	나는 업무수행에 필요한 인력 등 인적 자원을 적절히 제공받고 있다.	
		직무스트레스	30-2	내 역할에 대한 상사들/부하들의 요구사항이 다르다.	Rizzo (1970), Weiman (1977)
			30-4	나의 담당 업무에 대한 책임범위가 불분명하다.	
			30-5	나의 담당 업무에 대한 우선순위가 불분명하다.	
			30-3	공식 업무책임과 내 가치관 차이로 갈등을 겪은 적이 있다.	
매개변수	직무만족		35-2	나는 열정적으로 업무를 수행한다.	Porter & Steers(1973), Locke(1976), 유민봉·임도빈 (2012)
			35-3	나는 업무를 수행하면서 성취감(보람)을 느낀다.	
			35-1	나는 담당업무에 흥미가 있다.	

● ● ● ●

16) 본 연구는 한국행정연구원에서 생산된 자료를 활용하였으며, 한국행정연구원 연구자료 관리규칙에 의거 사용허가를 받았다.

구분		문항	관련 연구
종속 변수	삶의 질	38-1 나는 주위의 다른 사람들과 비교할 때 행복하다.	UK Cabinet Office(2012)
		38-2 나는 현재 삶에 만족한다.	

IV. 분석결과

본 연구는 가설을 실증적으로 분석하기 위해서 1) 기술통계 분석 2) 신뢰도 및 타당도 분석을 실시하였고 가설 검증에 앞서 구조방정식 모델을 통해 모형의 적합도를 확인하였다. 분석결과 분석에 사용된 설문문항이 신뢰도와 타당도가 높은 것이 확인되었으며 연구의 구조분석 모형 역시 적합하다고 판단되었다. 또한 부트스트래핑법과 Ping의 2단계 접근방법을 활용하여 동기, 직무요인의 직접효과와 직무만족의 매개효과, 그리고 제도요인의 조절효과를 검증하였다.

동기, 직무요인의 직접효과를 검증하기 위해서 구조방정식 모델의 경로계수에 대한 통계적 검정을 실시하였다. 직무만족은 삶의 질에 유의미한 긍정적인 영향을 미치는 것으로 나타났다. 공공봉사동기는 직무만족에 유의미한 긍정적인 영향을 미치고, 직무스트레스는 직무만족에 부정적인 영향을 미치는 것으로 나타났다. 반면, 업무수행자원은 직무만족에 통계적으로 유의미한 영향을 미치지 않는 것으로 나타났다. 업무자율성은 유연근무제를 활용하는 집단에서만 직무만족에 유의미한 정(+)의 영향을 미치는 것으로 나타났고, 육아휴직제를 활용하는 집단에서는 영향을 미치지 않는 것으로 나타났다.

직무만족의 매개효과에 대해서는 직무만족이 공공봉사동기, 업무수행자원, 업무자율성, 직무스트레스와 삶의 질 간의 관계를 매개한다는 것이 확인되었다. 구체적으로 살펴보면, 두 집단 모두에서 공공봉사동기는 직무만족을 매개하여 삶의 질에 긍정적인 영향을 미치는 것으로 나타났다. 유연근무제 집단의 경우 공공봉사동기가 삶의 질에 미치는 직접효과도 유의미하므로, 직무만족이 공공봉사동기와 삶의 질 간의 관계를 부분 매개하는 것으로 이해할 수 있다. 한편, 육아휴직제 집단의 경우 공공봉사동기는 삶의 질에 직접효과를 주지 않으므로, 직무만족이 공공봉사동기와 삶의 질 간의 관계를 완전매개한다. 업무수행자원은 직무만족을 매개하여 삶의 질에 미치는 영향은 없는 것으로 나타났다. 업무자율성의 경우, 유연근무제를 활용하는 집단에서만 직무만족을 통해 삶의 질에 영향을 미치는 것으로 나타났고, 육아휴직제를 활용하는 집단에서는 매개하지 않는 것으로 나타났다. 유연근무제 집단에서 확인된 매개효과를 구체적으로 살펴보면, 업무자율성이 삶의 질에 유의미한 직접효과를 미치므로, 직무만족이 업무자율성과 삶의 질 간의 관계를 부분 매개하는 것으로 해석할 수 있다.

한편, 직무스트레스는 직무만족을 매개하여 삶의 질에 부정적인 영향을 미치는 것으로 나타났다. 특히, 두 집단 모두 직무스트레스가 삶의 질에 미치는 직접효과가 유의미하지 않은 것으로 나타나 직무스트레스는 직무 만족을 완전 매개하여 삶의 질을 낮추는 것을 알 수 있다.

유연근무제 만족도의 조절효과부터 살펴보면, 공공봉사동기가 직무만족에 미치는 영향을 음(-)의 방향으로 조절하는 것을 알 수 있다. 즉, 유연근무제에 대한 만족도가 높은 사람일수록 공공봉사동기가 직무만족에 미치는 긍정적 영향이 작다는 것이다. 업무자율성의 직무만족에 대한 영향은 유연근무제에 대한 만족도에 의해 긍정적으로 조절되는 것으로 나타났다. 한편, 유연근무제에 대한 만족도는 업무수행자원과 직무스트레스가 직무만족에 미치는 영향을 조절하지 못하는 것으로 나타났다.

다음으로, 육아휴직제의 만족도의 조절효과를 살펴보면, 동기, 직무요구자원 요인이 직무만족에 미치는 영향을 전혀 조절하지 않는 것으로 나타났다. 즉, 육아휴직제에 대한 만족도는 동기나 직무요구자원이 직무만족에 미치는 영향 관계에 통계적으로 어떠한 영향도 미치지 않는다는 결과이다.

V. 결론

분석결과 요약을 통한 이론적·정책적 함의를 다음과 같이 제시하고자 한다. 첫째, 직무만족은 삶의 질의 중요한 결정요인으로 밝혀졌다. 즉, 직무만족은 조직차원에서 바람직한 직무태도일 뿐 아니라, 개인의 삶에도 지대한 영향을 미치는 중요한 변수이다. 삶의 질 제고를 위한 다양한 복지혜택도 중요하지만 보다 직무로부터 성취감, 흥미, 열정을 느낄 수 있도록 인적자원관리 차원에서 심도 있는 고민이 필요하다.

둘째, 공공봉사동기는 직무만족을 제고시키는 주요한 선행변수이다. 동기, 직무특성요인 중 직무만족에 가장 큰 영향을 미치는 요인이 공익 및 사회적 가치를 위해 헌신하고자 하는 동기라는 것이다. 이에 공공봉사동기에 대해 보다 적극적인 관심과 제도적 노력이 요구되며, 직무수행 과정에서 공공봉사동기 수준을 제고시킬 수 있는 방안이 강구되어야 할 것이다.

셋째, 업무수행자원은 직무만족에 통계적으로 유의미한 영향을 미치지 않는 것으로 나타났다. 본 연구에서는 인적, 물적, 정보자원으로 업무수행자원을 조작적 정의하여, 직무만족에 긍정적인 영향을 미칠 것이라고 가설을 제시하였다. 하지만, 분석결과 가설은 기각되었다.

넷째, 업무자율성이 직무만족에 미치는 영향은 유연근무제 활용 집단에서는 긍정적으로 나타났지만, 육아휴직제 활용 집단에서는 통계적으로 유의미하지 않은 것으로 나타났다. 유연근무제는 2장에서 검토한 바와 같이 기본적으로 업무의 물리적 자율성을 부여하기에, 유연근무제를 활용해 본 공무원은 자율성을 더 중요하게 인식할 수 있을 것이다. 즉, 자율성을 중시하는 개인에게 부여된 업무자율성은 더 큰 직무만족의 선행요인으로 작용할 수 있다는 것이다.

다섯째, 직무스트레스는 직무만족에 부정적 영향을 미치는 요인인 것으로 밝혀졌다. 특히, 본 연구에서 살펴본 직무만족 영향요인 중 공공봉사동기 다음으로 큰 영향력을 갖는 것으로 나타났다는 점에서 직무스트레스의 중요성을 확인할 수 있다. 순환보직제에 따라 원칙적으로 2년마다 보직이 바뀌는 공무원의 업무환경을 고려하였을 때, 직무기술서는 보다 구체적이어야 하며, 현실과 괴리가 없어야 할 것이다.

여섯째, 공공봉사동기, 직무스트레스는 직무만족을 통해 삶의 질에까지 유의미한 영향을 미치는 것으로 나타났다. 공익에 대한 헌신하고자 하는 동기와 직무로부터 받는 스트레스는 그 영향력이 직장생활 내로만 한정되는 것이 아니라, 직무에 대한 심리상태를 형성하고 이것이 전반적인 삶의 질에도 영향을 미친다는 것이다. 업무자율성의 경우, 직무만족에 미치는 직접효과와 같이 유연근무제를 활용한 집단에서만 직무만족을 매개하여 삶의 질에 긍정적인 영향을 미치는 것으로 확인되었고, 육아휴직제를 활용한 집단에서는 직무만족을 통해 삶의 질에 미치는 영향은 없는 것으로 나타났다. 또한, 공직 생산성 제고 및 일·가정 양립을 위한 친가족정책이 현재 근로시간 단축에 초점이 맞춰져 있는데, 근본적으로 근로시간 단축을 가능케 하는 직무특성요인(역할갈등, 역할모호성, 업무자율성)에 대한 제도적 관심이 필요하다는 것을 실증적으로 규명하였다.

일곱째, 본 연구는 직무만족의 선행변수로서 동기, 직무요인이 제도적 요인과 어떻게 시너지 효과를 내는지 살펴보았다. 유연근무제에 대한 만족도는 업무자율성이 직무만족에 미치는 영향을 긍정적으로 조절하는 것으로 나타났다. 이러한 결과를 바탕으로, 본 연구는 직무특성(업무자율성)과 친가족제도 유형(유연근무제) 간의 정합성이 실무에서도 고려되어야 한다는 정책적 함의를 도출하였다고 볼 수 있다.

마지막으로, 육아휴직제에 대한 만족도는 동기, 직무요인이 직무만족에 미치는 영향을 전혀 조절하지 않는 것으로 나타났다. 육아휴직제 이용 이후의 직장에서의 불이익 등을 우려했던 선행연구와 같이(박선영, 2015), 제도 활용 이후 직장에서 육아휴직제에 대한 만족도가 근로환경과 공무원의 직무 태도 등에 어떻게 영향을 미치는지에 대한 보다 심도 있는 연구가 필요해 보인다.

4. 언론사례와 영화분석

'2022년 공무원 순직 중 자살이 16.1% 지난 5년간, 공무원 과로사 113명 발생'

용혜인, 2022.03.24.[17]

용혜인 의원실이 인사혁신처와 공무원연금관리공단으로부터 받은 공무원 재해 현황에 따르면 2017-2021년까지 지난 5년 동안 공무원 중 과로사로 인정받은 사람은 113명으로 총 공무상 사망자 341명 중 33%에 해당했고, 자살의 경우는 35명으로 10%를 넘었다. 공무원 순직 중 자살의 경우 2021년 62건 중 10건으로 16.1%나 차지해서 충격을 주고 있다. 매년 거의 7명가량씩 발생하다가 2021년은 10명이 발생한 것이다. 2020년 산재보험에서 1만 명당 0.03명 자살 산재가 발생하는데, 공무원은 1만 명당 0.06명으로 일반 산재보험 적용 노동자들에 비해서 약 2배 정도 자살산재율이 높은 것인데, 2021년은 1만 명당 0.08명으로 2.5배 정도 자살산재율이 높게 나타났다. 사망에 이르지는 않았지만 정신질환 공무상 요양의 경우도 2019년 178명, 2020년 153명, 2021년 167명으로 상당한 수에 이른다. (2020년 산재보험 대상자 수 1,897만 4,513명 중 61명 자살, 공무원 122만 1,322명 중 7명 자살)

••••

17) https://bit.ly/3T9NJHK(원문출처)

'유연근무제 활용 10명 중 7명 "워라밸 개선… 초과근무도 감축"'

연합뉴스, 김보경 기자, 2022.08.29.[18]

유연근로시간제(유연근무제)를 활용 중인 근로자 10명 중 7명 이상이 생산성이 향상되고 '워라밸'(일과 생활의 균형)이 개선됐다고 느낀다는 조사 결과가 나왔다. 전국경제인연합회는 여론조사기관 리서치앤리서치에 의뢰해 임금근로자 723명을 대상으로 실시한 '유연근로시간제 활용현황 및 만족도 조사' 결과를 29일 발표했다. 전경련에 따르면 유연근무제를 이용하고 있다고 말한 응답자의 73.3%는 현행 근무제 시행에 만족하고 있다고 답했다. 만족하지 않는다는 응답자는 4.0%에 그쳤다. 가장 많이 이용되고 있는 유연근무제 형태는 탄력적 근로시간제(36.4%)였고 이어 시차출퇴근제(28.8%), 선택적 근로시간제(22.4%), 사업장 밖 간주 근로시간제(4.6%), 근로시간단축근무제(4.2%) 등의 순이었다.

또 유연근무제를 활용 중인 응답자의 77.0%는 해당 근무제 시행이 업무성과와 생산성 향상에 긍정적이라고 평가했다. 부정적이라는 응답자는 3.0%에 불과했다. 유연근무제가 불필요한 초과근무를 감축시키는 데 효과적이냐는 질문에는 대상 응답자의 66.6%가 '그렇다'고 답했다. '그렇지 않다'는 응답은 7.6%였다. 유연근무제가 일과 생활의 균형을 뜻하는 '워라밸'에도 도움이 됐다는 평가가 압도적이었다. 또 유연근무제를 활용하는 근로자 중 기혼자의 비중(67.0%)이 미혼자(33.0%)의 2배로 나타나는 등 유연근무제가 자녀돌봄, 가사노동 등을 해야 하는 기혼자의 부담을 줄여주는 것으로 나타났다.

• • • •

18) https://bit.ly/3OTpTj5(원문출처)

「주인공 '팀'이 행복을 찾기 위한 여행에서 깨달은 것은 무엇일까?」

영화 '어바웃 타임'

영화 : 어바웃 타임
감독 : 리처드 커티스
개봉 : 2013.09.04
출연 : 도널 글리슨, 레이첼 맥아담스, 빌 나이 외

영화줄거리

주인공 팀은 아버지에게서 자신의 집안의 남자들은 21세가 되면 시간이동을 할 수 있다는 것을 알게 되고, 이후 변호사가 되어 런던으로 취직하러 간다. 팀은 초임 변호사로서 로펌에서 털리기 일쑤지만 블라인드 레스토랑에서 메리를 만난다. 메리의 번호를 받고 즐거워하던 그는 친구의 불행을 되돌리기 위해 시간여행을 함으로써 메리와의 시간은 없었던 것이 된다. 이후에도 자신과 자신의 주변 사람들의 불행을 바꾸기 위해 계속 시간여행을 하는 팀. 그러나 시간을 수정하고 돌아올 때마다 예상치 못한 변수가 발생하여 미래가 계속 바뀌고 마는데… 무언가를 얻기 위해서는 다른 것을 포기해야 한다는 것을 깨달은 팀은 더 이상 시간여행을 사용하지 않으며, 시간은 그와 주변 인물들 곁에서 흘러가며 인생 역시 나날이 새롭게 변화한다.

출처 : 유니버설 픽쳐스

사례

주인공 팀의 아버지는 팀에게 행복의 공식을 가르쳐주면서, 처음에는 평범하게 다른 사람들과 하루를 보내보고 그 다음 두 번째 단계에서는 시간을 되돌려서 똑같은 하루를 다시 살면서 세상의 아름다움과 행복을 느껴보라고 조언한다.

생각해볼거리

1. 공무원의 어떤 업무는 반복적이고 따분할지 모른다. 공무원의 직무만족과 삶의 질을 위해 주어진 유연근무제와 친가족정책 역시 그저 주어진 것으로 생각하

거나 형식적으로 진행될 경우, 온전한 목표를 달성할 수 없다. 그렇다면 '어바웃 타임'에서 아버지의 조언처럼 공무원 개인의 궁극적인 직무만족 및 삶의 질 향상을 위한 두 제도를 의미 있게 내재화하는 방안은 무엇이 있을까?

2. 최근 공무원들의 우울과 불안에 대한 문제가 심각해지고 있으며, 공무원의 자살에 대한 뉴스기사 역시 연이어 보도되면서 사회적으로 많은 이슈가 되고 있다. 언론기사를 통한 공직사회의 현실을 보았을 때, 공무원의 '직장 내 삶의 질'을 향상시키기 위해 근절되거나 혁신되어야 할 요소는 무엇일까?

5. 토론문제

1. 본 연구에서 직무만족과 삶의 질을 높이는 요인으로서 제시된 동기, 직무, 제도적 요인 중에서 여러분들이 가장 중요하다고 생각하는 요인은 무엇인지, 또한 선택한 영향요인을 공공조직 내 구성원의 행복 역량으로 발전시킬 수 있게 하는 적절한 인적자원관리 전략은 무엇이라고 생각하는지 논하시오.

2. 본 연구에서는 공무원의 동기, 직무특성이 직무만족에 미치는 영향을 조절하는 조절변수로서 친가족정책(유연근무제, 육아휴직제에 대한 만족도)을 제시하였다. '근로자들이 일과 가정 사이에서 경험하는 갈등을 해소하여 일과 삶의 균형을 이룰 수 있도록 지원하는 제도'인 친가족정책은 대표적인 내적 다양성관리정책의 일환으로 직무요구의 체감을 낮추고 바람직한 직무태도를 촉진하는 역할을 한다고 이해할 수 있다. 그렇다면 여러분이 생각하는 공무원의 일과 삶의 균형을 달성하기 위해 필수적인 내적 다양성 관리요소에는 어떤 것들이 있는지 논하시오.

3. 한국에서는 공공 인적자원관리전략으로서 개인의 내적 다양성을 확보하기 위해 일과 삶 균형정책을 구현하고 있으며, 주로 유연근무제 혹은 친가족정책의 형태로 시행되어오고 있다. 그렇다면 여러분이 생각하기에 외적/내적 다양성관리의 정책적 효과를 극대화하기 위해 동반되어야 할 제도/문화/개인적 혁신 전략에는 어떤 것들이 있는지 논하시오.

4. 지금으로부터 50년 후, 당신은 위탁집행형 준정부기관인 '농림수산식품문화정보원'의 기관장이 되었다고 가정해보자. 당신은 신정부의 '우울 제로 이직 제로 행복한 조직 만들기' 조직혁신 정책에 따라 앞으로 5년 이내에 매년 실시하는 '공

공기관 종사자의 우울감 및 이직의도 평가'에서 농림수산식품문화정보원에서 근무하는 근로자의 이직률 및 우울감 수치를 80%로 낮추라는 긴급 요청을 전달받았다. 다양한 조직연구의 흐름과 유형의 내용, 정책적 함의들을 고려하여 당신이 요청받은 성과를 달성하기 위해 취해야 할 조치는 무엇인지 논하시오.

「한국행정논집」 제31권 제4호(2019) : 879~909

공직 내 적극행정의 영향요인에 관한 연구

저자 : 강나율, 박성민
Peer Reviewer : 강나율

1. 서평

박정호(상명대학교)

최근 몇 년간 중앙정부, 지방정부, 공공기관은 대전환의 변화를 경험하고 있는데, 그 중에 핵심적인 키워드는 새로운 사회문화, 인공지능, 가상현실, 빅데이터, MZ세대와 조직문화의 변화 등으로 요약될 수 있다. 이렇게 메가트렌드 수준에서 가시적인 변화가 나타나고 있지만, 공공부문이 변화에 대응하기 위해 혁신적인 변화를 기획하고 추진하는 데 다소 소극적이라는 회의적인 시각은 여전히 존재한다. 따라서 공공부문의 조직과 개인 수준에서의 변화지향성, 적극성을 이해하기 위한 노력은 의의가 있다.

본 연구는 최근 소개되는 적극행정에 관한 연구 중 적극행정이 어떠한 요인들에 의해서 촉진될 수 있는지 가장 포괄적인 분석결과를 제시하고 있다. 단순히 소수의 선행요인(원인)을 설정하고 관련성을 분석하는 데 그치지지 않고, 개인행태수준, 직무역량수준, 조직·문화수준으로 구분하여 체계성이 높은 연구이다. 특히, 각각의 수준별로 개인행태요인에는 공공봉사동기(PSM), 조직시민행동(OCB)을, 직무역량요인에는 공무원의 업무자율성과 직무수행역량을, 조직·문화요인에는 조직목표의 명확성과 변화지향문화를 중심으로 실증분석결과를 제시하고 있다.

본 연구가 갖는 가장 큰 강점은 상술한 요인들이 어떻게 적극행정과 관련성을 갖게 되는지 이론적 설명을 설정하기 위해 노력한 부분에 있다. 예를 들어 공공봉사동기(PSM)가 어떻게 적극행정에 긍정적인 요인으로 작용할 수 있는지 내재적 동기의 관점에서 설명하고 있다. 즉, 적극행정을 촉진시키는 개인의 동기의 특성을 자기결정성에 근거한 내재적 동기로부터 찾는 접근을 제시하고 있다. 업무자율성, 조직 목표의 명확성 등 행정관리에서 중추적인 개념들이 적극행정과 어떠한 관련성을 갖는지 규명하고 있다. 비록 제한된 지면으로 각각의 상세한 인과적 모델을 모두 제시하는 데 다소의 한계는 있지만, 그동안 행정학 분야에서 연구되어온 중요한 개념들이 본 연구를 통해 포괄적으로 논의된 부분은 의의가 크다.

본 연구의 구성과 내용을 마치 한 편의 영화에 비유하자면, 한 편의 영화 속에 세 편, 혹은 그 이상의 내용을 압축적으로 포함하여 독자들에게 적극행정에 관한 폭넓은 지식과 다양한 가능성을 인식할 수 있도록 하였다. 하지만 더욱 더 상세한 내용을 원하는 독자들에게는 새로운 지적호기심을 불러일으켰을 것으로 생각된다. 즉, 본 연구에서 다루고 있는 각각의 개념들이 적극행정이 갖는 인과관계에 관한 세부적인 설명, 그리고 현장에서 개인이 경험하고 인식하는 조직운영의 관행과 풍토 등으로 인한 적극행정의 변화에 대해서 더욱 많은 설명이 필요할 것이다.

본 연구를 통해 적극행정에 관한 더욱 풍부한 이론적 논의와 후속 연구가 이루어질 것으로 판단된다. 후속연구를 통해서 본 연구에서 논의되는 각각의 개념이 적극행정으로 연계되는 과정(process), 상황과 조건 등에 대해 더욱 심도 있는 논의와 실증분석이 필요할 것이다. 특히, 실증분석의 결과가 현실에서 실천적인 함의를 갖게 되어 실제로 공공부문이 적극행정을 추진하는 데 활용할수 있는 지식(usable knowledge)을 창출할 것으로 기대된다.

본 연구는 적극행정의 선행요인을 다차원적으로 구분하여 접근하는 강점이 존재한다. 하지만 포괄적인 연구를 진행하여 나타나는 약점을 후속연구를 통해서 보완하는 접근이 필요할 것이다. 특히, 이론적 측면, 방법론적 측면, 연구결과 함의 (지식) 측면에서 발전방안은 다음과 같다.

이론적인 측면에서 개인행태수준, 직무역량수준, 조직·문화수준으로 구분하여 각각의 차원들이 갖는 적극행정의 의미를 이론적으로 정리하고, 설명모델을 개발하는 노력이 필요할 것이다. 거시적 수준, 중범위 수준, 미시적 수준으로 접근하는 현재의 접근을 유지하며, 각각의 수준에 관한 내용을 정교화하여 적극행정에 변화를 설명하는 이론적 논의를 제시하는 노력이 필요할 것이다.

방법론 측면에서 혼합방법론(mixed-method), 근거이론(grounded-theory)을 활용한 적극행정의 개념화 과정과 인과관계의 구체성을 강화하는 접근이 필요하다. 실제로 공공부문에서는 적극행정, 혁신행동, 조직혁신에 관한 개념을 다소 혼란스럽게 사용하는 경향이 있다. 예를 들어 혁신행정을 위한 노력이 적극행정과 어떻게 차이가 다른 것인지 의문을 제기하는 사례들도 존재한다. 현실에서 개인과 조직이 인식하는 적극행정에 관한 개념과 변화의 촉진요인을 질적연구방법론을 보완하여 접근하는 노력이 필요하다.

2. 시놉시스

1) 연구의 배경과 문제의식

최근 정부는 소극행정이 만연한 공직사회를 탈피하고 적극행정을 확산하기 위하여 다양한 방안을 추진하고 있다. 공직사회의 적극행정 구현의 중요성은 행정의 비효율성을 극복할 뿐만 아니라 국민들에게 보다 나은 행정서비스를 제공해줄 수 있다는 점에서 찾을 수 있다. 그동안의 선행연구들은 대부분 적극행정면책제도에 대한 분석평가가 주를 이루고 있었으나, 적극행정이 개인의 가치와 행태를 포함한다는 점을 고려할 때 조직 행태주의적 관점에서 접근할 필요가 있다.

2) 연구가설 및 모형

본 연구는 적극행정에 영향을 미치는 요인들을 개인행태요인, 직무역량요인, 조직·문화요인으로 구분하였으며, 개인행태요인에는 공공봉사동기(PSM), 조직시민행동(OCB)을, 직무역량요인에는 공무원의 업무자율성과 직무수행역량을, 조직·문화요인에는 조직목표의 명확성과 변화지향문화를 독립변수로 설정하고 종속변수를 적극행정으로 설정하여 연구모형과 연구가설을 제시했다.

3) 사용 방법론

본 연구는 한국행정연구원에서 실시한 2018년 공직생활실태조사 데이터를 활용했으며, 가설을 검증하기 위해서 다중회귀분석을 수행하였다. 다중회귀분석은 다른 독립변수의 값을 통제한 상태에서 특정 독립변수가 종속변수에 독립적으로 행사하는 영향력을 측정할 수 있는 분석방법이며, 본 연구에서는 모든 독립변수를 강제적으로 투입하여 모형을 살펴보고자 했기 때문에 다중회귀분석 중에서도 동시입력방식(enter)을 선택하여 분석하였다.

4) 시사점

　분석결과, 공공봉사동기, 조직시민행동, 업무자율성, 직무수행역량, 조직목표의 명확성, 변화지향문화는 적극행정에 긍정적인 영향을 미치는 것으로 나타났다. 또한 그중에서도 공공봉사동기, 조직시민행동, 직무수행역량 순으로 적극행정에 더 많은 영향을 미치고 있다는 것이 밝혀졌다. 본 연구는 이러한 분석결과를 바탕으로, 공무원의 적극행정을 제고시키기 위한 개인, 직무, 조직적 측면의 요인을 종합적으로 고려한 이론적·실무적 함의를 제시했다.

3. 논문요약

I. 서론

최근 정부에서는 공공서비스를 제공하는 공직자들의 능동적인 역할을 강조함으로써 행정 서비스의 질을 높이고 행정의 효율화를 추구하는 것이 중요한 과제로 부각되고 있다. 그러나 국민의 수요와 정부의 추구 방향과는 다르게, 공무원들은 여전히 '무사안일'한 행태를 보이고 있어 적극행정의 필요성과 중요성은 지속적으로 증가하는 상황이다. 그러나 아직까지도 적극행정의 개념이나 구성요소가 무엇인지에 대해서는 합의되지 않은 상황이다. 이에, 본 연구에서는 다양한 연구자들과 현행 법적 체계에 명시되어 있는 적극행정의 개념을 종합함으로써 적극행정의 개념을 정리하여 분석을 시도하였다.

기존 선행연구들은「적극행정 면책제도」의 실태조사와 사례를 분석함으로써 어떻게 제도를 활성화시킴으로써 적극행정을 촉진할 수 있을지에 대해 연구해오고 있었다(김윤권 외, 2011; 박희정, 2016; 오영균, 2017; 김난영, 2019). 그러나 「적극행정 면책제도」의 운영 실적이 저조한 것을 고려해볼 때(박충훈 외, 2016), 제도적으로 적극행정을 장려하기 위한 여건을 마련한다고 할지라도, 근본적으로 공무원들의 가치와 행동을 바꿀 수 없다면 적극행정을 촉진시키기 어렵다는 것을 시사해준다. 따라서 조직 내에서 개인을 어떻게 관리함으로써 그들의 행동변화를 이끌어낼 수 있을지 연구하는 것 역시 중요한 의의를 지닌다. 한편, 행태론적 측면에서 적극행정을 분석한 기존 연구들을 살펴보면, 조직적 차원에서 적극행정의 확산에 영향을 미치는 요인을 살펴보기 위해 리더십이나 조직구조 등 특정한 요인을 분석하고 있었다(하미승, 2015; 이윤경, 2014; 정정길, 2008; 이창신, 2004). 그러나 본 연구에서는 적극행정 자체를 변수화하고, 개인적 성향 및 가치요인들과 직무 및 조직관리 요인들을 함께 고려함으로써 적극행정과의 관계를 살펴보고자 한다는 점에서 기존 선행연구들과 차이점을 지닌다.

II. 이론적 논의 및 선행연구 고찰

본 연구에서는 종속변수로 다루고자 하는 적극행정에 대한 개념적 논의와 적극행정과 관련된 선행연구들을 검토하고, 적극행정에 영향을 미칠 것으로 고려되는 독립변수인 개인행태요인, 직무역량요인, 조직문화요인에 포함되는 변수들의 개념적·조작정 정의 및 변수 간 관계에 대해 기술하였다. 본 연구에서 선행연구 검토 결과 토대로 도출된 적극행정의 개념 정의는 다음과 같다.

〈표 5-6〉 적극행정의 다양한 개념 정의

구분			개념 정의
국내	법령·행정기관	감사원	• 감사원의 감사를 받는 자가 불합리한 규제를 개선하거나 공익사업을 추진하는 등 공공의 이익을 위하여 성실하고 적극적으로 업무를 처리하는 행위(「감사원훈령」 제368호 제2조 제1항)
		행정자치부	• 공무원 등이 국가 또는 공공의 이익을 증진하기 위해 성실하고 능동적으로 업무를 처리하는 행위(「행정자치부훈령」 제1호 제3조 제1항)
		경기도청	• 공무원 등이 국가 또는 공공의 이익을 증진하기 위하여 성실하고 능동적으로 업무를 처리하는 행위(「경기도 감사규칙」 제3조)
	연구자	박정훈 (2009)	• 공무원 개인이 처리하는 업무에 초점을 맞춘 행위 •「국가공무원법상」에 제시되어 있는 공무원의 성실의무에 따라 '능동적'으로 이행하는 행위
		김윤권 외 (2011)	• 감사원 훈령에서 정한 공무원 또는 임직원들이 국가 또는 공공의 이익을 증진하기 위해 성실하고 능동적으로 처리하는 행위
		이종수 (2016)	• 행정의 집행을 맡고 있는 직업 공무원이 자신의 재량행위에 관련된 사항을 합법성의 범위 내에서 성실하고 진취적인 태도로 처리하여 공익을 증진하는 행위
국외	영국		• Equality Act 2010에 근거하여 사회 내의 과소대표 집단 출신을 공직에 채용하도록 허용하는 시책(이종수, 2016) • 노동 시장에서 성차별적 요소의 해소(Stratigaki, M., 2005)

구분		개념 정의
국외	미국	• 채용, 보상, 승진, 교육 등에서 차별 받는 집단들에게 혜택을 제공함으로써 사회적 다양성을 보호하고 차별을 시정하려는 조치(이종수, 2016) • 심리적 안정감을 통해 발현되는 원활한 조직소통문화의 필연적 결과물로서 이해(Edmondson, 2019)

다음으로 적극행정과 관련된 선행연구들을 검토한 결과는 다음과 같다.

〈표 5-7〉 제도론적 관점에서 진행된 적극행정 선행연구 정리

연구자	주요 내용	분석대상	분석방법
김윤권 외 (2011)	적극행정 면책제도를 맥락,법적,요건분석으로 규명하고 활성화 방안 제시	적극행정 면책제도	• 맥락분석 • 법적분석 • 요건분석
이종수 (2016)	지방정부 차원에서의 적극행정 저해요인에 대한 요인을 인터뷰로 도출	도지사, 중앙부처 차관, 국장, 지방정부 기획관, 시군의 과장, 주무관	• 문헌분석 • 면접
박희정 (2016)	적극행정에 구현에 기여할 수 있는 지방자치단체 감사의 개선과제 도출	지방자치단체의 감사활동	• 실태분석
오영균 (2017)	지방자치단체에서 시행 중인 사전컨설팅감사의 현황을 살펴보고 주인대리인이론과 시스템이론을 통한 정당화의 논리적 근거 탐색	지방자치단체의 사전컨설팅감사	• 쟁점분석
김량기 (2019)	적극행정 면책제도의 활용이 저조한 요인분석	감사원의 개별처분요구안	• 사례연구
김난영 (2019)	지방자치단체가 실시하고 있는 사전컨설팅감사제도의 운영실태를 분석하여 감사기구의 역할 탐색	지방자치단체의 사전컨실팅제도	• 실태분석

본 연구에서 사용한 독립변수의 이론적 논의를 요약하면 다음과 같다.

〈표 5-8〉 선행연구에서 도출된 이론적 논의

변수		이론적 논의	관련 선행연구
개인 행태 요인	공공봉사 동기	공무원들이 갖는 내재적 동기로 정의	• 공공부문의 종사자는 외재적 동기보다 공익을 추구함으로써 만족감을 느끼는 내재적 동기를 더 선호하는 것으로 밝혀짐(Park & Rainey, 2008).
개인 행태 요인	조직 시민행동	조직 내의 동료와 상사를 자발적으로 도와주는 행동을 조직시민행동으로 규정	• 개인적 차원의 요인에는 공공봉사동기와 같은 동기 요인이 포함되며(김정인, 2014), 조직적 차원에는 리더십, 조직몰입 등의 요인들이 조직시민행동과 관련이 있는 것으로 나타났다(김호균, 김정인, 2013; 박신국, 류은영, 류병곤, 2016).
직무 역량 요인	업무 자율성	조직 구성원들이 업무를 수행할 때 갖게 되는 독립성과 재량을 의미	• 다른 수준의 업무자율성을 가지고 있을 것이라고 예상할 수 있다. 한편, 선행연구에 따르면, 조직 구성원들은 높은 업무자율성을 부여받을 때, 강한 내재적 동기가 생기며(Conger & Kanungo, 1988), 혁신행동을 발휘하는 것으로 나타났다(김화연, 오현규, 2018).
	직무수행 역량	자신의 능력에 대한 개인의 믿음과 어떤 영역에서 보통 사람이 흔히 할 수 있는 수준 이상의 수행 능력	• 허명숙, 천면중(2015)의 연구에서는 산업조직 구성원들을 대상으로 지식통합능력과 혁신행동 간의 관계를 살펴보았는데, 분석결과 지식통합능력이 높을수록 혁신행동을 더 많이 하게 되는 것으로 나타났다.
조직 문화 요인	조직 목표의 명확성	공무원 개인이 인지하는 조직 목표의 구체성과 명확성	• 조직 구성원이 목표를 정확히 인지하여 행동하는 경우에 직무에 대한 성취감과 만족을 높이게 된다(송주연, 남태우, 2018). • 조직목표가 명확할수록 공공봉사동기가 높아지는 것으로 나타났다(박정호, 2018).
	변화지향 문화	변화와 유연성을 조직의 제1의 가치로 두고 내부 통합과 외부 경쟁을 모두 중시히는 조직문화	• 안경섭(2008)은 중앙정부부처를 대상으로 조직문화와 조직성과의 영향관계를 살펴보았는데, 분석결과 관계지향문화와 혁신지향문화가 조직의 능률성과 효과성에 긍정적인 영향을 미치는 것으로 나타났다.

Ⅲ. 연구설계

본 연구에서는 이론적 논의와 선행연구 고찰을 통해서 적극행정문화를 제고시키기 위한 개인행태요인, 직무역량요인, 조직·문화요인을 중심으로 가설을 설정하고 연구모형을 〈그림 5-1〉과 같이 제시하였다.

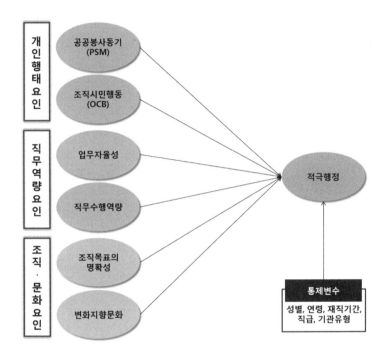

〈그림 5-1〉 연구모형

본 연구는 한국행정연구원에서 실시하고 있는 2018년 「공직생활실태조사」[19]를 활용하여 실증분석을 실시하였으며 변수에 사용된 설문항목은 다음과 같다.

••••

19) 본 연구는 한국행정연구원에서 생산된 자료를 활용하였으며, 한국행정연구원 연구자료 관리규칙에 의거 사용허가를 받았다.

〈표 5-9〉 변수구성과 설문문항

구분			문항
독립변수	개인행태요인	공공봉사동기(PSM)	국가와 국민을 위한 뜻 깊은 봉사는 나에게 매우 중요하다.
			비록 웃음거리가 된다고 하더라도 나는 다른 사람들의 권리를 옹호하기 위해 나설 용의가 있다.
독립변수	개인행태요인	공공봉사동기(PSM)	나에게는 사회에 어떤 바람직한 변화를 가져오는 것이 개인적인 성취보다 더욱 큰 의미가 있다.
			나는 사회의 선을 위해서라면 스스로 매우 큰 희생을 감수할 마음의 준비가 되어 있다.
			나는 일상생활을 통해 우리가 얼마나 서로 의존적인 존재인지를 늘 되새기고 있다.
		조직시민행동	나는 결근한 동료/업무량이 많은 동료의 업무를 돕는다.
			나는 동료들의 문제/걱정에 대해 귀 기울인다.
			나는 요청하지 않았음에도 상관의 업무를 돕는다.
	직무역량요인	업무자율성	나는 업무수행 방식/절차에 대한 선택권을 가지고 있다.
			나는 업무수행 속도/마감시간을 조절할 수 있다.
			나는 업무수행 평가지표/기준을 수정할 수 있다.
		직무수행역량	나의 전문성 수준은 높다.
			나는 담당업무에 기대되는 성과를 달성하고 있다.
			나는 담당업무 성과를 위해 책임을 충실히 완수한다.
			나는 담당업무와 관련되어 있는 조직 및 타 기관, 이해관계자로부터 요구되는 성과를 달성하고 있다.
	조직·문화요인	조직목표의 명확성	나는 우리 기관의 조직목표를 명확히 알고 있다.
			우리 기관에서는 조직목표 간 우선순위가 분명하다.
			조직목표는 담당 업무수행을 위한 명확한 지침을 제공한다.
		변화지향문화	우리기관은 창의성/혁신성/도전을 중시한다.
			우리기관은 참여/협력/신뢰를 강조한다.
			우리기관은 융통성 있고 변화에 즉각적으로 대응한다.
			우리기관은 혁신을 위해 어느 정도 위험을 감수하는 것을 용인한다.
			우리 기관에서 변화는 대체로 긍정적 효과를 가져온다.
종속변수	적극행정		나는 시민들의 다양한 의견을 이해하고, 갈등을 해결하기 위해 적극적으로 노력한다.
			나는 내 업무의 판단기준을 이해관계자들에게 설득하고 설명한다.

구분		문항
종속변수	적극행정	나는 언제나 개인적 가치보다 공직 의무를 중시하며 업무를 수행한다.
		나는 어떠한 경우에라도 공무원 윤리 가치와 규범을 준수한다.
		나는 새롭고 독창적인 업무수행 방식을 창안/적용하도록 노력한다.
		나는 업무수행 중 발생하는 문제해결을 위해 새로운 아이디어를 개발한다.

IV. 분석결과

본 연구는 가설을 실증적으로 분석하기 위해서 1) 신뢰도 분석 2) 타당도 분석 3) 기술통계 분석 및 상관관계 분석을 실시하고 분석에 사용된 설문문항이 신뢰도와 타당도가 높은 것을 확인하였으며 변수 간 상관관계가 있다는 것을 확인하였다. 또한 다중공선성 발생 여부를 확인하기 위해 분산팽창지수(VIF)와 잔차들의 상관관계 문제를 확인하기 위해 Durbin-Watson 값을 확인하고 회귀식 모형의 적합도에 이상이 없다는 것을 확인한 후 다중회귀분석을 통해 가설을 검증하였다.

먼저 모형 1에서는 성별, 연령, 재직기간, 직급, 기관유형을 투입하여 분석하였다. 모형 1의 F통계량은 92.738(p<.001)로 나타나 회귀식의 모형이 통계적으로 유의하였으며, 연구모형은 10.3%(adj=.103)의 설명력을 가지는 것으로 나타났다. 이어서 모형 2에서는 공무원의 성별, 연령, 재직기간, 직급, 기관유형을 통제한 상태에서 적극행정에 영향을 미치는 개인행태요인을 검증하기 위하여 공공봉사동기와 조직시민행동을 투입하여 분석하였다. 분석결과 연구모형의 적합도는 유의미했으며(F=720.013, p<.001), 연구모형의 설명력이 55.7%(adj=.557)로 증가했다. 또한 개인행태요인의 유의성을 살펴보면, 공공봉사동기(β=.432, p<.001)와 조직시민행동(β=.380, p<.001)은 적극행동에 통계적으로 유의한 정(+)의 영향을 미치는 것으로 나타났다. 다음으로 모형 3에서는 업무자율성과 직무수행역량을 추가로 투입함으로써 직무역량요인이 적극행정에 미치는 영향을 살펴보았다. 분석결과 모형 3의 연구모형

설명력은 61.9%(adj=.619)로 나타났으며 회귀식 모형이 유의했다(F=722.719, p<.001). 또한 업무자율성(β=.059, p<.001)과 직무수행역량(β=.287, p<.001)이 적극행정과 긍정적인 영향관계가 있다는 것을 확인할 수 있었다. 마지막으로, 조직·문화요인을 포함하여 모든 변수를 투입했을 때인 모형 4에 대한 분석결과를 살펴보면, 연구모형의 적합도는 통계적으로 유의한 수준이었으며(F=606.905, p<.001), 적극행정에 대해 62.5(adj=.625)%의 설명력을 가지는 것으로 나타났다. 이러한 결과는 통제변수만 투입되었던 모형 1의 경우 설명력이 10.3%에 그쳤으나, 개인행태요인, 직무역량요인, 조직·문화요인이 단계적으로 투입됨으로써 적극행정에 대한 설명력이 62.5%까지 증가했다는 것을 알 수 있게 해준다. 또한 조직·문화요인 중에서 조직목표의 명확성(β=.082, p<.001)과 변화지향문화(β=.027, p<.05)는 다른 독립변수들과 마찬가지로 적극행정에 유의한 정(+)의 영향을 미치고 있었다. 한편, 개인행태요인, 직무역량요인, 조직·문화요인 중에서도 공공봉사동기(β=.310, t=25.012), 조직시민행동(β=.274, t=23.551), 직무수행역량(β=.258, t=20.546) 순으로 적극행정에 미치는 상대적 영향력이 큰 것으로 나타났다.

〈표 5-10〉 다중회귀분석결과

구분	적극행정															
	Model 1				Model 2				Model 3				Model 4			
	β	t	공선성 통계량		β	t	공선성 통계량		β	t	공선성 통계량		β	t	공선성 통계량	
			공차	VIF			공차	VIF			공차	VIF			공차	VIF
Step 1 **(인구통계학적요인)**																
성별	.103	6.511***	.897	1.115	.043	3.851***	.878	1.138	.036	3.430**	.876	1.142	.030	2.881**	.871	1.148
연령	.160	5.913***	.306	3.272	.080	4.181***	.303	3.297	.054	3.055**	.302	3.313	.056	3.191**	.301	3.323
재직기간	.050	1.865	.318	3.148	.021	1.099	.317	3.150	.015	.888	.317	3.159	.007	.387	.315	3.179
직급	.109	6.082***	.699	1.430	.056	4.462***	.696	1.436	.042	3.618***	.695	1.439	.047	4.055***	.693	1.444
기관 유형	-.093	-5.816***	.873	1.146	-.050	-4.404***	.869	1.150	-.054	-5.177***	.864	1.157	-.058	-5.526***	.861	1.161
Step 2 **(개인행태요인)**																
공공봉사동기					.432	36.020***	.728	1.374	.332	27.388***	.650	1.538	.310	25.012***	.611	1.636
조직시민행동					.380	31.924***	.783	1.278	.280	23.895***	.695	1.439	.274	23.551***	.692	1.444
Step 3 **(직무역량요인)**																
업무자율성									.059	5.695***	.882	1.134	.036	3.624**	.788	1.269
직무수행역량									.287	23.584***	.644	1.552	.258	20.546***	.594	1.685
Step 4 **(조직·문화요인)**																
조직목표의 명확성													.082	6.465***	.578	1.729
변화지향문화													.027	2.118*	.597	1.674
통계량	R^2=.104 adj R^2=.103 F=92.738***				R^2=.558 adj R^2=.557 F=720.013***				R^2=.620 adj R^2=.619 F=722.719***				R^2=.626 adj R^2=.625 F=606.905***			

*$p<0.05$, **$p<0.01$, ***$p<0.001$, Durbin-Watson=1.959

V. 결론

본 연구에서 도출한 분석결과를 토대로 이론적·실무적 함의를 살펴보면 다음과 같다. 첫째로, 본 연구는 선행연구와 법령 체계들을 바탕으로 적극행정의 개념을 살펴보고, 이를 토대로 적극행정을 개념화하여 분석했다는 의의가 있다. 즉, 기존의 선행연구들은 적극행정을 구성개념으로 측정하였다기보다는 적극행정에 영향을 미칠 수 있는 요인들을 종속변수로 설정하고 그에 따라 적극행정을 촉진할 수 있다는 결과적 해석을 제시하고 있었다(하미승, 2015; 이윤경, 2014). 또는「적극행정 면책제도」및 적극행정 지원위원회를 통한 사전적 의사결정 지원제도 등 제도적 측면의 내용 중심으로 연구가 진행되는 경향을 보이고 있다(김윤권 외, 2011; 박희정, 2016; 오영균, 2017). 그러나 본 연구에서는 적극행정의 개념들을 정리하고 이를 측정도구로 삼아 행동주의적 분석을 시도했다는 점에서 기존 연구와의 차이점을 찾을 수 있다.

둘째로, 본 연구는 적극행정에 영향을 미칠 수 있는 개인, 직무, 조직적 요소를 모두 고려하기 위해서 개인행태요인, 직무역량요인, 조직·문화요인으로 구분하여 분석을 시도하였다. 또한 각 요인들과 적극행정의 관계를 살펴보기 위해서, 자기결정성이론, 직무특성이론 등을 활용함으로써 변수 간 관계에 대한 세부 가설을 설정하고 이를 실증적으로 분석함으로써 이론을 확인할 수 있었다. 적극행정을 '공공가치와 사회적 가치를 실현하기 위하여 창의성과 전문성을 바탕으로 적극적으로 업무를 처리하는 행위'로 바라보면서 그 행태적 의미를 강조한다면, 공공봉사동기와 조직시민행동 등의 변수들의 유의미한 긍정적 영향력은 충분히 예상할 수 있다고 판단된다. 다만, 선행변수들의 '영향력'뿐만 아니라 그 '지속력' 확보를 위한 다양한 차원의 적극행정 내재화 전략수립이 매우 시급한 정책적 과제라고 할 수 있다.

셋째로, 인구통계학적 특성 중에서 직급이 올라갈수록 적극행정에 긍정적인 영향을 미치는 것을 확인할 수 있었다. 다만, 적극행정이 가장 필요한 영역 중 하나인 대민서비스를 상대하는 일선 공무원들은 보통 하위직 직급을 가질 가능성이 높기 때문에, 국민들이 체감할 수 있는 적극행정의 비율을 높이기 위해서는 직급이 낮고 재직기간이 짧은 공무원들을 대상으로 보다 적극행정에 대한 교육훈련 프로그램을 강화하고 이를 촉진시킬 수 있는 환경과 지원을 제공해야 할 것이다. 뿐만 아니라, 광역자치단체 소속 공무원들이 중앙부처 공무원들보다 적극행정에 대해 더 긍정적인 영향을 미치는 것으로 나타났는데, 이러한 결과는 그 의미가 크면서도 한편으로는 도전적 과제로서의 결과로 받아들여진다. 즉, 자치분권 시대를 맞아 지자체 역량강화의 일환으로 인사제도 혁신과 공직가치 및 직무역량 교육이 강화되고 있는 가운데 지방공무원들의 적극행정에 대한 인식수준을 보다 세밀하게 정책적, 문화적 차원으로 전이시키는 방안이 필요할 것이며, 한편, 중앙부처 소속 공무원들의 적극행정을 높일 수 있는 제도와 문화를 마련할 수 있는 맞춤형 방안이 강구되어야 할 것이다.

넷째로, 본 연구의 분석결과에 따르면 업무자율성은 적극행정에 긍정적인 영향을 미치는 것으로 나타났는데, 실제 공직체계와 공무원 사회에서의 적용 가능성에 대해 검토해볼 필요가 있다. 즉, 공무원의 행동에는 여러 가지 법령에 따른 제약과 직급에 따라 업무자율성에 제약이 있는데, 이러한 요인들이 적극행정을 제고하는 데 걸림돌이 될 수 있다는 점을 유념해야 한다. 그러나 공무원의 업무자율성을 높이는 것이 반드시 바람직한 결과만을 갖는 것이 아니기 때문에 공무원의 업무자율성을 어느 범위, 어느 정도까지 인정해주는 것이 적극행정을 촉진시킬 수 있는 적정선인지에 대한 신중한 검토가 필요할 것이다.

마지막으로, 본 연구는 다중회귀분석을 활용함으로써 각 변수 간의 개별적 인과관계를 확인할 뿐만 아니라, 가장 큰 영향력을 행사하는 요인들에 대해서도 살펴볼 수 있었다. 본 연구에서는 적극행정을 가치행동적 개념으로 이해했기 때문에, 공무원의 개인행태요인과 가장 밀접한 연관이 있는 것으로 나타났다. 그러나 공무원의 개인행태요인 이외에도 직무역량요인과 조직·문화요인 모두 적극행정에 유의미한 긍정적인 영향을 미치고 있다는 것이 확인되었으므로, 적극행정을 공무원 개인의 가치와 행동에 기인한 결과로만 인식해서는 안 된다고 볼 수 있다. 이러한 결과를 통해 적극행정이 인센티브 제공, 면책 등과 같은 단순한 보상이나 규제를 제공하는 방식이나 한 가지 단일 요인으로 제고시킬 수 있는 것이 아니라 조직적 차원에서 다양한 조직 및 행태 관리요인들의 상호작용을 통해 증진시킬 수 있는 개념이라는 점을 다시 한 번 확인할 수 있었다. 따라서 적극행정을 실현하는 우수 공무원의 보호와 우대를 의무화하여 의미 있는 내재적, 외재적 인센티브를 제공하고 「적극행정 국민추천제」를 활성화시킴으로써 국민과의 소통채널을 확장하여 적극행정의 외연을 넓힐 필요가 있을 것이다.

4. 언론사례와 영화분석

인사혁신처 적극행정ON 홈페이지에서 적극행정 통합 정보 제공[20]

　　인사혁신처는 적극행정ON 홈페이지 운영을 통해 적극행정의 우수사례 및 실적을 공개하고 공무원이 적극행정을 할 수 있도록 제도적 지원을 안내하고, 적극행정 국민추천을 활성화하기 위해 관련 정보를 안내하고 공유하고 있다.

----

20) 인사혁신처

퇴직공무원에도 적극행정 소송지원…'규제혁신 우수공무원' 신설[21]

연합뉴스, 한혜원 기자, 2022.09.30.

앞으로 적극행정을 하다가 소송을 당하거나 수사를 받게 된 공무원은 퇴직하더라도 정부의 소송 지원을 받게 된다. 인사혁신처는 30일 이러한 내용을 담은 대통령령 '적극행정 운영규정' 개정안을 입법예고했다. 지금까지는 적극행정 공무원이 민사소송에 휘말리거나 형사 수사를 받더라도 재직자만 지원을 받았고, 지원 여부는 부처 재량에 맡겨졌다. 개정안은 재직 공무원뿐 아니라 퇴직 공무원도 재직 중 업무 때문에 소송 등 대응이 필요한 경우 지원을 하도록 했다. 특히 해당 업무가 적극행정위원회 심의에서 적극행정으로 인정되면 정부의 소송 지원이 의무화된다. 또 적극행정 우수공무원 선발 대상에 규제혁신 우수공무원이 추가된다. 인사처는 "현재도 적극행정 개념에 '불합리한 규제개선'이 포함돼 있지만, 규제혁신 우수공무원을 선발 대상으로 구체적으로 규정함으로써 확실한 보상을 통해 규제혁신 동력을 제고할 것으로 기대한다"고 설명했다. 적극행정위원회 민간위원의 임기, 연임, 해촉에 관한 규정도 개정안에 마련돼 임기는 2년으로 하되 두 차례만 연임할 수 있도록 제한했다. 심신장애, 비위, 품위 손상 등을 이유로 위원을 해촉할 수 있도록 구체화했다. 김승호 인사혁신처장은 "앞으로 일선 공무원까지 변화된 제도를 잘 알고 활용할 수 있도록 교육과 홍보에 힘쓸 것"이라고 말했다.

생각해볼거리

현재 운영 중인 적극행정의 제도를 살펴보고 각 제도의 실효성과 개선방향에 대해 논의해보시오.

• • • •

21) https://bit.ly/3HrDwob(원문출처)

「까칠한 공무원 '진봉'이 적극행정을 하게 된 동기는 무엇이었을까?」

-영화 '인생은 아름다워'(2022) 사례 탐색 -

영화 : 인생은 아름다워 | 감독 : 최국희 | 개봉 : 2022.09.28. | 출연 : 류승룡(강진봉), 염정아(오세연)

영화줄거리

무뚝뚝한 남편 '진봉'과 무심한 아들 딸을 위해 헌신하며 살아온 '세연'은 어느 날 자신에게 시간이 얼마 남지 않았다는 것을 알게 된다. 한치 앞도 알 수 없는 인생에 서글퍼진 '세연'은 마지막 생일선물로 문득 떠오른 자신의 첫사랑을 찾아달라는 황당한 요구를 한다. 막무가내로 우기는 아내의 고집에 어쩔 수 없이 여행길에 따라나선 '진봉'은 아무런 단서도 없이 이름 석 자만 가지고 무작정 전국 방방곡곡을 누빈다. 시도 때도 없이 티격태격 다투던 두 사람은 가는 곳마다 자신들의 찬란했던 지난날 소중한 기억을 하나 둘 떠올리는데… 과연 '세연'의 첫사랑은 어디에 있으며 그들의 여행은 무사히 마칠 수 있을까?

출처 : 네이버 영화

사례

영화 속 진봉은 공무원으로서 매번 주민들과 갈등을 겪는 인물로 나온다. 그 중에서 어느 할아버지가 할머니의 사망신고를 하지 않고 기초생활수급 혜택을 받는 것을 비난하며 할아버지와 갈등을 빚는 장면이 나온다. 시간이 흘러, 어느 날 진봉은 할아버지 댁에 찾아가 쌀 한 가마니를 몰래 두고 할아버지의 마음을 이해하게 된다.

생각해볼거리

1. 공무원 진봉의 행동은 정해진 규칙과 절차 안에서 이루어진 행동으로 볼 수 있다. 그러나 때로는 정해진 규율과 규범을 준수하는 것만이 능사가 아니라는 것을 알게 해준다. 공무원 진봉이 달라진 이유를 참고하여 공무원의 적극행정을 제고하기 위해서 지향해야 할 가치가 무엇인지, 동기 유발요인은 무엇이 있을지 생각해보는 시간을 가져보자.

5. 토론문제

1. 본 논문내용을 참고하여 독자가 생각하기에 적극행정에 주요한 영향을 미칠 것으로 생각되는 개인, 직무, 조직차원의 다른 요인 또는 기타 요인에 대해 논의하시오.

2. 우리나라는 2019년 3월 14일 관계기관 합동 '적극행정 추진방안' 발표를 마련하고 인사혁신처에서 적극행정의 추진체계를 마련하였다. 현재의 적극행정 추진체계를 평가해보고, 독자가 생각하는 적극행정의 장애요인은 무엇이며, 적극행정의 추진체계의 보완점은 무엇이 있을지 논의하시오.

3. 인사혁신처에서는 적극행정과 소극행정에 대해 다음과 같이 정의내리고 유형화시켰다. 각 유형을 충족하는 실제 사례가 무엇이 있는지 탐색하고 이를 공유해보시오. 또한, 적극행정과 소극행정의 유형에 추가/보완/삭제가 필요한 내용이 있는지 검토하고 논의하시오.

유형			내용
적극 행정	추진 방식	신규발굴형	창의적인 아이디어나 신기술 등을 활용하여 정책·사업을 기획하는 등 기존에 없던 공익가치를 창출하는 유형
		성과 고도화형	기존 업무의 완결성을 높이거나 헌신적인 노력으로 도전적인 성과를 달성하여 공익가치를 증진하는 유형
		불편해소형	환경변화 등에 따라 불합리 또는 불필요하게 된 기존 업무상 문제점을 해소하여 공익가치 저해를 개선하는 유형
		선제대응형	현재 존재하지 않지만 향후 발생할 것으로 예상되는 위험에 사전 대응하여 공익가치 훼손을 예방하는 유형
		협력강화형	행정기관 간, 민·관 협력관계를 구축·강화하거나 이해관계자 간 이해조정을 통해 공익가치를 창출하는 유형
	기대 효과	서비스 제고형	대국민 서비스 질의 제고, 서비스 범위의 확대 등을 적극행정의 결과로 기대하는 유형
		업무효율성 제고형	업무처리에 소요되는 시간을 단축하거나 예산·인력 절감 효과 등을 적극행정의 결과로 기대하는 유형
소극 행정		적당편의	문제해결을 위해 노력하지 않고, 적당히 형식만 갖추어 부실하게 처리하는 행위
		업무해태	합리적인 이유 없이 주어진 업무를 게을리 하거나 불이행하는 행위
		탁상행정	법령이나 지침 등의 변화에도 불구하고 과거 규정에 따라 업무를 처리하거나, 기존의 불합리한 업무관행을 그대로 답습하는 행위
		관중심 행정	직무권한을 이용하여 부당하게 업무를 처리하거나, 국민 편익을 위해서가 아닌 자신의 조직이나 이익만을 중시하여 자의적으로 처리하는 행위

Chapter 6.

인적자원관리

스마트워크 만족도의 선행 및 결과요인에 관한 연구
(이효주, 김재형, 박성민, 2020)

포스트 코로나 시대 공무원 인재개발 전략 연구
(박성민, 오수연, 2021)

「한국행정연구」제29권 제4호(2020) : 143~198

스마트워크 만족도의 선행 및 결과요인에 관한 연구

저자 : 이효주, 김재형, 박성민
Peer Reviewer : 양지은

1. 서평

정일환(성균관대학교)

스마트워크제도는 정부에 도입된 새로운 일하는 방식으로 코로나 팬데믹으로 인해 그 활용이 증가하였다. 하지만 이를 실제로 활용하는 공무원들이 스마트워크제도에 만족하는지, 만족도의 원인변수와 결과변수는 무엇인지에 대한 논의는 부족하였다.

이러한 기존 연구의 한계를 보완하기 위해 본 연구는 스마트워크제도의 확산이, 과연 우리가 기대하는 바처럼 조직 구성원의 업무성과와 일과 삶의 균형에 기여하는지 살펴보고 있으며, 데이터에 기반한 경험적 증거를 제공하고 있다는 점에서 의미가 크다.

스마트워크 개념에 대한 정의는 학자 또는 기관마다 차이가 있으나, 재택근무, 이동근무, 스마트워크센터 근무 등 다양한 유형의 근무를 포함한다. 본 연구는 스마트워크제도를 스마트워크센터, 영상회의, 유연근무제로 나누어 살펴보고 있는데, 이러한 구분은 이 연구가 데이터로 활용한 한국행정연구원의 공직실태조사 문항에 기인한 것으로 생각된다. 다만, 이러한 유형 분류는 인사혁신처에서 제시하고 있는 내용과는 다소 차이가 있다는 점을 주지할 필요가 있다. 인사혁신처는 유연근무제의 한 유형으로 특정한 근무장소를 정하지 않고 정보통신망을 이용하여 근무하는 원격근무를 제시하고 있으며, 원격근무는 다시 재택근무형과 스마트워크 근무형으로 구분되기 때문이다.

공공부문의 스마트워크제도 도입을 다룬 언론사례들 또한 흥미롭다. 첫 번째 사례에서는 공무원들의 재택근무에 대한 긍정적 선호를 보여주면서 한편으로는 비대면 근무의 부작용을 생각해 볼 문제로 제시하여 독자들에게 균형적 시각을 갖도록 하고 있다. 스마트워크제도의 장점에도 불구하고 공무원들은 다양한 이해관계자들과의 협업이 필요하고 집단창의성이 발휘되어야 할 업무 수행시 스마트워크제도의 보완장치들이 필요하기 때문이다. 또한 스마트워크제도 하에서의 복무 윤리, 성과평가, 관리자 및 동료와의 의사소통 문제 또한 함께 고려되어야 할 것이다. 두 번째 사례는 주로 민간기업에서 활발히 활용되고 있는 스마트오피스를 최근 도입한 안산교육지원청 사례로 코로나 이후 하이브리드 근무가 증가하고 있는 시점에서 스마트오피스의 역할 등 의미 있는 질문을 던지고 있다. 이상 논문 내용과 사례들은 스마트워크제도 활성화는 근로방식 더 나아가 삶의 방식을 변화를 수반한다는 점에서 문화적, 제도적, 기술적, 물리적 기반이 동시에 뒷받침될 때 가능하다는 점을 시사해준다고 생각한다.

본 연구는 SEM 모형을 통해 스마트워크제도와 관련된 원인변수와 결과변수의 잠재변인을 도출하고, 각각의 관계에 대한 유의미한 결과를 도출하고 있다. 최근 사회과학 연구는 유사 학문분야에 통용되는 접근법뿐 아니라, 인접학문의 새로운 접근법을 접목하여, 융합적인 시각을 취하는 경우가 빈번하다. 잠재변인을 식별하고, 여러 변수들 간의 관계를 추정하다는 점에서 장점이 있지만, 후속연구는 1) 경제학이나 정책평가론 측면에서 활용되는 준실험적 방법론을 결합하거나, 2) 스마트워크제가 야기하는 모든 세대들의 평균적인 처리효과(average treatment effect)뿐 아니라, 디지털 문화에 쉽게 적응하는 MZ세대만의 조건부 처리효과(conditional treatment effect)를 추정한다면, 모형과 분석방법의 외연을 넓힐 수 있을 것으로 기대된다.

2. 시놉시스

1) 연구의 배경과 문제의식

COVID 19 이후 스마트워크제도의 확산은 조직적 측면에서는 구성원의 업무 효율성, 자율성, 창의성 증진을, 개인 측면에서는 직장 생활과 삶의 질 제고로 인식되고 있지만, 일과 휴식의 경계가 모호해지고 조직 내 인식과 효과에 비해 도입률이 낮다는 지적이 있다.

2) 연구가설 및 모형

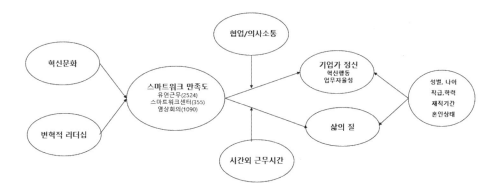

3) 사용 방법론

본 연구는 가설검증을 위한 양적분석방법으로 PLS-SEM을 활용하였다. PLS-SEM은 회귀분석과 탐색적 요인분석을 반복적으로 수행하여 내생잠재변수의 잔차와 잠재변수 간의 예측오차를 최소화하여 계수들을 측정하는 비모수적 방법으로(신건권, 2018), 다수의 연구변수 간에 존재하는 인과관계를 종합적으로 규명하기 위해 개발된 분석 방법이다.

4) 시사점

인사 관리적 시각에서 스마트워크제도 만족도의 결과요인에 관한 연구는 부족한 실정으로, 대한민국에서 삶의 질은 더욱 주목받아야 할 연구주제로서 인사관리적 관점에서 기존의 리더십, 조직문화 이론에 스마트워크제도를 연결하여 이론적 확장과 정책적 함의를 제공하고자 한다.

3. 논문요약

I. 서론

신종 코로나바이러스 감염증 사태로 인해 교육, 노동, 여가, 소비 등 생활 전반에 걸쳐 비대면 방식으로의 전환이 불가피해지면서 언택트(untact) 시대가 도래하였다. 스마트워크(Smart Work)제도는 코로나19 사태 이전에도 공사부문에서 활용되었던 제도이자 중요성과 필요성은 오랜 기간 제기되어 왔으나, 그 위상에 있어서 새로운 국면을 맞이하였다.

인사관리적 시각에서 스마트워크제도의 선행, 결과요인에 관한 국내 연구는 매우 부족한 실정으로 본 연구는 스마트워크제도 만족도의 선행요인으로 창의성, 자율성을 중시하는 변혁적 리더십과 혁신문화를 살펴보았다. 스마트워크의 주요 목적이 근무혁신과 삶의 질 제고라는 점을 기반으로 제도에 대한 높은 수준의 만족도가 실질적으로 성과적 측면에서 정부혁신의 주체인 공무원에게 요구되는 기업가정신을(Kim, Park, & Miao, 2017) 강화하고, 인본주의적 측면에서 삶의 질을 제고시키는지 실증적으로 규명하고자 하였다. 또한 삶의 질에 있어 중요한 요인으로 지적되고 있는 조직 내 협업/의사소통과 초과근무의 조절효과도 함께 살펴보고자 하였다.

II. 이론적 논의 및 선행연구 고찰

Smart(똑똑한)와 work(일하다)의 합성어인 스마트워크의 개념에 대한 정의는 연구자 및 기관마다 차이가 있으나, 공통적으로 시·공간적 제약 없이 근무하는 방식을 의미하는 것으로 이해할 수 있다. 스마트워크는 시간과 공간을 기준으로 유형을 분류할 수 있으며, 이희진 외(2013)는 아래 〈표 6-1〉과 같이 스마트 유형을 제시하였다.

〈표 6-1〉 시간과 공간의 분리에 따른 스마트워크 유형

구분	고정형		이동형
	전통적 업무공간	대안적 업무공간	
타율적 업무시간 구획	핫 데스킹 정보기술 기반 공유 업무	스마트워크센터 근무 재택근무	모바일 근무
자율적 업무시간 구획	유연근무제		

다음으로 스마트워크 활용의 선행 및 결과요인에 관련된 선행연구들을 검토한 결과는 다음과 같다.

〈표 6-2〉 스마트워크제도 특성 관련 선행연구 정리

구분	특성		주요 내용
스마트 워크	환경 요인	기술 및 인프라	〈거시적 관점〉 -스마트워크 보안 연구(이경복 외 2011; 이형찬 외, 2011) -스마트워크 기술 및 시스템 구축 연구(현욱·강신각, 2011 외) -환경구축 기반의 지속적 확산 방향 연구(이재성·김홍식, 2010 외)
		이용자 인식	〈미시적 관점〉 -스마트워크 도입, 확산, 활용 방안의 흐름에 관한 연구 -(성욱준 2013, 임승혜 외, 2013 등)
	결과 요인	구성원 특성	-성별(남성<여성), 통근시간, 직무적합도의 영향(김용운, 2013) -직무 분석, 재설계 근로자의 적극개입, 모니터링과 피드백 보장 등에 선호도 차이(김종배 외, 2011)
	결과 변수	유연 근무	〈긍정적 영향〉 -직무만족도 향상(Scandura & Lank, 1997) -이직확률 감소(Allen, 2001)
			〈부정적 영향〉 -영향 없거나 부정적 영향(Saltzstein et al., 2001, Facer 외, 2008 등) -유연근무제 → 직무만족 영향 없음. 스마트워크제도는 직무만족에 부 정적 영향(진종순 & 장은영, 2015)

구분	특성		주요 내용
스마트 워크	결과 변수	스마트워크 센터	– 보안, 업무 집중도 향상 (이재성 · 김홍식, 2010) – 원거리 직원과 업무수행 시 지침전달 용이, 이동시간 절약(이재호, 2016)

상기 선행 연구결과를 종합해보면 스마트워크 만족도를 가능케 하는 조직적 요인을 중심으로 선행요인을 규명한 연구는 양적으로 부족하고 결과요인에 관한 연구 결과는 다소 일관적이지 않다고 볼 수 있다. 이에 본 연구에서는 아래의 〈표 6-3〉과 같이 스마트워크 만족도의 선행요인으로 조직문화, 리더십, 결과요인으로 기업가정신, 삶의 질을 살펴보고 협업/의사소통, 초과 근무시간의 조절효과를 살펴봄으로써 기존 스마트 연구의 한계를 보완하고자 한다.

〈표 6-3〉 스마트워크제도 만족도 관련 선행연구 정리

구분	특성		주요 내용
스마트 워크 만족도	선행 요인	조직 (리더십)	〈조직문화〉 – 업무 환경 및 업무 방식의 급격한 변화 → 관리자, 리더가 지향하는 가치와 유형이 중요(김문성 · 김재혁, 2013) – 수직적, 통제적 조직문화 → 스마트워크에 대한 불신(이재호 · 김태진, 2013) – 조직문화 개선이 가장 우선적 정책과제(성욱준, 2013)
			〈사회인지이론〉 – 인간의 태도, 행동은 사회적 상황에서 환경 맥락, 타인과의 상호 작용으로부터 영향을 받음(Bandura, 1986) – 직장생활 내 상사의 리더십과 조직문화가 구성원의 태도와 행동 – 결정에 지대한 영향을 줌(Behson, 2005 ; Powell & Mainiero, 1999)
			〈혁신문화〉 – 외부환경에의 적응에 초점 → 재량, 신축성, 개성, 창의성, 기업가정신, 모험, 미래예측을 중시함(이재완, 2018) – 공공부문의 스마트워크 확산 및 보급을 위한 조직문화와 체감하는 실제 조직문화 간의 괴리 존재(진영빈 · 정충식, 2014)
			〈변혁적 리더십〉 – 변혁적 리더들은 구성원에게 자율성을 부여하여 구성원이 창의성을 발휘하여 혁신행동을 취하게 함(Aryee et al., 2012) – 일과 삶의 균형과 같은 개별적 배려를 중시하는 상사는 유연근무제와 같은 활용에 지원적 태도를 보여줌으로서 유연근무제의 잠재적 효과성이 더욱 강화될 수 있다(O'Driscoll et al., 2003)

구분	특성		주요 내용
스마트 워크 만족도	결과 요인	구성원 (자율성, 참의성)	〈기업가 정신〉 −예측할 수 없는 다양한 사회문제 해결, 위기대응역량이 중요해짐에 따라 공공부문에서 공무원의 행태에 주목하여 동기, 적극행정(강나율, 박성민, 2019), 사회적 기업가 정신 논의(배귀회 외, 2014) −'수직적' 업무체계를 '네트워크형' 업무체계로의 전환 → 창의력, 새로운 아이디어 촉진(염유경 외, 2016)
			〈사회교환이론〉 −구성원이 조직으로부터 물질적 이익, 감정적 가치가 충족된다고 느낄 때 조직에 긍정적인 태도를 보이고 선순환 됨(Lee 외, 2016)
			〈삶의 질〉 −전반적인 삶의 만족도(Sigy et al.,2001) −공무원이 체감하는 삶의 질이 곧 공공조직 유효성, 행정서비스, 생산성에도 영향을 미침(조경호, 김미숙, 2000; 유연정, 2018)
			〈전이이론〉 −한 영역에서의 경험과 감정(만족/불만족은 다른 영역에 전이됨(Sigy et al., 2001) −직장에서의 업무자율성, 직무스트레스는 직무만족에 영향을 미쳐 궁극적으로 삶의 질에도 영향을 미침(이효주, 박성민, 2019)
	조절 요인	기타	〈협업/의사소통, 시간 외 근무시간 조절 효과〉 −조직 내 협력은 조직성과뿐만 아니라(Whitford et al., 2010) 동료와 관계부처와의 신뢰 형성에 크게 기여(Jin & MacDonald, 2017) −초과근무는 역할 갈등, 역할 과다 외에도 삶의 질을 위협할 수 있으며 이직의도 등 부정적 감정을 전이함(Raynolds, 2003)

III. 연구설계

본 연구에서는 이론적 논의와 선행연구 고찰을 통해서 스마트워크제도의 단순 이용 여부를 넘어, 실제 만족스러운 활용을 가능케 하는 선행요인을 규명하고자 한다. 이에 스마트워크제도 만족도의 독립변수로서 창의성, 자율성을 중시하는 변혁적 리더십과 혁신문화를 살펴보고, 스마트워크제도 만족도가 실질적으로 성과적 측면에서 기업가정신을 강화하고 인본주의적 측면에서 삶의 질을 제고시키는지 분석하고자 한다. 또한 스마트워크제도의 효과에 있어 중요한 요인으로 지적되

고 있는 조직 내 협업/의사소통과 초과근무를 조절변수로 설정하여, 각각 기업가
정신과 삶의 질에 미치는 효과도 분석하고자 하였다. 이와 같은 연구문제 검증을
위해 가설을 설정하였고, 인구통계학적 특성인 성별, 나이, 직급, 학력, 재직기간,
혼인상태를 통제변수로 설정하여 〈그림 6-1〉과 같이 연구모형을 제시하였다.

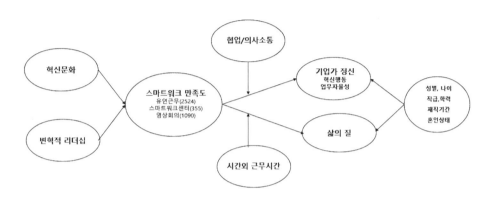

〈그림 6-1〉 연구모형

본 연구는 한국행정연구원에서 실시하고 있는 2018년 「공직생활실태조사」[22]를
활용하여 양적분석을 실시하였으며 변수에 사용된 설문항목은 다음과 같다.

〈표 6-4〉 변수구성과 설문문항

구분			문항
독립 변수	혁신문화	q20_3	우리 기관은 창의성/혁신성/도전을 강조한다
		q20_4	우리 기관은 새로운 도전과제 해결을 위해 직원들의 직관/통찰력, 성장/자원획득을 중시한다
		q22_1	우리 기관은 융통성 있고 변화에 즉각적으로 대응한다
		q22_2	우리 기관은 혁신을 위해 어느 정도 위험을 감수하는 것을 용인한다

• • • •

22) 본 연구는 한국행정연구원에서 생산된 자료를 활용하였으며, 한국행정연구원 연구자료 관리규칙에 의
거 사용허가를 받았다.

구분			문항
독립변수	혁신문화	q22_3	우리 기관에서 변화는 대체로 긍정적 효과를 가져온다
	변혁적 리더십	q19_3	나의 상사는 내가 미래에 지향해야 할 확고한 비전을 제시해 준다
		q19_4	나의 상사는 내가 열심히 일할 수 있도록 동기를 부여한다
		q19_5	나의 상사는 내가 새로운 시각에서 업무를 수행할 수 있도록 장려한다
		q19_6	나의 상사는 내 자신을 스스로 개발해 나가도록 도와준다
매개변수	스마트워크 제도 만족도 (스마트워크센터)	q12_2_1	원격근무제도 및 스마트워크 이용 만족도_2) 스마트워크센터
	스마트워크 제도 만족도 (영상회의)	q12_3_1	원격근무제도 및 스마트워크 이용 만족도_3) 영상회의
	스마트워크 제도 만족도 (유연근무제)	q11_3_1	가족친화적 근무제도 활용만족도_3) 유연근무제
조절변수	협업 /의사소통	q23_1	우리 기관에서는 업무상 협조가 필요한 경우 부서 간 협업이 대체로 원활하다
		q23_2	우리 기관에서는 부서의 업무를 수행함에 있어 상하 간(수직적) 의사소통이 원활하다
		q23_3	우리 기관에서는 부서의 업무를 수행함에 있어 직원 간(수평적) 의사소통이 원활하다
	시간 외 근무시간	q10	시간 외 근무시간(1주일 평균)
종속변수	기업가정신	q32_1	나는 새롭고 독창적인 업무수행 방식을 창안/적용하도록 노력한다.
		q32-2	나는 업무수행 중 발생하는 문제해결을 위해 새로운 아이디어를 개발한다.
		q4-1	나는 업무수행 방식/절차에 대한 선택권을 가지고 있다
		q4-2	나는 업무수행 속도/마감시간을 조절할 수 있다.
		q4-3	나는 업무수행 평가지표/기준을 수정할 수 있다
	삶의 질	q38-1	나는 현재 삶에 만족한다
		q38-2	나는 주위의 다른 사람들과 비교할 때 행복하다

Ⅳ. 분석결과

본 연구는 스마트워크제도 만족도의 독립변수로 창의성, 자율성을 중시하는 변혁적 리더십과 혁신문화를 살펴보고, 스마트워크제도 만족도가 성과적 측면에서 기업가정신을 강화하고, 인본주의적 측면에서 삶의 질을 제고시키는지 분석하고자 하였다.

본 연구에는 모두 반영적 측정모형으로 설정되었고, 잠재변수로 구성되었다.

본 모형은 매개변수인 스마트워크제도 만족도가 스마트워크센터, 영상회의, 유연근무제에 대한 만족도로 구분되어 3개의 연구모형으로 나누어 분석하고자 하며 PLS-SEM에서의 구조모형의 평가는 구조모형의 외생잠재변수(혹은 예측변수, 독립변수)가 내생잠재변수를 얼마나 잘 예측하는가의 관점에서 수행되어야 한다(신건권, 2018). PLS-SEM에서의 구조모형의 평가는 PLS Algorithm, Bootstrapping, Blindfolding을 통해서 이루어지는데 이에 사용할 수 있는 주요 평가 기준 및 수용 기준은 아래 〈표 6-5〉와 같다.

〈표 6-5〉 PLS-SEM 구조모형의 평가와 수용기준

평가기준	의미	수용기준
내부VIF값	잠재변수 간의 다중공선성	5.0 미만
결정계수(R^2)	외생잠재변수(독립변수)에 의해서 설명되는 내생잠재변수의 분산비율로, 값이 높을수록 독립변수에 의한 내생잠재변수의 설명력이 높다고 평가	0.75: 강한 설명력 0.50: 중간 정도의 설명력 0.25: 약한 설명력
효과크기(f^2)	외생잠재변수의 내생잠재변수에 대한 상대적 영향력, 즉 외생잠재변수들이 내생잠재변수의 값에 기여하는 정도	0.35: 큰 효과크기 0.15: 중간 효과크기 0.02: 작은 효과크기
예측적적합성(Q^2)	구조모형의 예측력 정도	0 초과
경로계수의 유의성과 적합성	구조모형의 경로계수 결과의 유의성과 적합성 검증(가설검증)	유의성 평가 임계치(양측검증) t값 1.65: 유의수준 10% t값 1.96: 유의수준 5% t값 2.57: 유의수준 1%

자료: 신건권(2018)의 내용을 요약 정리함

본 연구에서의 경로계수의 유의성과 적합성 검증단계에서 직접 영향을 미치는 변수 간의 관계와 조절효과를 나타내는 변수 간의 관계를 나타내는 가설을 검증하였다. 스마트워크센터 만족도, 영상회의 만족도, 유연근무제 만족도 모형과 관련한 구체적인 가설 검증을 위해 변수 간 경로계수, t값, p값을 도출하였으며 결과값은 〈표 6-6〉과 같다.

〈표 6-6〉 경로계수의 유의성과 적합성: 가설검증[23]

		경로	경로계수	t값	p값	비고
스마트워크센터 만족도	가설 1-1	혁신문화 → 스마트워크센터 만족도	0.117	1.553	0.121	기각
	가설 2-1	변혁적 리더십 → 스마트워크센터 만족도	0.095	1.230	0.219	기각
	가설 3-1	스마트워크센터 만족도 → 기업가정신	0.110	2.412**	0.016	채택
	가설 4-1	스마트워크센터 만족도 → 삶의 질	0.111	2.053**	0.041	채택
	가설 5-1	조절변수 1 → 기업가정신	−0.055	1.025	0.306	기각
	가설 6-1	조절변수 2 → 삶의 질	−0.050	1.008	0.314	기각
영상회의 만족도	가설 1-2	혁신문화 → 영상회의 만족도	0.257	6.787***	5.056***	채택
	가설 2-2	변혁적 리더십 → 영상회의 만족도	0.041	1.031	0.000	기각
	가설 3-2	영상회의 만족도 → 기업가정신	0.138	4.847***	0.303	채택
	가설 4-2	영상회의 만족도 → 삶의 질	0.166	5.056***	0.000	채택
	가설 5-2	조절변수 1 → 기업가정신	−0.023	0.733	0.464	기각
	가설 6-1	조절변수 2 → 삶의 질	0.004	0.125	0.000	기각

• • • •

23) 조절변수 1: 스마트워크제도 만족도(스마트워크센터, 영상회의, 유연근무제)*협업/의사소통, 조절변수2: 스마트워크제도 만족도(스마트워크센터)*시간외근무시간

*** p<.01, ** p<.05, * p<.1

	경로		경로계수	t값	p값	비고
유연 근무제 만족도	가설 1-3	혁신문화 → 유연근무제 만족도	0.114	4.238***	0.000	채택
	가설 2-3	변혁적 리더십 → 유연근무제 만족도	0.157	5.337***	0.000	채택
	가설 3-3	유연근무제 만족도 → 기업가정신	0.151	7.750***	0.000	채택
	가설 4-3	유연근무제 만족도 → 삶의 질	0.232	10.826***	0.000	채택
	가설 5-3	조절변수 1 → 기업가정신	0.045	2.177**	0.030	채택
	가설 6-3	조절변수 2 → 삶의 질	-0.039	1.931	0.054	기각

분석결과를 살펴보면 다음과 같다. 혁신문화가 스마트워크 만족도에 미치는 긍정적 영향은 스마트워크 유형별로 상이한 것으로 나타났다. 조직 내 혁신문화가 영상회의와 유연근무제 만족도에는 긍정적 영향을 미치는 것으로 나타났지만(가설 1-2, 1-3 채택), 스마트워크센터 만족도에는 유의미한 영향을 미치지 않는 것으로 나타났다(가설 1-1 기각). 한편, 변혁적 리더십은 스마트워크센터 만족도와 영상회의 만족도에는 통계적으로 유의미한 영향을 미치지 않는 것으로 나타났으나(가설 2-1, 2-2 기각), 유연근무제 만족도에는 긍정적 영향을 미치는 것으로 나타났다(가설 2-3 채택). 유연근무제 만족도가 조직적 요인(혁신문화, 변혁적 리더십)에 의해 유의미하게 영향을 받는 것은 다수의 선행연구와 일치하는 결과이다(김순양·배문수·고수정, 2015; 이재완, 2018). 반면, 영상회의와 스마트워크센터 만족도는 변혁적 리더십으로부터 유의미한 영향을 받지 않는 것으로 나타났는데, 이는 기술적 인프라에 크게 의존하는 근무 형태 특성에 기인하는 결과로 추론할 수 있다.

스마트워크 만족도의 효과 분석을 살펴보면, 모든 유형의 스마트워크 만족도가 기업가정신에 긍정적 영향을 미치는 것으로 나타났다(가설 3-1, 3-2, 3-3 채택). 즉, 스마트워크센터, 영상회의, 유연근무제 만족도가 높을수록 기업가정신이 높아진다는 것으로, 시·공간적 자율성이 혁신을 촉진하며(Rauch et al., 2009), 스마트워크의 유연성, 연결성, 즉시성이 민첩한 대응을 가능하게 함으로써 창의력을 촉진한다는 연구결과와 일맥상통한다(염유경·이용환·이상민, 2016).

한편, 모든 유형의 스마트워크에 대한 만족도가 삶의 질을 제고시키는 것으로 나타났다(가설 4 채택). 즉, 스마트워크센터, 영상회의, 유연근무제 만족도가 높을수록 삶의 질 또한 높게 인식하는 것으로 나타났다. 이는 스마트워크를 통한 업무의 유연성이 일-가정 균형, 일-가정 갈등 완화, 직무만족 및 직장생활의 질 제고를 통해 삶의 질이 강화된다고 주장하는 선행연구와 일맥상통하는 결과이다(이재호·김태진, 2016; 이효주·오수연·박성민, 2020; Thomas & Ganster, 1995; Hill et al., 2010).

협업/의사소통의 조절효과 분석결과부터 살펴보면, 유연근무제 만족도와 기업가정신 간의 관계에 있어서만 유의미한 조절효과가 있는 것으로 나타났다(가설 5 일부-채택(가설 5-3). 이는 동료 간의 협력과 원활한 의사소통이 정보 공유, 창의력, 조직성과, 혁신행동 향상에 도움이 된다는 연구결과와 유사한 결과라고 볼 수 있다 (류정란·주규하, 2014; Yun, Takeucho & Liu, 2007; 박현욱, 2020; 김화연·오현규, 2018).

마지막으로 초과근무시간이 스마트워크 만족도와 삶의 질 관계에 미치는 조절효과의 경우 모든 스마트워크 유형에서 유의미하지 않은 것으로 나타났다(가설 6 기각). 스마트워크센터, 영상회의, 유연근무제의 만족도가 높을수록 삶의 질도 향상되지만, 초과근무시간의 많고 적음은 스마트워크 만족도의 삶의 질 향상 효과에 유의미한 영향을 미치지 않는 것으로 나타났다.

V. 결론

본 연구의 이론적·정책적 함의를 살펴보면 첫째, 본 연구는 스마트워크 만족도의 선행, 조절, 결과요인을 사회인지이론, 사회교환이론, 전이이론, 직무 요구자원모형을 통해 실증적으로 규명하여 관련 이론의 적용 범위 확장에 기여하였다.

둘째, 스마트워크 만족도의 선행요인과 결과요인들을 구성하면서 신공공관리론(New Public Management: NPM) 관점과 후기 신공공관리론(Post-New Public Management:

Post-NPM)적 관점을 함께 포괄하여 변수들 간의 관계를 설계함으로써 보다 균형 있는 인사ㆍ조직 관리운영 원리를 제시하고자 하였다. 또한 스마트워크 만족도의 선행요인으로 조직적 요인을 살펴봄으로써, 혁신문화와 변혁적 리더십의 중요성을 실증적으로 규명하였다는 점에서 본 연구의 정책적 함의를 찾을 수 있다.

셋째, 최근 실시된 한국 사회현상조사에 의하면, 코로나19 이후 상황에서도 한국 사회에서의 스마트워크제도는 여전히 초보적인 수준에 머무르고 있으며 정책입안 및 집행기관의 기대와는 다소 다르게 나타났음을 알 수 있다. 사회문화 혁신을 위한 새로운 미래정부 구상 전략 차원과 실천적 방법론으로서, 다양화된 개개인의 특성과 환경을 고려한 인재개발 전략 차원에서, 한국 사회에서의 삶의 질, 직장생활의 질, 유연근무제에 대한 논의는 중요한 함의를 내포하고 있다.

본 연구는 앞서 살펴본 이론적ㆍ정책적 함의에도 불구하고 향후 연구에서 보완이 필요한 한계점을 가지고 있다. 첫째, 모든 연구변수가 개인의 인식 수준을 측정한 것으로, 동일방법의 편의(common method bias)의 위험이 있다. 스마트워크 만족도나 삶의 질 같은 경우, 개인의 주관적 인식이 중요한 변수이지만 개인의 기업가 정신은 조직 내 성과적인 요소로, 상사나 동료가 인식하는 수준이 유의미할 수 있으므로 후속연구에서는 변수의 측정에 있어 다각화 방안에 대한 고민이 필요하다.

둘째, 스마트워크 유형에 따라 독립변수, 조절변수 효과가 상이한 것으로 나타나 스마트워크 유형별 만족도의 선행요인에 대한 정교화 작업이 필요하다. 특히, 영상회의는 쌍방향 스마트워크 방식으로, 상대방의 스마트워크 기술 접근성, 숙련도, 긍정적 인식이 만족도에 영향을 미칠 수 있다. 협업/의사소통과 초과근무도 스마트워크센터, 영상회의 만족도와 상호작용이 없는 것으로 나타나, 스마트워크 유형별 이용자 직무특성, 직급 등에 대한 심도 있는 분석이 필요하다. 나아가 스마트워크 유형별 활용의 동기가 개인의 편의에 의한 것인지 직무나 조직의 상황에 기인한 것인지에 따라 만족도의 선행 및 결과요인이 다를 수 있으므로 이에 대한 추가적인 고려를 통해 풍부한 정책적 함의를 도출할 수 있을 것이다.

4. 언론사례와 영화분석

공무원 영상회의·모바일 결재 급증…온라인 공문서 유통 2.4배로

연합뉴스, 권수현 기자, 2021.02.17.[24]

국내 신종 코로나바이러스 감염증(코로나19) 사태로 인해 지난해 중앙부처 공무원들의 영상회의와 모바일 결재가 급증하고 온라인 문서 유통량은 2.4배로 늘어나는 등 일하는 방식이 비대면 기반으로 빠르게 변화한 것으로 나타났다. 17일 행정안전부 분석에 따르면 지난해 중앙부처의 'PC영상회의' 개설 횟수는 8만 9천389건으로 전년도(6만 391건)보다 48% 증가했다.

영상회의 참여자 수도 2019년 29만 7천55명에서 지난해 66만 1천810명으로 123%나 늘었다. 모바일 결재 횟수는 1만 2천801건으로 전년도(1만 84건)보다 27% 증가했다.

또 '문서24'를 통한 온라인 문서유통 건수는 2019년 22만 6천526건에서 작년 54만 574건으로 약 2.4배로 불어났다. 문서24는 국민이 관공서에 온라인으로 공문서를 제출하거나 받을 수 있는 민관 전자문서 유통 창구다.

재택근무도 대폭 늘었다. 행안부의 경우 2019년 재택근무 활용 공무원은 2명뿐이었으나 지난해에는 7천782명으로 증가했다. 재택근무 증가 영향으로 스마트워크센터 근무는 565명에서 372명으로, 사무실 유연근무는 2만 8천84명에서 2만 3천682명으로 각각 34%, 16% 감소했다.

코로나19로 인한 일하는 방식 변화는 중앙부처 공무원 1만 4천654명을 대상으

• • • •

24) bit.ly/3hBi8BH(원문 출처)

로 지난달 19~25일 진행한 설문조사에서도 드러났다.

응답자의 58%는 작년 한 해 일하는 방식이 디지털 기술을 활용하는 방식으로 바뀌었다고 답했고, 일하는 방식이 비대면 방식으로 바뀌었느냐는 질문에는 67%가 '그렇다' 또는 '매우 그렇다'고 답했다. 공무원 업무가 디지털 기술을 활용하는 방식으로 발전해야 한다는 응답자는 91%, 비대면 일하는 방식으로 바뀌어야 한다는 응답자는 90%에 각각 달했다.

행안부는 이번 통계자료와 인식변화 설문 결과를 토대로 공직사회의 업무효율성과 행정서비스 품질을 높이도록 시스템을 개선해 나갈 계획이다. 한창섭 행안부 정부혁신조직실장은 "코로나19로 디지털 기술을 활용한 비대면 문화가 사회 전반에 빠르게 확산했고 공직사회도 예외는 아니었다"며 "비대면·디지털 기술을 활용한 일하는 방식이 공직사회에 안착하도록 노력하겠다"고 말했다.

생각해볼거리

스마트워크제도 확대에 따른 이를 일부 악용하는 복무 윤리 위반(근무지 이탈, 관리부실 등)에 관한 언론보도가 증가하고 있다. 공직사회는 향후 다양한 근무환경에 대해 공직 윤리 및 교육 강화 외에도 변화에 유연하게 대응할 수 있는 조직문화 혁신에 대한 고찰이 필요한 시점이다.

안산교육지원청 신청사 '스마트워크' 적용

인천일보, 안병선 기자, 2022.06.19.[25]

안산교육지원청이 18일 신청사로의 이전을 완료하고 20일부터 관공서 최초로 '스

• • • •

25) bit.ly/3hg9yID(원문출처)

마트워크'를 전면 실시한다. '스마트워크'는 도심에 있는 사무실로 출퇴근하는 대신 원격 근무가 가능하도록 주거지 인근에 마련한 IT 기반 사무실, 즉 소통과 협업에 적합한 수평적·효율적인 스마트오피스를 일컫는다. 이를 통해 학교뿐만 아니라 지역사회와 함께 성장할 수 있는 열린 교육지원청을 운영한다는 계획이다. 신청사는 옛 청사부지를 4·16민주시민교육원 조성지로 제공하고, 시민들에게 양질의 교육행정서비스를 제공하기 위해 상록구 사동 1,253의 8 일원에 지하 1층~지상 5층, 연면적 1만 1,010m² 규모로 조성했다. 그동안 안산시청 인근 사무실을 빌려 4년 2월여간 임시 청사로 사용해 왔으나, 사무 공간 협소로 일부 부서·센터를 지역 내 학교에 배치해 민원 처리·안내에 대한 혼란 등 교육행정서비스 제공에 어려움을 겪었다. 신청사 업무환경의 핵심은 관공서 최초로 전면 시행하는 '자율좌석제' 도입이다.

출근 시 키오스크(kiosk)를 통해 당일 업무의 성격 및 협업 대상에 따라 맞춤 자리를 선택할 수 있게 자율좌석제를 운용한다. 도입 초기에는 적응하기까지 어려움도 있겠지만, 부서장을 포함한 전 직원이 동일한 업무환경이 제공돼 기존의 수직적인 체계를 탈피하고 수평적·효율적인 조직문화를 유도할 계획이다. 아울러 신청사의 사무 공간은 언제 어디서나 소통과 교류가 이뤄지고 창의적인 아이디어가 창출될 수 있는 커뮤니케이션의 장을 조성하기 위해 부서별로 구분됐던 업무 공간을 업무 연관성이 높은 국 단위로 통합한다. 이를 통해 비효율적인 공간을 축소하고, 다양한 소통·협업공간과 각종 휴게실 및 라운지 등 리프레시(Refresh)공간을 확충해 직원들의 복지 환경도 개선했다. 신청사는 학생·학부모·교직원 및 지역주민들이 동아리 등 여러 모임을 가질 수 있는 다양한 규모의 활동공간을 조성해 개방·대여할 예정으로 학교뿐만 아니라 지역사회와 함께 성장할 수 있는 열린 교육지원청으로 운영한다.

또 청사를 방문하는 민원인들의 편리한 동선을 확보하기 위해 각종 제 증명 서류를 발급하는 민원실뿐만 아니라 자주 민원인을 응대하는 담당자 또는 팀이 그때그때 상황에 맞춰 1층 현장지원실에 배치·운영해 민원인의 편의와 신속한 민원 처리로 민원인의 만족도를 향상할 예정이다.

생각해볼거리

단순한 인프라 확충은 예산 낭비로 이어질 수 있으며, 하이브리드 근무라고는 하나 현장복귀 및 오프라인 근무로의 방침이 확대되는 시점에서 스마트워크에 대한 근본적, 장기적 활용에 대한 다양한 아이디어가 공유되어 정책적 제안으로 이어질 필요가 있다. 시민사회 개방 외에도 인구축소에 따른 지방 중소도시 인프라 부족의 대안책으로 활용할 수 있는 방안에 대해 모색해보자.

「스마트워크와 미래사회의 공직 윤리에 관한 고찰」

-영화 '마이너리티리포트'(2002) 사례 탐색-

영화 : 마이너리티 리포트 | 감독 : 스티븐 스필버그 | 개봉 : 2002.07.26 | 출연 : 톰크루즈 외

영화줄거리

2054년 워싱턴, 최첨단 치안 시스템 프리크라임은 범죄가 일어날 시간과 장소, 범행을 저지를 사람까지 예측해내고, 이를 바탕으로 특수경찰이 미래의 범죄자들을 체포한다. 도입 후 6년간 살인사건은 단 한 건도 발생하지 않았으며 범죄율은 90% 감소하여 시민들의 안전을 지켜주고 있다. 주인공 존 앤더튼(범죄예방 수사국 소속 범죄과 수사반장)은 프리크라임 감사를 위해 연방정보국에서 파견된 대니 위트워와 대치하는 가운데 프리크라임 시스템은 믿을 수 없는 살인을 예견한다. 앤더튼은 음모를 파헤치기 위해 범죄 현장에 한 발짝씩 다가갈수록 믿을 수 없는 사실들이 드러나기 시작하는데…

출처 : 네이버 영화

사례

미래 예측하는 시스템이 고도로 발달된 먼 미래를 배경으로 국가의 선진 시스템을 신뢰하고 시민 안전을 위해 헌신하는 존 앤더튼. 그러나 주인공을 범죄자로

지목하는 예지를 마주하며 음모에 휘말리게 되면서 누군가 시스템의 허점을 알고 깊이 관여함을 알게 된다. 그 배후는 범죄 예방 수사국장 라마 버지스. 결국 프리크라임의 결점을 폭로하고 시스템은 폐지되었으며 현실화되지 않은 범죄로 수감된 사람들도 모두 풀려나게 된다.

생각해볼거리

1. 미래 공직사회는 더욱 선진화된 IT 시스템과 빅데이터를 기반으로 조직개편과 더불어 많은 변화를 앞두고 있다. 급격한 변화의 물결 속에 공직사회는 시민들에게 안전하고 신뢰할 수 있는 시스템을 제공하고, 악용되는 것을 방지 및 견제하기 위해 필요한 제도적 보완에 대해 고찰하여 보자.

2. e-사람과 같이 공공부문에서도 다양한 인재 선발, 배치, 성과관리, 평가 시스템 혁신을 위한 빅데이터 및 AI 기술 활용이 도입되고 있다. 인적자원관리시스템의 공정성을 확립하고, 정량+정성적 데이터 평가의 신뢰도를 높이기 위하여 어떠한 요소들이 추가적으로 검토되어야 할지 고찰하여 보자.

5. 토론문제

1. 스마트워크에 대한 공직사회의 높은 만족도와 인식 확대에도 불구하고, 공직사회의 대면 근무에 대한 선호도, 보수적인 조직문화, 팬데믹 안정화 등에 따라 스마트워크제도가 과도기적 딜레마를 겪을 가능성이 있다. 공직사회의 만족도가 일과 삶의 만족도 향상의 측면에서 스마트워크제도가 실질적, 지속적인 활용 확대로 이어지기 위한 자유로운 정책적 제안 및 아이디어를 공유하여 보자.

2. 지난 16일 인사혁신처에 따르면 2021년 기준 재직기간 5년 미만 공무원 1만 693명이 공직사회를 떠났고, 이중 MZ세대(1980년대 초~2000년대 초 출생자)로 알려진 2030세대가 81%를 차지하였다. 서울시는 인력 유출을 막기 위해 '소통과 공감을 통한 조직문화 개선TF'를 구성한다는 방침을 발표하였다.

※ 구성(안) : T/F 30명 구성시 선발 예시

('22.08. 기준: 직원수 10,410명)

기준	구성인원(안)	비고
성별	남(15), 여(15)	여성(42%), 남성(58%)
소속	본청(13), 사업소(17)	본청(47%), 사업소(53%)
연령	20대(7), 30대(7), 40대(8), 50대(8)	20대(14%), 30대(22%), 40대(30%), 50대(34%)
직급	5급(5명), 6급 이하(25)	5급 이상(15%), 6급 이하(85%)
직렬	행정직(12), 기술직 등(18)	행정직(40%), 기술직(46%), 기타(14%)

(뉴스핌, 22.09.16).[26]

••••

26) bit.ly/3zOYJn4(원문 출처)

상기의 T/F 구성(안)은 조직문화혁신을 향상시키기 위한 아이디어 도출에 적합한 기준으로 구성되었다고 판단하는가? MZ세대가 추구하는 근무환경 및 일과 삶의 질 만족도 향상을 위해 추가로 고려할 수 있는 요인과 아이디어를 제시하여 보자.

3. 언론을 통하여 네이버, 카카오 등의 IT 기업 혹은 대기업들의 스마트워크 환경 구축 및 인프라 확대 등에 관한 다양한 사례가 소개되고 있다. 민간의 스마트워크 환경을 공공에 도입하는 데 있어 가장 제약이 되는 요인은 무엇이라고 생각하는가? 포스트 코로나 시대의 공공 업무 환경 개선 및 업무 만족도 향상을 위한 자유로운 아이디어를 제시하여 보자.

「인사행정학회」 제20권 제1호(2021) : 241~259

포스트 코로나 시대 공무원 인재개발 전략 연구

저자 : 박성민. 오수연
Peer Reviewer : 유정환

1. 서평

주지예(성균관대학교 박사 후 연구원)

포스트 코로나 시대의 전략적 인재개발 필요성은 민간부문을 비롯해 공공부문에서 더욱 강조되고 있는 상황이다. 코로나19 팬데믹 이후 각 국가별 전략적 대응 체계 차이에서도 드러났듯이 국가적 재난재해 상황에서 정부의 역할 그리고 공공부문의 역량이, 사회의 질서 및 안전 확보 그리고 위기로부터 회복탄력성과 이후 지속가능성을 결정짓는 주요한 요인으로 다시금 역설되고 있다. 이러한 상황에서 '포스트 코로나 시대 공무원 인재개발 연구'는 시의성을 가지는 연구로, 공공부문의 전략적 인재개발이 기존의 상시학습제도의 틀에서 더 나아가 융복합적 관점에서 진화된 방식으로 새로이 마련되야 함을 주장하며 실제 현실에서 활용될 수 있는 부처별 인재개발 자가진단 체크리스트를 개발하여 제안하고 있다.

논문은 자율형 인재개발제도 내용을 진단하고 새로운 대안을 제언하고자 함을 분명히 하며 본론에서 포스트 시대에 적합한 공무원 인재개발 전략 마련 필요성을 외부환경과 내부환경적 측면에서 밝히고 있다. 외부환경적 측면에서는 언택트 패러다임과 다양해진 비정형 학습 형태의 확산을 설명해주고 있고 내부환경 요인으로는 기존의 상시학습제도의 문제점 및 인사혁신처에서 발표한 지능형 인재개발 플랫폼 활성화 계획 등을 설명한다. 이는 궁극적으로 논문이 개발하고자 하는 체크리스트의 필요성을 뒷받침하고 독자로 하여금 설득력 있는 연구로서 몰입도를 높인다. 결론에서 최종적으로 제언하는 자가진단 체크리스트는 CIPP모형과 커크패트릭 4단계 평가모형을 응용 및 융합하여 설계되었으며 FGI를 통해 최종 확립된 연구 성과물이므로 학문적 의의가 있다고 볼 수 있다. 또한 연구 성과물이 부처 간 비교−평가할 수 있는 객관적인 측정도구이자 공무원 HRD−HRM 총괄기관인 인사혁신처의 총괄적 의사결정을 지원해줄 수 있다는 점에서 정책적 함의 또한 지닌다.

종합적으로 서론부터 결론까지 체계적인 논의와 분석절차를 거쳐 연구의 체계성이 확보되어 있고, 정책제언에 초점을 둔 정책개발논문으로서 논문의 성격이 명확하며 등재지인 한국인사행정학회보에 매우 적합한 연구라 할 수 있다. 단, 학술적 연구로서 조금 더 보완이 필요한 부분이 있다면, 먼저 선행연구에 대한 검토와 분석모형으로 활용한 이론적 모델들에 대한 논의가 충분히 설명되고 있지 않아 본 연구분야에 익숙하지 않은 독자에게는 분석결과를 이해하는 데에 어려움이 있을 수 있다는 점이다. 그리고 연구방법으로 활용된 FGI가 왜 활용되어야만 했는지에 대한 설명이 자세히 기술되어 있지 않아 연구설계 부분의 전개가 미흡했다고 볼 수 있다.

논문에서 제기하고 있듯이, 다양한 상황에 전문적으로 역할을 수행해내야 하는 공무원의 현장 대응력과 같은 실무능력의 중요성은 계속 증대되고 있다. 공공부문에서는 자체적으로 지속적이고 업무와 연속적인 자기주도 학습을 활성화시키기 위한 수단들을 마련해내고 있는데, 대표적으로, 소방청은 교육훈련 이수체계를 강화해 이수 시간 승진 반영제도를 도입하였고 인재개발원은 AI 기반 개인 맞춤형 학습 플랫폼을 제공하는 등 인재개발의 선순환 체계 진화를 도모하는 중이다. 그러면, 본 연구는 자가진단 체크리스트가 이미 운영 중인 기존 제도들을 어떻게 보완할 수 있는지 또는 새로운 제도와는 어떻게 상호 시너지를 낼 수 있을지 등을 설명해 연구의 설득력을 강화할 수도 있을 것이다. 한편, 후속 연구로는 학습자의 책임과 의무를 강조한 기존 연구와 달리, 학습관리자 및 제공자의 책임과 의무를 강조하는 연구로도 발전시켜 볼 수도 있을 것이다.

학술연구를 수행하는 입장에서 기존의 연구 또는 특정 주제와 관련된 선행연구들로부터 다양한 연구적 시사점을 발견하게 된다. 그러나 문제 제기부터 시작된 본인의 연구를 수행하기 위해서는 면밀한 검토 및 논의의 과정을 거쳐야 하고 그 내용이 논문에 담겨야 한다. 연구의 배경과 목적 그리고 필요성을 명확히 설명해내는 것도 중요하지만, 설득력이 있는 논지 전개를 위해서는 충분한 이론적 논의를 바탕으로 한 논리적인 연구설계와, 충분한 선행연구 검토를 통한 연구의 차별성 확보가 연구의 특성을 결정짓는다. 즉 논지가 뚜렷한 연구, 체계적인 연구는 결국 검토의 과정에 충분한 시간과 노력을 투자한 만큼 만들어질 수 있다.

한편, 데이터 확보 가능성 및 국내 선행연구 유무 등은 연구를 추진해가는 데에 한계를 느끼게 하기도 한다. 하지만 새로운 주제이더라도 해외논문이나 국내외 기업보고서 등을 다각적으로 접하다 보면 무엇에 집중해야 하고 무엇을 분석해보아야 할지 등 연구 방향성을 점진적일 수 있지만 단계적으로 진전시킬 수 있다. 신진학자로서 도전적인 연구를 수행하며 본인에게 특화된 연구분야를 개척해나가는 학문적 즐거움이 지속적인 연구역량 발전에 큰 원동력이 될 것이다.

2. 시놉시스

1) 연구의 배경과 문제의식

2019년 11월, 중국 후베이성 우한시에서 코로나바이러스감염증-19 최초 확진 자가 보고된 이래로 우리 사회를 비롯한 전 세계는 지금까지 경험하지 못한 이례 적 상황을 목도하며 혼란에 휩싸인 모습을 보였다. 현대사회는 다양한 원인에서 기인하고 있는 사회, 경제적 위협으로 인해 사회의 다양한 부문에서 격동의 시기 를 보내고 있다. 반면 이러한 상황적 맥락 아래에서, 우리나라를 포함한 세계 각 국 공공부문의 위기 대응능력에 대해서는 많은 의문과 비판의 목소리가 적지 않았 고, 코로나 이후의 시대인 포스트 코로나 시대에 있어 공무원 인재 개발 추진전략 을 새로이 마련해야 할 필요성이 대두되었다.

2) 사용 방법론

본 연구는 탐색적 연구이자, 질적연구방법이 적용되었다. 왜 탐색적 연구에 해 당하고, 질적연구방법을 기반으로 연구가 수행되었는지 생각해보면, 기존 연구와 문헌에 의존하지 않고 하나의 문제에 대해 탐색을 진행했다는 점에서 탐색적 연구 유형에 해당한다고 할 수 있을 것이고, 이러한 연구유형은 양적연구방법으로는 수 행하기 어렵고, 이해 공백에 대한 이론 및 도구를 개발하고자 한다는 점에서 질적 연구방법으로 수행된 것으로 생각해 볼 수 있을 것이다.

사용된 자료수집방법으로는 초점집단 인터뷰(FGI)가 사용되었다. 초점집단 인 터뷰를 시행하는 데 있어 진행자(Moderator)는 논의를 주도해야 하며 인터뷰 참여 자로 하여금 본인의 견해를 자유롭게 밝힐 수 있도록 해, 집단사유(Group Thinking) 의 문제를 사전 해결해야 할 필요가 있을 것이다.

3) 시사점

본 연구에서는 인재개발 진단 및 평가를 위한 이론, 방법, 모형 등의 내용을 기반으로 전반적인 부처형 인재개발진단 방식과 상시학습제도와 관련한 제도개선 방안과 부처별 인재개발 자가진단 체크리스트를 통해 정부 내 각 부처별 인재개발 실행-운영 활동을 단일 준거로 비교-평가할 수 있는 객관적 공통 측정도구 개발을 제시하였다. 본 연구를 통해 4차산업혁명의 핵심 요소인 빅데이터의 대중화가 점차 진행되는 현재의 환경에서, 신속-자동-비간섭적 빅데이터 기반 평가 체제의 기반을 마련해 나가는 주춧돌로서 작용할 것을 기대해 볼 수 있을 것이다.

3. 논문요약

I. 서론

공공영역의 인재개발 전략은 인적자본과 사회적 자본의 개발 및 효율적 관리를 통해 지식을 수집–창출–축적하고, 나아가 지식을 공유하고 활용함으로써 개인의 발전과 국가경쟁력을 강화하는 국가 및 사회의 총체적 노력으로 개념화하는 것이 중요하며, 뉴노멀 및 무경계위험사회 시대에서의 행정 및 정책 환경의 변화와 이에 대한 대응책으로서의 공공영역 구성원들의 인재개발의 중요성이 더욱 증대되고 있는 상황임을 고려해 보았을 때, 다양한 국가적·사회적·정책적 위기를 대처해야 하는 중앙인사기관 및 인재개발 담당부서의 발전적 진화가 필요하다. 또한, 국가인적자원개발적 관점에서 첨단기술의 활용은 전 세계적으로 발생하는 보편적 현상이므로 AI·빅데이터·클라우드 등을 활용한 협업역량의 강화와 포용적, 혁신적 미래정부 실현을 위한 공무원들의 자기주도 학습동기와 전략의 재정립이 필요한 시점이라고 할 수 있고, 최근의 인사영역의 디지털 트랜스포메이션의 발전양상과 더불어 코로나 19 패러다임에 기반한 위기관리 및 변화관리적 시각을 고려했을 때, 글로벌 민간 영역의 전략적 인재개발(Strategic HRD)의 관점과 한국 공공영역의 근본적 인재개발의 이론적 틀을 제공해 왔던 국가 인적자원개발(National HRD) 간의 혼합형(hybrid형) 접근방식이 더욱 요청된다. 이러한 Strategic HRD 및 National HRD 접근 방식을 동시에 취하는 융복합적 관점에서 포스트 코로나 시대의 공무원 인재개발 추진전략의 필요성과 함께 사회적으로 요청되는 비대면, 부처별 자율형 인재개발제도의 내용 및 구체적인 진단 방식과 내용에 대해 알아보도록 하겠다.

Ⅱ. 포스트 코로나 시대 공무원 인재개발 추진전략 : 원격형 자기주도형 상시학습제도

포스트 코로나 시대에 있어 새롭게 공무원 인재개발 추진전략을 마련해야 하는 필요성과 시급성은 다음과 같이 요약해 볼 수 있다. 첫째, 코로나로 인한 팬데믹 현상은 단순히 지나가는 유행성 전염병이 아닌 인간 사회 삶의 전반을 흔들어 놓는 변화의 시발점으로 작용하였고 포스트 코로나, 뉴노멀, 언택트 등의 새로운 패러다임의 대두로 이전과는 달라진 조직, 업무, 학습 환경 등 인간 사회 전반의 새로운 기준과 이를 지원할 수 있는 체계에 대한 논의가 지속되고 있다. 둘째, 포스트 코로나 시대에 개인 학습자의 자율적인 자기주도적 학습이 더욱 필요해질 것이다. 성공적인 상시학습제도 개편을 위해서는 교수학습모형, 개별 학습자들이 지닌 고유한 요구를 충족하기 위한 지능형 오픈 플랫폼 재설계 및 이를 시행하기 위한 제도적 지원체계 마련이 필요하다. 셋째, "일–학습"의 연속적·순환적 과정 지원 체계가 필요하다. 포스트 코로나 시대의 교육은 에듀테크의 접근성, 연결성, 확장성, 저장성을 극대화하여 기존의 면대면 교육의 형태를 넘어 업무와 분리되지 않은 교육을 실행하는 방향이 필요하다. 이전까지 인사혁신처가 주관해 온 교육이 승진 또는 훈련시간 충족을 위한 대면 위주의 집중 프로그램으로 진행되는 과정이었다면 코로나 사태 이후에는 언택트 패러다임에 맞는 학습 생태의 구축이 필요하며, 포스트 코로나 시대 학습자는 적절한 수준의 동기를 가지고 업무와의 연속선상에서 학습을 수행해야 할 것으로 기대되는 바, 이에 교육적 처방과 더불어 제도적·절차적 체제를 마련하여 일과 학습을 연계할 수 있는 시스템적 지원이 필요하다고 볼 수 있다.

Ⅲ. 포스트 코로나 시대 공무원 인재개발 추진전략: 부처 자율형 인재개발 수준진단 및 평가제도

1. 부처 자율형 인재개발 수준진단 및 평가제도의 의의

인사혁신처는 공무원의 인사 · 윤리 · 복지에 관한 사무를 관장하기 위한 부처로서 공무원들의 교육 및 재교육을 담당하는 중추 기관의 역할을 수행하며, '상시학습제도'를 도입하여 연간 100시간의 학습 시간을 보장하고 역동적인 학습 조직으로서의 공무원 조직 문화를 구축하기 위하여 노력하고 있으나, 현행 상시학습제도는 의무교육과 자발적 비정형학습이 100시간을 기점으로 분절되어 있고, 대부분 직무 연결성이 높은 자발적 개별학습에 대해서는 상시학습제도로 인정받지 못하고 있다. 연간 이수해야 하는 시책 교육과 더불어 정형학습에 대한 높은 피로도를 해소하기 위해 공무원 집단에서는 멘토링, OJT, 개인 학습 등 비정형 학습과 같은 새로운 형태의 학습 인정에 대한 수요가 다수 존재하기 때문에, 정부 내 각 부처별 인재개발 실행-운영 활동을 단일 준거로 비교-평가할 수 있는 객관적 공통 측정도구를 개발하고 이를 활용하여 국가 공무원 HRD-HRM 총괄 기관인 인사혁신처의 총괄적 의사결정을 지원하고, 각 부처 인재개발 기능 간 상호 벤치마킹을 통한 형성적 경쟁력 제고 기제를 구축할 수 있도록 기틀을 마련할 필요가 있다.

각 부처별 인재개발 분야 자가진단도구 및 지표 개발을 위해 기존의 분석방법과 분석대상, 그리고 분석 시 활용한 기준 등을 검토하고 한계점 및 발전방향 등을 검토해야 할 필요가 있다. 성과지향성, 관리가능성, 지속가능성 등을 기준으로 하는 부처별 자가진단 체크리스트 개발과 진단도구 및 지표의 타당성 및 객관성 확보를 위해 민간-공공 영역에서 활용하는 양적인 데이터를 수집한 후 비교분석이 필요하다. 또한, 융합적 관점에서 기존 인사혁신진단 지표 중 인재개발영역 지표를 참고하여 보다 정교한 증거기반 정량연구 및 부처별 맞춤형 정성적 지표개발 연구를 지향해야 할 필요가 있다.

2. 부처 자율형 인재개발 진단 및 평가지표 개발의 필요성

공공 조직 내 인재개발 혁신의 추진 현황을 점검하기 위해 적용되고 있는 세부 지표들은 수용성과 확산성을 높이기 위한 인사혁신처의 대표 진단지표로서 의미 있는 역할을 할 수 있도록 평가·진단지표로서의 우수성을 지속적으로 확보, 제고 시켜 나가야 한다. 이러한 관점에서, 평가·진단지표로서의 우수성을 확보하기 위해 지표 개발에 있어 구체적으로 1) 타당성, 2) 신뢰성, 3) 식별성, 4) 수용성, 5) 실용성 등의 요소가 고려되어야 한다(유민봉, 박성민, 2015). 이러한 5가지의 진단 및 평가의 기준들은 새로운 인재개발 수준 진단지표의 개발은 물론 현재 지표들의 개선작업에 있어서도 동일하게 적용될 수 있고 이러한 기준들의 충족 여부(정량적 관점) 및 충족 정도(정성적 관점)에 따라 진단도구의 장·단점을 판단해보고 향후 개선 방향을 제시해 볼 수 있다. 연차별로 일원화, 집중화, 획일화된 인재개발 분야 진단 및 평가 방식으로는 현재 다양화되고 상시화, 원격화되고 있는 인재개발 접근 방식과 접목시키기가 어려울 뿐 아니라 교육·학습의 성취도, 진행도, 활용도, 적용도 등을 세밀하게 살펴보는 데 다음과 같은 한계가 있다고 판단된다.

첫째, 하향식(top-down), 일방향적(one-way), 결과 지향적, 총괄적(summative) 방식을 통한 연차별, 부처별 인재개발 만족도와 인재육성 노력도, 인재개발 실적 등을 판단하는 데 한계가 있을 수 있다. 둘째, 이러한 정부기관 및 공무원 교육기관들에 대한 종합진단지수 및 지표 구성에 있어 정량적·계량적(quantitative) 관점에서 주요 진단기준을 설계하는 방식은 근본적으로 평가의 타당성과 수용성, 식별성 등에서 약점을 가지고 있고 무엇보다 부처별 자율성과 독립성, 그리고 유연성을 인정하지 못하는 경우가 많아 상시학습제도 및 부처별 맞춤형 교육·훈련 프로그램의 진단, 평가에 적합하지 않을 수 있다. 셋째, 부처별 특성과 내·외부 환경적 요인들을 충분히 고려하지 않고 인재개발 평가절차가 진행되거나 평가과정에 있어 내부 구성원들의 시각과 요구를 고려하는 환류기능이 미흡한 경우에는 현재의 진단방식을 조금 더 부처친화형으로 바꾸어 나갈 필요가 있다. 특히, 인재개발진단과 평가에 있어 과정점검 절차가 미흡한 제도가 존치되는 경우, 절차적·과정적 진단지표의 내용이 미흡한 경우, 혹은 부처별, 유형별 맞춤형 컨설팅 기능이 제대로 순환되지 않는 경우 진단제도, 진단지수, 진단지표에 대한 전반적인 신뢰성과 타당성, 수용성이 낮아질 가능성이 높다. 넷째, 코로나19 시기를 겪으며 상시 급변하는 상황들을 대비, 대응하는 인재개발 영역의 위기관리적 측면에서 현재의 접근방식과 인재개발시스템은 미래형 인재개발 기술 및 전략과의 정합성 측면에서 약점을 보일 가능성이 높다. 다섯째, 곧 도래할 포스트 코로나 패러다임 하에서 교육훈련 평가방식의 개선을 통한 부처 내 학습제도의 효과성 제고에 주문형, 수요자형, 상시맞춤형, 유비쿼터스형, 교육－평가 연동형 요구가 지속적으로 제기될 가능성이 높다. 예를 들면, 자기주도형 비정형학습 및 상시학습제도의 활성화, 가상·증강현실 기술을 통한 체험식, 실험식 역량교육·훈련 강화, 국가 인재개발 지능형 오픈 플랫폼의 활성화 및 내재화 등에 대한 준비가 필요한 시점임에도 불구하고 현재의 인재개발 진단 지표 및 평가제도로는 미래가치적 측면을 수용하기 어렵다고 판단된다. 이러한 문제의식과 현재 인재개발 진단제도의 한계점들을 보완하기 위한 보다 구체적인 방안들을 도출하기 위해 아래와 같이 전문가 초점 집단 인터뷰(Focus Group Interview)를 실시하고 도출 내용들을 다양한 관점에서 분석하였다.

IV. 부처별 인재개발 및 상시학습 자가진단 도구개발을 위한 전문가 초점 집단 인터뷰(FGI: Focus Group Interview)

1. 초점 집단 인터뷰 개요

1) 인터뷰 목적

본 연구에서는 시뮬레이션 차원에서, 사전적으로 부처의 인재개발 및 상시학습제도 자가진단 체크리스트의 적정성, 성과지향성, 관리가능성, 지속가능성을 점검하기 위해 행정학 전문가를 대상으로 초점 집단 인터뷰를 시행하였다. 앞서 살펴본 인재개발 진단 및 평가를 위한 이론과 방법, 모형 등의 내용을 기반으로 하여 현재 실시, 진행되고 있는 민간 및 공공영역 인재개발진단지수를 살펴보면서 민간영역 인재개발 분야 혁신 사례들을 참고하여 전반적인 부처형 인재개발진단 방식과 상시학습제도와 관련한 인터뷰 질문지 문항을 개발, 적용하였다. 특히 〈부처별 인재개발 수준진단 및 상시학습 자가진단 도구〉에서 반드시 다루어야 할 지표가 무엇인지, 이를 실제 적용할 때 주의해야 할 사항이 무엇인지에 대해 점검하여, 〈부처별 인재개발 및 상시학습 자가진단 체크리스트〉 시행의 적실성을 높이고자 하였다. 행정학 분야 인재개발학 전공자 3인에 대한 인터뷰를 중심으로 내용들을 정리, 분석하였다. 이러한 FGI 결과를 종합하여 다음과 같은 부처별 인재개발 자가진단 체크리스트 유형표를 개발, 제시하고자 한다.

〈표 6-7〉 부처별 인재개발 자가진단 체크리스트 구성 및 유형

	구성유형	세부유형		가중치		평가대상
				A형	B형	개인/부서/조직
1	설문형	• 리커트 척도(Likert Scale) • 개방형(Open-ended) 질문		20%	20%	개인별/부서별 /기관별
2	인터뷰형	• MBO형(목표대비 달성도(%)) -동료형(90도 피드백: 동료평가) -팀원형(360도 피드백: 팀원)		50% (MBO 30%, 인터뷰형 20%)	30% (MBO 15%, 인터뷰형 15%)	개인별/ 부서별
		• 본인, 부서장 및 기관장 인터뷰				
3	정량 측정형	계량적	이수율, 월별/분기별/연도별 (%)/자체실적진단(이수실적, 활용실적, 편성실적, 활성화 실적 등)	10%	20%	개인별/ 부서별
4	SCM 기반 정성 측정형	SCM(Success Case Method 우수사례 기술방법)	상시학습 우수사례 경진대회로 대체 ① 상시학습 이수도 측정 ② 일-연계 학습정도 측정	20%	30%	부서별

V. 결론: 부처별 인재개발 및 상시학습 수준 진단도구 개발 및 활용 방안

1. 상시학습 수준 진단도구 제안

본 연구에서는 인재개발 진단 및 평가를 위한 이론, 방법, 모형 등의 내용을 기반으로 하여 전반적인 부처형 인재개발진단 방식과 상시학습제도와 관련한 제도 개선 방안을 제시하고자 한다. 특히 〈부처별 인재개발 수준진단 및 상시학습 자가진단 도구〉를 개발하기 위하여 CIPP모형과 커크패트릭의 4단계 평가모형을 응용하여 과정 지향적 지표와 결과 지향적 지표들을 적절히 혼합하여 부처별 자가진단 체크리스트 항목에 제시하고자 하였다.

첫째, 평가모형적 관점에서, 공무원 인재개발을 위한 교육훈련의 효과를 측정하기 위한 진단 · 평가 모형으로서 1) 과정 지향적 모형과 2) 결과 지향적 모형을 함께 고려, 적용하였다. 과정 지향적 평가모형인 CIPP모형은 거시적인 프로그램 체계를 바탕으로 프로그램에 관련된 세부적, 미시적 구성요소들을 진단 및 평가 대상으로 하고 프로그램 실행과 적용에 관련된 다양한 내 · 외부적 상황적 요인들을 고려, 제어하여 프로그램 각 단계에 대한 평가와 그 결과를 점진적이고 지속적으로 관리할 수 있게 설계된 모형이라 할 수 있다. 반면, 결과지향적 모형인 커크패트릭(Kirkpatrick)의 4단계 평가모형은 교육 프로그램의 성과를 평가의 수준과 내용에 따라 반응(Reaction), 학습(Learning), 행동(Behavior), 결과(Result) 등의 4단계로 구분하여 제시하면서 각 단계별 평가 결과들을 상호 연계하여 전반적인 프로그램의 효과성 진단과 평가를 도모하게 하는 모형이라 할 수 있다(신형재, 2018). 둘째, FGI 인터뷰의 답변내용들 중 부처별 인재개발 및 상시학습 반응 및 활용도 측면에서, 1) 학습에 대한 필요성 제고전략 수립, 2) 학습목표의 구체화, 3) 사전적 점검을 위한 인재개발 정책실험, 4) 학습유형의 확대, 5) 상시학습제도의 내재화를 위한 학습조직문화 형성 등을 고려하여 가중치를 설정하였다. 셋째, 부처별 인재개발 및 상시학습 성취도 측면에서, 1) 다양한 공급자와 다각화된 교육 콘텐츠 제공, 2) 학습역량 및 지식활용역량 자체에 대한 교육 필요, 3) 개인역량 맞춤형 부처별 상시학습계획 수립, 4) 정기적, 비정기적 성과점검 체크리스트 필요, 5) 경력개발과의 연계성 강화 등의 내용을 고려하여 가중치를 설정하였다. 넷째, 부처별 인재개발 및 상시학습 현업활용도 측면에서, 1) 필요역량을 반영한 프로그램 개발, 2) 학습 조직의 활성화, 3) 모범사례 선정 및 공유 활성화, 4) 빅데이터 및 AI 기능을 접목한 자율형 직무중심 학습 프로그램 추천 플랫폼 구축 등의 내용을 고려하여 가중치를 설정하였다. 다섯째, 부처별 인재개발 및 상시학습 성과 기여도 측면에서, 1) 수요자 설문 및 인터뷰를 기반으로 하여 pre-test와 post-test를 통한 전후비교법 적용(동일한 평가기준으로 교육훈련 전과 후에 나타난 변화를 정량적, 정성적으로 비교, 기록, 추이분석을 시도함으로써 특정한 교육훈련의 효과를 평가하는 방법), 2) 학습모델링 및 OJT 활용, 3) 상시학습 피어리뷰제(peer review) 도입 등의 내용을 고려하여 가중치를 설정하였다.

2. 부처 자체 인재개발 수준진단 도구 마련

하단의 예시로 제시한 표와 같이 부처별 인재개발 자가진단 체크리스트를 통해 정부 내 각 부처별 인재개발 실행-운영 활동을 단일 준거로 비교-평가할 수 있는 객관적 공통 측정도구 개발을 제시해 보았다. 이를 통해 1) 국가 공무원 HRD-HRM 총괄 기관인 인사혁신처의 총괄적 의사결정을 지원하고, 2) 각 부처 인재개발 기능 간 상호 벤치마킹을 통한 형성적 경쟁력 제고 기제를 구축하는 것이 포스트 코로나 시대의 인재개발 전략으로서 매우 중요하다고 할 수 있다. 향후 다양한 설문 기법(360도 평가, Kirkpatrick 4단계 평가 등)을 위주로 하되, HRD-HRM 시스템으로부터 직접 추출 가능한 성과 지표를 통해 자기보고식 설문의 문제를 보완하고, 나아가 신속-자동-비간섭적 빅데이터 기반 평가 체제의 기초를 마련해 나가는 것을 제안한다.

〈표 6-8〉 부처별 인재개발 및 상시학습 반응도 및 활용도 평가 체크리스트

개요	• 부처별 인재개발 및 상시학습의 효과적 활용을 위한 방안은? • 부처별 인재개발 및 상시학습을 효과적으로 활용하기 위한 관리적 방안은? • 부처별 인재개발 및 상시학습을 제도화하기 위한 방안은?
평가 학목	가. 부처별 인재개발 및 상시학습 기반 교육훈련의 활용목표 달성도 진단 나. 부처별 인재개발 및 상시학습 기반 교육훈련의 직무수행 관련성 진단 다. 부처별 상시학습 이수비율(%), 이수실적 및 이수도(pass/fail test)진단 라. 부처별 인재개발 및 상시학습 할당 시간 비율 진단 마. 부처별 인재개발 및 상시학습 기반 교육훈련의 내용 타당도 진단 바. 부처별 인재개발 및 상시학습 기반 교육훈련 플랫폼의 기술적 수월성 진단 사. 부처별 인재개발 및 상시학습 기반 교육훈련의 활용도 우수 활동 사례진단

평정
기준

가. 부처별 인재개발 및 상시학습 기반 교육훈련의 활용목표 달성도 진단(15점)
나. 부처별 인재개발 및 상시학습 기반 교육훈련의 직무수행 관련성 진단(15점)

인터뷰형	• MBO형(목표대비 달성도(%)) –동료형(90도 피드백 : 동료평가) –팀원형(360도 피드백:팀원) • 본인, 부서장 및 기관장 인터뷰	50% (MBO 30%, 인터뷰형 20%)	30% (MBO 15%, 인터뷰형15%)	개인별/ 부서별

다. 부처별 상시학습 이수비율(%), 이수실적 및 이수도(pass/fail test)진단(10점)
라. 부처별 인개재발 및 상시학습 할당 시간 비율 진단(10점)

정량 측정형	계량적	이수율, 분별/분기별/연도별(%)/자체실적 진단(이수실적, 활용실적, 편성실적, 활성 화 실적 등), 이수도 등	10%	20%	개인별/ 부서별

마. 부처별 인재개발 및 상시학습 기반 교육훈련의 내용 타당도 진단(10점)
바. 부처별 인재개발 및 상기학습 기반 교육훈련 플랫폼의 기술적 수월성 진단(10점)

설문형	Likert Scale 5점/7점 척도 open–ebded 문항	20%	20%	개인별/부서별/기관별

사. 부처별 인재개발 및 상시학습 기반 교육훈련의 활용도 우수 활동 사례 진단(30%)

없음	미흡–보통	보통–우수	우수–탁월
0점	1–10점	11–20점	21–30점

평가근거 : 부처별 제출 자료/인터뷰 자료/ 설문자료/ 우수사례 자료 등
가중치 (예시)** A,B그룹:0.5 / C,D그룹:1.5

4. 언론사례와 영화분석

소방공무원, 교육훈련 시간 못 채우면 승진 못한다[27]

연합뉴스, 김기훈 기자, 2022.01.02.

앞으로 소방공무원이 정해진 교육훈련 이수 시간을 채우지 못하면 승진 임용이 제한된다. 또 5년 주기로 소방공무원 교육훈련의 장기적 비전을 제시하는 기본계획이 수립되고, 신규 임용자의 교육훈련이 현장 중심으로 대폭 강화된다. 소방청은 이 같은 내용 등을 골자로 하는 '2022년도 소방공무원 인재 개발 계획'을 수립·시행한다고 2일 밝혔다. 이번 인재 개발 계획은 소방공무원의 현장 대응력 강화에 초점을 두고 마련됐다. 계획에 따르면 소방청은 우선 교육훈련 이수 시간 승진 반영 제도를 도입한다. 이를 위해 소방청은 교육기관 교육, 직장훈련, 위탁교육, 사이버교육, 자기 개발학습 등 모든 교육훈련을 계량화하고, 직무·지역별 업무 부담에 따라 '이수해야 할 교육훈련 시간'을 차등 적용할 계획이다. 소방청은 올해 상반기 제도 초안을 마련하고, 하반기 시험 운영을 거쳐 내년 관련 법령을 정비하기로 했다. 소방청은 또 계급·직무별 요구 역량 분석을 토대로 교육과정을 표준화·등급화하고 직무 분야별 승진경로에 따른 교육훈련 이수 체계를 확립할 방침이다.

• • • •

27) https://bit.ly/3UqzDCY(원문출처)

공무원 교육, 빅데이터 기반 맞춤형 자기주도 학습으로[28]

인사혁신처 보도자료, 2022.06.15.

빅데이터를 기반으로 맞춤형 학습콘텐츠를 제공하는 지능형 인재개발 플랫폼 서비스가 내년부터 모든 중앙행정기관에 제공된다. 인재개발 플랫폼은 인공지능, 빅데이터 기술을 기반으로 공직 내·외의 다양한 콘텐츠를 맞춤형으로 연계·제 공하는 새로운 공무원 온라인 학습 체계다.

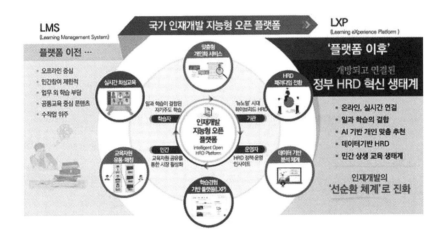

먼저, 빅데이터 분석을 통해 교육담당자에게는 직무 분야·직급 등 학습자 특 성에 따른 학습현황을 기초로 맞춤형 교육계획을 수립하는 등 데이터에 기반한 정 책 수립을 지원한다. 공급자에게는 콘텐츠 선호도와 학습 유형 등 국가공무원의 학습 경향에 대한 정보를 제공해 수요자 중심의 콘텐츠 제작을 유도한다. 학습자 는 자신의 학습현황은 물론, 동료 학습자와 비교·분석해 제공되는 정보로 학습 동

● ● ● ●

28) https://bit.ly/3ONzJDb(원문출처)

기를 높이면서 자기주도 학습을 할 수 있다. 직무·관심 분야·학습 이력·유사 집단 등을 고려한 개인별 학습자원을 추천, 일과 학습을 자연스럽게 연결할 수 있고 새로운 지식을 쉽고 빠르게 접할 수 있게 된다.

정부·민간 콘텐츠 등 다양한 학습자원이 인재개발 플랫폼을 통해 연계된다. 이를 통해 학습자는 100만 건 이상의 정부·민간 우수 콘텐츠를 자유롭게 학습해 전문성을 키워나갈 수 있다.

다이 하드 4.0 Live Free Or Die Hard, 2007

장르 : 액션, 스릴러 | 개봉 : 2007.07.17. | 감독 : 렌 와이즈먼 | 출연 : 브루스 윌리스 외

영화줄거리

전 세계를 휩쓸어버릴 디지털 테러와의 전쟁!

7월 4일 미국의 독립기념일, 컴퓨터 해킹 용의자 매튜 패럴(저스틴 롱)을 FBI본부로 호송하던 존 맥클레인. 매튜 패럴의 집으로 들이닥친 괴한들의 총격을 받고 가까스로 목숨을 건진다. 정부의 네트워크 전산망을 파괴해 미국을 장악하려는 전 정부요원 토마스 가브리엘이 자신의 계획을 저지할 가능성이 있는 모든 해커들을 죽이는 동시에 미국의 네트워크를 공격하기 시작한 것이다. 천신만고 끝에 목숨을 건졌지만, 미국의 교통, 통신, 금융, 전기 등 모든 네트워크가 테러리스트의 손아귀에 들어가고, 미국은 공황 상태에 빠진다. 테러리스트를 막기 위해 뉴저지로 워싱턴으로 버지니아로 숨 막히는 추격전을 벌이는 가운데, 가브리엘이 존 맥클레인의 딸 루시를 인질로 잡고 마는데…

출처 : 네이버 영화

사례

작중 토마스 가브리엘(티모시 올리펀트 분)은 미국 국방부 재직 당시 국방부 네트

워크 보안의 취약점을 지적하며, 해당 사안에 대하여 대비를 해야 할 것을 제안하나, 거절당한다. 이에 원한을 품고 가브리엘은 미국 연방 국내 모든 네트워크를 대상으로 디지털 테러를 자행한다.

생각해볼거리

1. 작중 미 국방부 관료들은 네트워크 보안의 중요성을 인지하지 못하고 가브리엘의 제안을 무시하고 만다. 교육훈련을 통하여 예측 불가능한 미래의 문제 및 환경에 대하여 대응성을 높일 수 있는가? 가능하다면 어떠한 방식으로 이루어져야 하는가?

2. 2007년의 시대적 배경을 고려했을 때, 당신이 만약 미 국방부 교육훈련 담당자라면 보안취약점 관리와 같은 모호하나 중요한 문제에 대한 교육훈련을 어떻게 설계 및 진행할 것인가?

5. 토론문제

1. 다양한 학습콘텐츠를 공급하더라도, 학습자의 관점에서 업무와 학습을 병행하는 것은 쉽지 않을 것으로 생각된다. 현재에도 공공부문에서는 E-Learning, 자기개발휴직제 등의 다양한 학습문화를 촉진하기 위한 제도를 시행하고 있다. 하지만 이러한 제도가 실제적 효과를 나타내지 못하게 하는 장애요인이 무엇인가? 또한, 조직관리자로서 상시 학습을 시행하는 데 있어 자기 주도 학습 동기를 어떻게 유발할 수 있는가?

2. 현장에서 직접 직무 관련 사항을 교육하는 OJT형 교육훈련은 추상적이지 않고 실제적인 내용을 교육자에게 전달할 수 있는 장점이 있으나, 우수한 상관이 우수한 교수자가 아닐 수 있다는 점, 일과 훈련 모두 소홀히 할 수 있는 가능성이 제시된다는 점에서 우려된다. 반면 Off JT형 교육훈련은 전문적 훈련을 위한 교수자가 실시한다는 점, 교육생은 업무부담에서 벗어나 교육과 훈련에 대하여 전념할 수 있으므로 교육의 효과가 클 수 있다는 장점이 있으나, 교육훈련 결과를 현장에 바로 적용 및 활용하기 어렵다는 점이 단점으로 제시되는바, 조직관리 측면에서 조직 내 상시화할 수 있는 인재개발 및 학습 방안에는 무엇이 있는가? 대안을 제시해 보시오.

3. 본 연구는 초점집단 인터뷰(FGI : Focus Group Interview)를 사용하여 시행된 연구다. 초점집단 인터뷰를 시행하는 데 있어, 참여 대상자를 어떻게 표집해야 초점집단 인터뷰 대상자 표집의 대표성 문제를 해결할 수 있는가? 표집 이후 인터뷰를 시행하는 데 있어 진행자(Moderator)는 어떠한 역할을 수행해야 하는가?

Chapter 7.

조직성과

정부조직 내 하이브리드근무만족도, 리더십, 성과 영향관계 연구

(오수연, 김성엽, 박성민, 2022)

공공봉사동기와 조직몰입이 혁신행동에 미치는 영향 연구

(이지혜, 박성민, 2021)

「현대사회와 행정」 제32권 제3호(2022) : 1~38

정부조직 내 하이브리드근무만족도, 리더십, 성과 영향관계 연구

저자 : 오수연, 김성엽, 박성민
Peer Reviewer : 오수연

1. 서평

유은지(성균관대학교 박사 후 연구원)

"정부조직 내 하이브리드 근무만족도, 리더십, 성과 영향관계 연구"는 포스트 팬데믹 이후 가속화된 디지털 전환(digital transformation)과 이를 기반으로 하는 다양한 근무형태가 실제로 업무와 조직성과에 어떠한 영향을 미치는가를 확인한 시의 적절한 연구이다. 기존에도 탄력 및 유연근무, 영상회의, 스마트워크센터를 통해 언제, 어디서나 유연하게 근무할 수 있는 환경이 조성되었으나, 팬데믹을 거치면서 민간조직뿐 아니라 공공조직에 재택근무와 원격근무 등 '일하는 방식'의 혁신이 확산되었다. 아울러 일상으로 돌아오면서 이러한 '일하는 방식'의 변화를 지속할 것인지를 주제로 많은 논의들이 전개되고 있다. 구체적으로 일하는 방식의 변화가 조직문화, 효율성, 성과 등에 어떻게 영향을 미쳤고, 이를 어떻게 관리해야 하는지에 관한 논의가 현재까지도 이루어지고 있다. 이러한 배경하에서 '공공조직의 변화된 일하는 방식과 성과의 관계'를 살펴본 해당 논문은 주제의 시의적절성과 유의미성이 높은 연구이다. 더불어 단순히 하이브리드 근무 빈도나 경험여부가 아니라 이에 만족도를 측정한 점은 개념과 측정 간의 타당성을 높이려는 노력이라고 할 수 있다.

한편, 추가적인 독립변수와 매개변수를 발굴하여 검정하는 노력 또한 주목할 만한 지점이다. 단순히 일하는 방식이 성과에 미치는 영향을 규명한 것이 아니라 직무 특성인 업무의 양과 자율성에 대한 인식이 양자를 매개한다고 설정한 점은 업무방식과 업무특성에 따라 성과가 상이할 수 있다는 상황론적 관점을 적용한 현실적합성이 높은 모형이라고 생각이 된다. 아울러 업무방식에 대한 만족도와 함께 성과에 영향을 미칠 수 있는 요소 가운데 하나로 리더십을 제시하는 과정에서 많은 선행연구를 고찰하고, 정리했다는 점은 체계적인 연구의 면모를 볼 수 있는 부분이다.

더불어 하이브리드 형태의 자율적인 업무방식이 업무량 및 업무자율성을 통해 업무 및 조직성과에 영향을 미친다는 가설을 검증한 결과는 포스트 팬데믹 시대를 맞이해 기존의 일하는 방식으로 회귀하려는 관성에 경각심을 불러일으키고, 지속가능한 혁신의 필요성을 다시금 깨닫게 하는 유의미한 발견이다. 조직은 관성(inertia)을 가지고 있기 때문에 새로운 변화에 저항하면서 익숙한 방식이나 과거의 모습으로 회귀하려는 특성을 지닌다. 팬데믹 시대를 맞이해 불가피하게 도입된 디지털 전환과 하이브리드 업무방식 지속에 대한 찬반이 존재하는 가운데 해당 논문의 결과는 혁신을 촉진하는 동시에 업무의 특성에 맞게 적절히 활용해야 한다는 현실적인 함의를 제공해준다.

마지막으로 전체적인 논문의 구조가 매우 짜임새 있다는 점은 연구자들이 다수의 연구를 심도깊게 살펴본 결과이다. 이를 토대로 해당 신진 연구자들의 역량을 엿볼 수 있었다. 이상에서 논의한 바와 같이 해당 연구의 저자들은 시의적절한 주제를 선정하고, 기존의 논의에서 영향요인을 추출하여 검증하고, 그 결과를 조리 있게 기술하는 역량을 갖추었으며, 이는 향후 촉망받는 학자로 성장할 수 있는 밑거름이 될 것이다.

해당 연구를 발전시킬 수 있는 조언을 이론과 가설, 모형, 결론을 중심으로 논하자면 다음과 같다.

첫째, 해당 연구의 주요 연구질문은 "하이브리드 업무(만족도)와 리더십이 업무특성을 매개로 하여 업무 및 조직성과에 영향을 미치는가?"이다. 이를 위해서는 하이브리드 업무와 관련된 유연근무, 재택근무, 원격근무에 대한 논의와 업무 및 조직성과에 관한 논의뿐 아니라 이러한 일하는 방식 및 리더십과 업무특성의 관계, 업무특성과 조직성과의 관계에 대한 이론적 논의가 요구된다. 이러한 이론적 논의가 탄탄하게 뒷받침될 때 연구자들이 제시한 가설과 이를 토대로 한 분석결과가 더욱 설득력을 얻을 것으로 보인다. 아울러 업무성과와 직무성과에 영향을 미치는 다양한 요인들 가운데 업무방식과 리더십, 업무특성을 선정한 이유를 구체적으로 기술한다면, 가설과 모형의 타당성을 높일 수 있으리라 생각된다.

둘째, 모형과 관련하여 기존의 연구들은 일반적으로 업무방식, 업무특성, 리더십을 동일한 독립변수로 삼고, 조직성과를 독립변수로 설정하였는데, 해당 연구는 업무특성을 이들을 매개하는 변수로 제시했다는 점이 주목할 만한 부분이다. 다만, 업무특성을 매개변수로 선정한 근거를 이론이나 선행연구를 통해서 제시할 필요성이 제기된다. 아울러 추후의 연구에서는 업무특성과 리더십을 독립변수, 하이브리드 업무의 만족도를 조절변수로 설정하여 업무 및 조직성과에 미치는 영향을 규명해볼 것도 제안한다. 왜냐하면 직무 본연의 특성(업무량이나 자율성)에 따라 업무방식이 성과에 어떠한 영향을 미치는가를 규명하는 것은 업무특성과 업무방식의 상호작용이 성과에 미치는 영향을 확인할 수 있다는 점에서 유의미하기 때문이다.

마지막으로 해당 논문이 이론적인 함의를 제공하기 위해서는 분석결과에 대한 단순한 기술보다는 관련 문헌과 일화들을 토대로 한 의미부여 작업이 필요하다. 아울러 유의미하지 않은 결과에 대해서도 현상이나 자료를 토대로 해석하려는 시도가 연구의 질을 높여줄 것이라 조언한다.

2. 시놉시스

1) 연구의 배경과 문제의식

최근 재택근무, 스마트워크센터, 영상회의, 전자결재, 유연근무제 등 근무방식은 다양해지고 있다. 하지만 전통적인 사무실에서 벗어난 하이브리드형 근무형태가 조직과 구성원에게 미치는 영향을 실증적으로 규명한 연구는 매우 희귀하다. 이에 본 연구에서는 하이브리드 근무만족도와 리더십이 성과에 미치는 영향을 검증하였으며 직무특성의 매개효과를 확인하였다.

2) 연구가설 및 모형

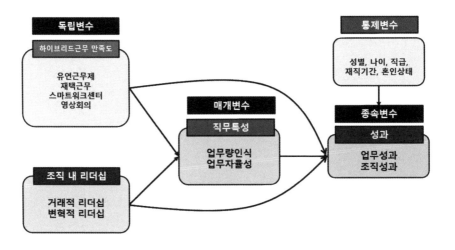

3) 사용 방법론

구조방정식 모형 분석을 통해 하이브리드 근무만족도, 리더십(거래적·변혁적 리더십)이 성과(조직성과, 업무성과)에 미치는 영향관계를 규명하였다. 이러한 영향 관계에서 직무특성(업무량인식, 업무자율성)의 매개효과를 확인하기 위해 AMOS 부트스트래핑을 실시하였다.

4) 시사점

최근 '일 잘하는 정부구현, 일하는 방식 대전환, 유연하고 효율적인 정부체계 구축, 역량 있는 공직사회 실현'과 같은 국정과제에 발맞춰 시의적절한 주제를 연구했다는 점에서 의의가 있다. 효율적인 정부 구현 과정에서의 공직문화 및 공직근무 혁신의 학문적·실무적 기여도를 고려했을 때 본 연구가 주는 다양한 시사점과 함의점들을 분석결과를 통해 실증적으로 제시하는 것은 중요하다고 할 수 있다.

3. 논문요약

I. 서론

 정부는 최근 공직사회 업무 생산성 제고를 위해 일 잘하는 정부구현, 일하는 방식의 대전환, 디지털플랫폼정부 혁신 생태계 조성, 유연하고 효율적인 정부체계 구축, 역량 있는 공직사회 실현 등을 주요 국정과제로 제시하였다. 또한 조직 연구의 궁극적인 목표가 조직의 성과를 향상시키는 것임을 고려할 때 성과에 영향을 미치는 요인을 이론적으로 탐구하고 실증적으로 규명하는 것은 조직연구의 핵심이라 할 수 있다(김다경·엄태호, 2014). 이에 본 연구에서는 공직사회의 성과로 조직성과(Organizational performance)와 개인 직무차원의 업무성과(Job performance)를 함께 살펴보고자 한다. 특히나 최근 MZ세대 공무원 비율 증가로 인한 공직 내 전반적인 분위기 전환과, 한국형 직위분류제적 요소 도입과 같은 한국 공직사회의 맥락을 고려할 때, 거시적·조직별·집단적 관점에서 조직성과뿐만 아니라, 미시적·직무별·개인적 관점에서 개인의 업무성과를 제고할 수 있는 선행요인을 규명하는 것이 유의미한 시점이라 할 수 있다.

 한편 2020년부터 이어진 코로나19의 장기화로 인해 '일 하는 방식'에 있어서 대대적인 변화가 발생하고 있다. 하지만 전통적인 사무실에서 벗어난 하이브리드형 근무형태가 과연 조직과 구성원에게 긍정적 영향을 미쳤는지, 오히려 일과 삶의 경계가 무너지고 업무부담 증가와 같은 역효과가 발생하지는 않았는지 실증적으로 검증해볼 필요가 있다.

 행정학계에서도 유연근무제, 재택근무, 원격근무와 같은 근무제도에 대한 연구가 활발히 이루어져 왔으나, '일하는 방식'의 혁신 관점에서 근무제도의 영향을 살펴본 연구는 중요성에 비해 부족하다. 기존의 행정학·정책학 분야에서는 '일-

가정 양립' 정책의 관점에서 유연근무제를 조망하는 연구와(고재권, 2016; 김선아 · 김민영 · 김민정 · 박성민, 2013; 이수연 · 김효선, 2019; 정혜진, 2022), '정보통신기술' 관점에서의 스마트워크제(권윤성 · 남승하, 2021; 김화연 · 오현규, 2018; 유지성 · 김구민, 2022)를 살펴본 연구가 독립적으로 진행되어 왔다. 이에 본 연구는 '일 하는 방식 개선' 및 '근무혁신'의 관점에서, 유연근무제와 스마트워크를 아우르는 '하이브리드 근무형태'를 종합적으로 살펴본다는 점에서 기존 선행연구와 차별성을 지닌다 하겠다. 이러한 차별성을 바탕으로, 일 잘하는 정부로 거듭나기 위해 근무혁신의 관점에서 공무원의 성과를 높이기 위한 선행요인은 무엇인지 규명하고자 한다.

II. 이론적 논의 및 선행연구 고찰

2장에서는 이론적 논의와 선행연구 검토를 통해, 종속변수인 조직성과, 업무성과, 독립변수인 하이브리드 근무만족도, 거래적 리더십, 변혁적 리더십, 매개변수인 업무량인식과 업무자율성에 대해 개념적 · 조작적 정의를 진행하였다. 특히 공공부문 조직성과의 측정 방식에 관한 충분한 논의를 통해 본 연구에서 조작화하는 개념의 타당성을 높이고자 했다. 또한 종속변수인 성과(업무성과, 조직성과)의 결정요인으로서 하이브리드 근무만족도, 리더십, 직무특성 요인을 선정한 배경을 설명하기 위해, 주요 조직 진단모형을 비교분석하여 성과에 영향을 미치는 공통요인을 도출함으로써 연구모형의 이론적 배경을 뒷받침하고자 하였다.

아울러 하이브리드 근무만족도의 개념적 정의를 위해 유사한 제도인 유연근무제와 스마트워크를 검토하였으며, 선행연구를 분류화하여 제시함으로써 유연근무제 및 스마트워크 연구와는 구분되는 하이브리드 근무의 차별성을 강조하였다.[29]

• • • •

29) 이 외에도 본 연구에서는 직무특성(업무량인식, 업무자율성), 리더십(거래적 리더십, 변혁적 리더십)에 대한 이론적 논의와 선행연구 검토를 진행하였으나, 본 챕터에서는 조직성과에 관한 내용을 중점적으

1. 조직성과(Organizational Performance), 업무성과(Job Performance)

조직성과(Organizational Performance)는 조직의 미션과 비전, 성격, 목적, 활동영역 등에 따라 다차원적으로 정의될 수 있으며(Boyne, 2003), 조직 효과성(Organizational Effectiveness), 능률성, 효율성, 형평성(equity), 공정성(fairness) 등 다양한 관점에서 개념화할 수 있다. 정부부문의 경우 내재된 공공성(publicness)으로 인해 조직성과를 정의하고 측정하기 어려운 경향이 있으며, 민간부문에서 이윤의 관점에서 성과를 정의하는 것과 달리, 하나의 보편적 · 객관적 기준으로 구체화하거나 측정하기 어렵다는 특징이 있다(Brewer & Selden, 2000: 688; 김태연 · 조원혁, 2021). 하지만 70~80년대 세계적 경제위기를 극복하기 위한 공공부문 개혁과, 신공공관리론의 등장으로 공공부문에도 시장성, 경쟁, 효율성, 고객만족을 강조하는 패러다임이 형성되었고, 공공부문의 효과적인 관리가 조직성과를 제고한다는 시각이 대두되었다. 학자들의 논의를 종합해보면 공공부문의 조직성과의 경우, 모든 조직에 대해서 공통적으로 적용할 수 있는 기준이 없기 때문에(Brewer & Selden, 2000), 어떤 기준을 선택하느냐에 따라 성과를 측정하는 방식이 상이해지며, 따라서 학계에서 공공부문 성과를 측정하는 방법은 크게 세 가지 유형으로 진행되어 왔다. 첫째, 민간조직에서 주로 활용되는 방법으로, 재무지표, 영업이익 등 객관적 · 경제적 지표를 활용하여 측정하는 방법이다(Cambell, 1977; 박성민 · 김선아, 2015). 이러한 방법은 이윤과 같은 경제적 효과성 측면의 성과가 중요한 일부 시장형 공기업의 조직성과를 측정할 때 유용하지만, 정책의 형평성 · 공정성 및 행정서비스 만족도와 같은 비가시적인 성과를 측정하기에는 한계가 존재하며, 이에 대다수의 공공부문에 일반적으로 적용하기 힘들다는 지적이 있다(김석규 · 이영균, 2015; 박현욱, 2020). 둘째, 조직효과성 이론과 조직 구성원 행태적 관점에서, 조직목표 달성에 긍정적 영향을 미치는 조직 구성원의 직무태도로 측정하는 방법이 있다. 개념화 · 조작화가 어려운 공공

••••

로 다루었다. 직무특성과 리더십에 관한 자세한 논의사항은 논문 원문을 통해 확인 가능하다.

부문의 조직성과를 직무만족, 직무몰입, 조직몰입, 조직시민행동, 이직의도와 같은 대리지표를 활용하여 측정함으로써 측정이 용이하다는 장점이 있으나(권경득, 2005; 김석규·이영균, 2015; 윤재희·이상완·김순기, 2012), 조직성과를 정확하게 대표하지 못한다는 단점이 있다(박현욱, 2020). 셋째, 최근에는 조직 구성원의 주관적 인식을 통해 조직성과를 측정한 연구들이 다수 존재하며(Choi & Rainey, 2010; Ko et al, 2013; 남승하, 2008; 박정호·이도석, 2015; 송윤애·남승하, 2021; 고재권, 2016; 박현욱, 2020), Brewer & Selden(2000)와 Dess & Robbinson(1984)에 따르면 객관적인 조직성과와 조직 구성원들이 인지한 조직성과의 상관관계가 높다는 사실을 알 수 있다(박현욱, 2020). 따라서 본 연구에서는 연구의 대상이 가시적인 경제적 성과뿐만 아니라 비가시적인 형평성·공정성 또한 중요한 성과로 여겨지는 중앙정부기관이라는 점과 조직효과성과 관련한 대리지표가 정확히 조직성과를 정확히 대표하지 못한다는 사실을 고려하여 마지막 관점인 조직 구성원의 인식을 통해 조직성과를 측정하고자 한다.

다음으로, 개인성과, 직무성과와 유사한 개념으로 사용되는 업무성과(Job Perfor-mance)는 조직 구성원들의 업무 혹은 직무와 관련하여 조직에서 기대하는 정도와 실제 달성 정도를 비교한 결과를 의미한다(한용준 외, 2015). 업무성과는 특정 직무를 담당하는 구성원에게 요청되는 공식적 역할의 결과로, 목표달성 정도, 생산성, 효과성, 성취율, 적응력, 효율성 등 다양한 차원에서 개념화할 수 있다 (Pincus, 1986; Tett & Meyer, 1993; 최규현·임준형, 2020). 업무성과에 대한 국내·외 학자들의 연구를 살펴보면, 업무성과란 조직 구성원이 실현하고자 하는 일의 바람직한 상태, 혹은 목표를 달성할 수 있는 정도(Tett & Meyer, 1993), 조직 구성원이 업무를 성공적으로 수행 및 달성한 정도(김문성·박성철, 2011; 서은혜, 2018), 조직 구성원이 개별 단위직무의 목적 달성을 위해 수행한 과업활동의 효과성(송윤애·남승하, 2021) 등으로 정의되고 있다. 이에 본 연구에서는 업무성과를 조직 구성원이 담당 업무에서 요구하는 성과를 달성하고 있는 정도, 성과 달성에 대한 책임성 등으로 측정하고자 하였다.

한편, 조직성과와 업무성과에 영향을 미치는 요인으로는 조직 외부환경, 조직 미션·비전, 기능·구조, 프로세스, 인력, 행태·문화 등 다양한 요소가 존재하지만, 본 연구에서는 인사·조직관리의 관점에서 인사제도 요인, 리더십 요인, 그리고 직무특성 요인을 중점적으로 살펴보고자 한다. 2011년 행정안전부는 각 부처가 효율적이고 성과중심적인 조직으로 거듭날 수 있도록 조직관리역량을 제고하기 위해 조직진단 매뉴얼을 개발하였으며, 전략, 조직구조, 업무수행, 인사제도, 관리체계, 의사소통과 같은 조직내부역량 진단 항목을 제시하였다(행정안전부, 2011). 이는 해당 조직 내부요인을 통해 조직성과와 직무효율성 등을 제고할 수 있다고 본 것이다(서인석·이유현·김정훈, 2019). Weisbord는 조직진단을 위한 여섯 상자(Six-Box)모델에서 조직 목적(목표), 구조, 관계, 보상, 리더십, 지원 장치 등 여섯 가지 조직요인을 제시하였으며, 여섯 가지 중 어느 한 면에만 중점을 두어서는 안된다고 제시하였다(행정자치부, 2005). 또한 주요 조직진단 모형을 비교해보면, 모델에 관계없이 주요 항목은 구조, 프로세스, 인력, 행태 및 문화 등으로 유사하며 그 강조점이 조금씩 다르다는 사실을 알 수 있다(행정자치부, 2005). 이러한 논의를 바탕으로 본 연구에서는 관리체계·지원장치에 해당하는 하이브리드근무만족도, 전략·리더십에 해당하는 거래적·변혁적 리더십, 그리고 업무특성·과업요건에 해당하는 직무특성 요인이 성과에 영향을 미치는 주요 선행요인일 것이라는 가설을 도출하였다.

〈표 7-1〉 주요 조직 진단모형 비교

진단모형 명칭	환경	미션	기능 및 구조	프로세스	인력	행태 및 문화	산출
Leavitt의 다이아몬드 모형	–	과업	구조	기술	–	구성원	–
Weidbord의 여섯상자 모형	–	목표	구조	관계, 지원 메커니즘	관계	관계, 보상, 리더십	–

진단모형 명칭	환경	미션	기능 및 구조	프로세스	인력	행태 및 문화	산출
Nadler의 적합모형	환경, 자원, 전통	업무	공식조직	–	인력	비공식조직	산출
Tichy의 TPC 모형	외부환경	미션, 전략	과업, 조직 과정	네트워크	사람	–	–
Burke-Litwin의 모형	외부환경	미션, 전략	구조	시스템	과업요건, 기술능력 일치	리더십, 문화, 경영관행, 분위기, 동기부여, 가치	성과
Mckinsey의 7S모델	–	전략	구조, 운영체제	기술	인적자원	스타일, 공유가치	
Harrison의 모형	환경, 투입, 체제행태	목적	구조	기술	–	행태 및 과정, 문화	산출
OAI의 조직평가지표	–	–	업무설계성격, 부서구조성격, 조직구조배치	부서내관계, 부서간관계	업무내용, 개인차이	업무설계	부서 성과
Porras와 Robertsom의 모형	환경	목표, 전략	공식구조, 소유구조	기술적요인, 관리정책, 관리체계	–	사회적 요인, 보상체계	–

자료: 행정자치부(2005). 05년 진단·혁신관리 매뉴얼. p.19

2. 하이브리드근무만족도

2020년부터 본격화된 코로나19 상황으로 재택근무와 사무실근무가 혼용되며 하이브리드근무(Hybrid Work, Hybrid Office)라는 용어가 민간부문에서 사용되기 시작하였으나, 현재까지 행정학·정책학 분야에서 학술적으로 활발히 논의되지는 않았다. 하지만 하이브리드근무의 개념이 전통적인 사무실에서의 근무와, 사무실 외의 공간에서의 근무가 섞인 혼합형 근무체계이며, 근무 시간 및 장소 측면의 혁신이라는 개념을 고려했을 때, 하이브리드근무와 유사한 제도로 유연근무제, 스마트워크 등을 논의할 수 있다.

〈표 7-2〉 유연근무제 유형 및 개념

유형	근무형태 및 개념
탄력근무제	-근무형태: 주40시간 근무하되 출퇴근시각·근무시간·근무일을 자율조정 -개념: 1일 법정 근무시간인 8시간의 근무체제를 유지하면서, 공무원 스스로 　　　자신의 출근시간을 결정할 수 있게 하는 제도(인사혁신처, 2022)
재량근무제	-근무형태: 근무시간, 근무장소 등에 구애받지 않고 구체적인 업무성과를 토대로 　　　근무한 것으로 간주 -개념: 실제 근무시간을 따지지 않고 기관과 공무원 개인이 별도로 정한 시간을 　　　근무시간으로 간주하는 제도로, 고도의 전문적 지식과 기술이 필요해 업무 　　　수행방법이나 시간 배분을 담당자의 재량에 맡길 필요가 있는 분야에 　　　적용하는 제도(인사혁신처, 2022)
원격근무제	특정한 근무장소를 정하지 않고 정보통신망을 이용하여 근무 1) 재택근무형 -근무형태: 사무실이 아닌 자택에서 근무 -개념: 정보통신기술을 활용하여 부여받은 업무를 집에서 수행(인사혁신처, 2022) 2) 스마트워크근무형 - 근무형태: 자택 인근 스마트워크센터 등 별도 사무실에서 근무 -개념: 정보통신기술을 활용하여 부여받은 업무를 주거지 또는 교통요지에 마련된 　　　장소(스마트워크센터 등)에서 수행(인사혁신처, 2022)

자료: 인사혁신처 예규 제134호(2022.5.30.); 인사혁신처, 「국가공무원 복무·징계 관련 예규(2022년 5월 30일 시행()」 제4장 유연근무제, p.28.

다음으로 '스마트워크'란 정보통신기술을 이용하여 시간과 장소에 제약 없이 언제 어디서나 일할 수 있는 유연한 근무방식을 의미하며, '스마트워크 근무'란 특정한 근무 장소를 정하지 않고 정보통신망을 이용하여 업무를 수행하는 것으로, 재택근무, 스마트워크센터 근무, 이동(모바일) 근무를 포함한다(행정안전부, 2022). 즉, 스마트워크의 핵심은 근무자가 ICT기술을 기반으로 물리적인 회사 장소에 있지 않더라도 재택근무, 스마트워크센터, 스마트오피스 등을 활용하여 효율적으로 업무를 수행한다는 점이며(남수현·노규성·김유경, 2011; 박기호·김연정, 2013, 이효주·김재형·박성민, 2020), 이는 민간부문에서 논의되는 하이브리드근무와 유사한 개념으로 이해할 수 있다.

한편, 코로나19를 기점으로 근무방식의 전면적인 변화가 이뤄지고 있음에도 불구하고, '일하는 방식'의 혁신 관점에서 근무제도의 영향을 살펴본 연구는 중요성에 비해 부족하다. 행정학·정책학 분야에서도 유연근무제, 재택근무, 원격근무와 같은 근무제도에 대한 연구가 활발히 이루어져 왔으나, 연구의 흐름은 크게 두 가지로 진행되고 있다. 첫째, 일–가정 양립, 친가족정책, 일과 삶의 균형(WLB) 정책의 관점에서 유연근무제를 조망하는 연구와(고재권, 2016; 김선아·김민영·김민정·박성민, 2013; 이수연·김효선, 2019; 정혜진, 2022), 둘째, IcT기술을 기반으로 하는 스마트워크에 대한 연구이다(권윤성·남승하, 2021; 김화연·오현규, 2018; 유지성·김구민, 2022). 즉, '일–가정 양립' 관점에서의 유연근무제에 대한 연구와, '정보통신기술' 관점에서의 스마트워크에 대한 연구가 독립적·개체적으로 이루어지고 있는 실정이다. 이에 본 연구에서는 '일하는 방식 개선' 및 '근무혁신'의 관점에서, 전통적인 사무실 출근과 대별되는 다양한 근무방식(유연근무제, 재택근무, 스마트워크센터, 영상회의)을 포괄하는 개념으로 '하이브리드근무'를 정의하고자 한다. 아울러 본 연구에서 하이브리드근무활용도가 아닌, 하이브리드근무만족도로 변수화하는 이유는 첫째, Covid–19라는 특수상황으로 하이브리드근무가 의무화되었으며 이로 인해 하이브리드근무활용도가 일시적으로 높아졌을 가능성이 있기 때문이다. 둘째, 스마트워크센터 이용 및 운영 지침(행정안전부 예규 제91호) 및 국가공무원 복무·징계 관련 예규(인사혁신처, 2022)에 따라 스마트워크센터 이용 적합 직무 예시가 제시되어 있으며, 따라서 각 공무원의 담당 업무에 따라 하이브리드근무 활용이 불가능한 경우가 있기 때문이다. 셋째, 다수의 선행연구에서 인사·조직관리 제도의 단순한 시행과 참여만으로는 구성원의 직무만족이나 조직성과에 직접적인 영향을 미치지 않으며 구성원들이 실제로 만족도와 같은 효용을 느꼈을 때 유의한 영향을 미침을 확인하고 있다(민경률·박성민, 2013; 이수연·김효선, 2019). 이러한 제도적 맥락을 고려하여 본 연구에서는 하이브리드근무횟수가 아닌 만족도로 연구하고자 한다.

Ⅲ. 연구설계 및 분석결과

　본 연구는 한국행정연구원에서 실시하고 있는 「공직생활실태조사」[30]를 활용하여 하이브리드근무만족도와 조직 내 리더십(거래적 리더십, 변혁적 리더십)이 직무특성(업무량 인식, 업무자율성)을 매개로 성과(업무성과, 조직성과)에 미치는 영향을 살펴보고자 한다. 가설을 검증하기 위해 개인차원의 특성이 될 수 있는 성별, 나이, 직급, 재직기간, 혼인상태를 통제변수로 설정하였다. 2021년 공직생활실태조사 조사대상자는 총 4,133명이며 표본 모두를 본 연구에서 활용하였다. 구체적으로 조사대상자는 46개 중앙부처, 17개 광역자치단체에 소속된 일반직 공무원이다(중앙부처 공무원 1,890명, 광역자치단체 공무원 2,243명).

　표본의 인구통계학적 특성을 살펴보기 위해서 SPSS 26.0 프로그램을 활용하여 기술통계 분석을 실시하였으며, 측정변수들에 대해 SPSS 26.0과 AMOS 26.0을 활용하여 분석하였다. 첫째, 본 분석 이전에 요인분석을 통해 연구변수의 타당성을 검증하고 신뢰도분석을 통해 설문문항의 일관성을 검증하였다. 또한, 전체 분석 모형의 관점에서 관찰변수와 잠재변수의 관계를 확인하기 위해 확인적 요인분석을 실시하였다(이지현·김수영, 2016). 둘째, 상관관계 분석을 통해 연구변수 간 관련성을 확인하였다. 셋째, 구조방정식 모형을 통해 연구가설을 검증하고 변수 간의 관계성에 대해 검증하였다. 마지막으로 하이브리드근무만족도와 조직 내 리더십이 성과에 미치는 영향관계에서 직무특성(업무량 인식, 업무자율성)의 매개효과를 검증하기 위해서 AMOS 부트스트래핑 매개효과 분석을 실시하였다. 변수구성 설문문항과 가설검증 결과는 아래의 표로 제시하였다.

· · · ·

30) 본 연구는 한국행정연구원에서 생산된 자료를 활용하였으며, 한국행정연구원 연구자료 관리규칙에 의거 사용허가를 받았다.

〈표 7-3〉 변수구성과 설문문항

구분			문항	
독립 변수	하이브리드 근무만족도		5-3	유연근무제
			6-1	재택근무
			6-2	스마트워크센터
			6-3	영상회의
	조직 내 리더십	거래적 리더십	19-1	나의 상급자는 목표가 달성될 경우 내가 받게 될 보상/이익에 대해 잘 이해시켜 준다.
			19-2	나의 상급자는 업무성과에 따른 보상/이익을 얻기 위해 내가 어떻게 해야 하는지를 구체적으로 알려준다.
		변혁적 리더십	19-4	나의 상급자는 내가 미래에 지향해야 할 확고한 비전을 제시해 준다.
			19-5	나의 상급자는 내가 열심히 일할 수 있도록 동기를 부여한다.
			19-6	나의 상급자는 내가 새로운 시각에서 업무를 수행할 수 있도록 장려한다.
			19-7	나의 상사는 나 자신이 스스로 개발해 나가도록 도와준다.
매개 변수	직무 특성	업무량인식	1	귀하는 평소 업무량에 대해서 어떻게 생각하십니까?
		업무 자율성	4-1	나는 업무수행 방식/절차에 대한 선택권을 가지고 있다.
			4-2	나는 업무수행 속도/마감시간을 조절할 수 있다.
			4-3	나는 업무수행 평가지표/기준 마련에 참여할 수 있다.
종속 변수	성과	업무성과	26-1	나는 담당업무에서 요구되는 성과를 달성하고 있다.
			26-2	나는 담당업무의 성과를 달성하기 위해 책임을 다한다.
			26-3	나는 담당업무와 관련되어 있는 조직 및 타 기관, 이해관계자로부터 요구되는 성과를 달성하고 있다.
		조직성과	24-1	우리 기관은 비용절감을 하고 있다.
			24-2	우리 기관의 성과는 꾸준히 향상되고 있다.
			24-3	우리 기관 성과의 질은 개선되고 있다.

〈표 7-4〉 공분산구조분석결과

	경로	Estimate	S.E.	C.R.	P	결과
가설 1-1	업무량인식 → 업무성과	0.194	0.017	11.65	***	채택
가설 1-2	업무량인식 → 조직성과	0.092	0.013	6.931	***	채택
가설 2-1	업무자율성 → 업무성과	0.175	0.019	9.15	***	채택
가설 2-2	업무자율성 → 조직성과	0.113	0.015	7.448	***	채택
가설 3-1	하이브리드근무 → 업무량인식	-0.271	0.02	-13.245	***	채택
가설 3-2	하이브리드근무 → 업무자율성	0.428	0.02	21.155	***	채택
가설 4-1	하이브리드근무 → 업무성과	0.297	0.019	15.94	***	채택
가설 4-2	하이브리드근무 → 조직성과	0.257	0.015	16.727	***	채택
가설 5-1	거래적 리더십 → 업무량인식	-0.024	0.032	-0.76	0.447	기각
가설 5-2	거래적 리더십 → 업무자율성	0.264	0.03	8.93	***	채택
가설 5-3	변혁적 리더십 → 업무량인식	0.017	0.033	0.524	0.6	기각
가설 5-4	변혁적 리더십 → 업무자율성	0.076	0.03	2.511	*0.012	채택
가설 6-1	거래적 리더십 → 업무성과	-0.073	0.027	-2.724	**0.006	기각
가설 6-2	거래적 리더십 → 조직성과	0.069	0.021	3.207	**0.001	채택
가설 6-3	변혁적 리더십 → 업무성과	0.239	0.027	8.834	***	채택
가설 6-4	변혁적 리더십 → 조직성과	0.238	0.022	10.906	***	채택
통제변수	성별 → 업무성과	0.047	0.019	2.506	*0.012	
	나이 → 업무성과	0.091	0.018	5.028	***	
	직급 → 업무성과	-0.03	0.014	-2.127	*0.033	
	재직기간 → 업무성과	0.014	0.009	1.49	0.136	
통제변수	혼인상태 → 업무성과	-0.005	0.022	-0.235	0.814	
	성별 → 조직성과	0.002	0.015	0.116	0.908	
	나이 → 조직성과	0.055	0.014	3.776	***	
	직급 → 조직성과	0.021	0.011	1.845	0.065	
	재직기간 → 조직성과	0.011	0.007	1.497	0.134	
	혼인상태 → 조직성과	0.031	0.018	1.719	0.086	

***.p<0.001, **.p<0.01, *.p<0.05

IV. 결론 및 함의

본 연구는 공직의 성과를 제고하기 위한 선행요인을 규명하기 위해 하이브리드근무만족도, 조직 내 리더십 변수를 살펴보았으며, 그 관계에 있어 직무특성의 매개효과를 분석하였다. 이는 공직에서 일하는 방식의 대전환이 공직 성과에 미치는 영향에 대한 실증적 분석이 부족했던 선행연구의 한계를 보완하였으며, 포스트 코로나 시대에도 근무혁신의 흐름이 지속되고 있는 현재에 시의적절한 연구라고 할 수 있다. 특히 업무량, 업무자율성의 매개효과를 살펴봄으로써, 공무원의 업무량과 업무자율성 인식에 일하는 방식의 전환과 리더십이 기여할 수 있는 방안을 제시했다는 점에서 실무적 함의가 있다. 아울러 직무특성이론을 연결하여 4차 산업혁명, 디지털트랜스포메이션과 같은 변화의 흐름에서 업무량 인식 및 업무자율성과 미래형 근무 형태의 관계를 설명하였다는 점에서 이론적 확장을 도모하였다.

분석결과를 요약하면 다음과 같다. 첫째, 하이브리드근무만족도는 업무성과 및 조직성과에 긍정적인 영향을 미치는 것으로 나타났다. 활용빈도가 낮더라도 조직 구성원이 적재적시에 하이브리드근무 제도를 활용하여 이를 통해 만족할 수 있다면 업무성과와 조직성과가 향상될 수 있으며, 따라서 조직 차원에서 하이브리드근무만족도를 높일 수 있는 방안을 마련할 필요가 있겠다. 아울러 하이브리드근무에 만족할수록 업무자율성을 높게 인식한다는 연구결과는, 직무수행 장소를 선택하는 데 부여된 재량권 또한 직무자율성의 한 유형으로 보는 선행연구(Barney & Elias, 2010)와 맥을 같이하며, 하이브리드근무에 만족할수록 업무량을 적게 인식하는 것은, 개인이 근무방식의 적절한 조절을 통해 업무효율성 및 생산성을 높인 결과로 이해할 수 있다. 향후 비대면 중심의 의사소통의 유형들을 분류화하고 다변화되고 있는 근무방식의 성공 및 실패사례들을 적극 수집하여 기관별 근무방식 설계의 최적화 방안들을 찾아나가는 것이 중요하다고 하겠다. 둘째, 리더십은 업무량 인식에 유의한 영향을 미치지 않는 것으로 났으나 업무자율성의 측면에서는 긍정적인 정(+)의 영향을 미치고 있었다. 또한 리더십의 유형에 따라 공무원 개인 업무성과와 조직성과에 있어 상이한 영향을 미치는 것으로 나타났다. 구체적으로, 리더십이 성과에 미치는 영향에 있어서 거래적 리더십이 개인 업무성과에 부정적인 부(−)의 영향을 미치는 것을 확인하였다. 즉, 거래적 리더십은 조직성과에는 긍정적인 영향을 미치지만 개인 업무성과에 있어서는 부정적인 영향을 미치는 것을 나타낸다. 반면, 변혁적 리더십은 개인 업무성과와 조직성과 모두에 긍정적인 영향을 미치고 있었다. 특히 개인 업무성과 측면에서, 거래적 리더십이 부(−)의 영향을 지니는 반면에 변혁적 리더십은 정(+)의 영향을 미치는 것으로 확인되는바, 개인성과 향상을 위해서는 공직에 있어서 보다 적극적인 변혁적 리더십의 발굴이 필요함을 확인할 수 있다. 특히 개인성과평가 관리적 측면에서 볼 때, 동료평가, 상시평가, 자가평가, 절대평가 등의 새로운 평가방식과 요소들을 적극 도입하여 변혁적 리더십의 지속가능성과 수용성을 높여나가는 것이 필요하다. 또한 리더십이 업무량 인식에 영향을 미치지 않는다는 분석결과는, 업무량에 대한 부담을 호소하는 공무원에게는 리더십 차원의 지원을 넘어서 다른 제도적·정책적 해결방식 등의 다각적 접근이 필요함을 시사한다. 셋째, 업무량 인식이 높을수록 개인 업무성과와 조직성과가 모두 증가하는 것으로 나타났다. 아울러 업무량 인식은 하이브리드근무만족도와 성과 간의 관계에서는 매개효과가 있었으나, 리더십과 성과 간의 관계에서는 매개효과가 유의하지 않은 것으로 나타났다. 넷째, 업무자율성이 높을수록 개인성과와 조직성과 모두 제고되는 것으로 나타났다. 또한 업무자율성은 하이브리드근무만족도와 성과 간의 관계에서 매개효과가 있었으며, 리더십과 성과 간의 관계에서도 매개효과를 지니고 있었다.

이러한 분석결과를 바탕으로 실무적·정책적 제언을 하면 다음과 같다. 첫째, 포스트코로나 시대에는 일하는 방식에 있어서 전면적인 전환이 예상되는바, 근무혁신이 공직 성과를 저해하지 않고 유능한 정부가 되는 데 기여하기 위해서는 정교한 직무분석을 바탕으로 하이브리드 근무방식 적용이 용이한 업무를 파악하고, 각 직무에 적절한 근무방식과 체감업무량을 분석할 필요가 있으며, 업무자율성이 보장되어야 한다. 둘째, 공무원의 인식하는 업무량에 대한 재조명이 필요하다. 본 연구에서 업무량이 많아질수록 업무성과 및 조직성과가 높아지는 것으로 나타났으나, 하이브리드근무만족도와 성과 사이에서 업무량 인식이 지니는 비일관적 매개효과 및 과도한 업무량이 초래하는 직무소진 등의 위험을 고려했을 때, 공직의 성과를 저해하지 않는 수준의 적절한 업무량이 각 공무원에게 배분되어야 할 필요성을 확인할 수 있다. 셋째, 공직 내 리더십 개발측면에서, 개인의 업무성과와 전반적인 조직성과 향상을 함께 도모할 수 있는 변혁적 리더십 역량개발이 필요하다. 이를 위해서는, 과장급 및 고위공무원단 역량평가 중 리더십 지표의 재설정 작업 및 리더십 평가체계 개선을 위한 근본적인 고민이 필요할 것으로 보인다.

4. 언론사례와 영화분석

기업들 재택근무 방식 변경하자…직원 "겉만 자율, 속은 감시" 반발

조선일보, 곽래건 기자, 2022.06.02.

IT 기업 카카오가 지난 30일 오는 7월부터 '메타버스 근무제'라는 새로운 원격 근무 방식을 도입하겠다고 발표했다가 직원들이 반발하자 하루 만에 '재검토하겠다'고 한발 물러섰다. 카카오는 코로나 유행 기간 재택근무를 대거 적용했다가 코로나가 한풀 꺾이는 조짐을 보이자 기존 재택근무 방식에 손을 댔는데 저항이 거셌던 것이다.

카카오뿐 아니다. 기업들이 코로나 충격에서 조금씩 벗어나면서 하나둘 코로나 이전, 즉 사무실 출근을 강조하는 체제로 회귀하고 있다. 포스코가 지난 4월부터 전면 출근에 들어갔고, LG나 현대자동차, 현대중공업 등도 재택근무 비율을 일제히 낮췄다. 지난달 잡코리아가 재택근무를 운용하는 중소기업 395곳을 대상으로 설문 조사한 결과, 46.8%가 "다시 사무실 출근으로 전환하고 있다"고 답했다. 이에 재택근무라는 '뉴노멀(New Normal)'에 익숙해진 직원들이 불만을 표출하고 있는 상황이다.

이런 마찰은 '재택근무 축소'를 추진하는 다른 기업에서도 나타난다. "재택근무 가능한 회사 어디 없냐"는 푸념이 직원들 사이에 자주 오갈 뿐 아니라, "앞으로 연봉뿐 아니라 재택근무를 하느냐도 (밀레니얼 세대의) 직장 결정 요인이 될 것"이란 전망도 있다.

해외에서도 비슷한 실랑이가 벌어진다. 애플이 올 들어 사무실 출근 일수를 늘리고 있는데 이 과정에서 AI(인공지능) 분야 핵심 연구 인력이 이를 비판하며 사표를 내 현지에서 화제가 된 바 있다. 일론 머스크 테슬라 최고경영자(CEO)는 지난달 직원들에게 "원격 근무를 하고 싶다면 사무실에서 최소 주 40시간을 일해야 한다. 그렇지 못하겠다면 나가라"는 이메일을 보냈다가 "시대착오적"이란 비난을 받기도 했다.

회사는 재택근무보다 전통적 출근 방식이 생산성이 높다고 보고, 근로자들은 그렇지 않다고 생각하는 게 이런 갈등 핵심 원인 중 하나다. 절충안을 통해 마찰을 최소화하려는 곳도 있다. 네이버는 7월부터 '주 3일 이상 출근'과 '주 5일 재택근무' 중 하나를 선택할 수 있게 했고, 게임 업체인 크래프톤도 재택과 출근을 병행할 수 있게 했다.

재택근무를 둘러싼 대립은 당분간 이어질 가능성이 높다. 재택근무 자체가 아직 초기 단계라 장단점에 대한 보완이 덜 이뤄졌기 때문이다. 고용부는 노동 현장에서 벌어지는 재택근무 혼란을 최소화하는 차원에서 2020년 한 차례 냈던 재택근무 종합 매뉴얼(가이드라인)을 다듬어 조만간 새롭게 발간할지 여부를 검토 중이다.

어벤져스: 엔드게임(2019)

장르 : 액션, SF | 개봉 : 2019.04.24 | 감독 : 안소니 루소, 조 루소 | 출연 : 로버트 다우니 주니어 외

인피니티 워 이후 절반만 살아남은 지구 마지막 희망이 된 어벤져스. 먼저 떠난 그들을 위해 모든 것을 걸었다! 시간여행의 발판을 마련한 어벤져스는 지난 5년간 뿔뿔이 흩어진 동료들을 찾아 나선다. 위대한 어벤져스 운명을 바꿀 최후의 전쟁이 펼쳐진다!
출처 : 네이버 영화

생각해볼거리

1. 어벤져스: '엔드게임'에서 재택근무, 원격근무 등의 요소를 발견할 수 있는가?

2. 영화 속에서 뿔뿔이 흩어진 동료들을 찾아 공동의 목표를 달성하는 과정이 그려진다. 창의적이고 고도의 작업을 수행하는 데 있어 하이브리드근무 제도가 가지는 강점과 한계는 각각 무엇일지 논의해보자.

5. 토론문제

1. 본 연구에서 실증한 영향관계에 대해 더욱 심층적으로 이해하기 위한 방안은 무엇일지 고민해보자.

- 심층 인터뷰 및 관찰기법과 같은 질적, 정성적 분석을 추가한다면 어떻게 설계할 것인가?
- 누구를 대상으로 어떠한 질문을 할 것인가? 근무혁신, 일하는 방식의 관점에서 현재 공직사회를 대상으로 어떠한 심층 인터뷰를 진행할지 질문들을 구조화해보자.
- 예를 들어 하이브리드근무만족도의 경우, 하이브리드근무가 용이한 직무가 있고 그렇지 못한 직무가 존재한다. 또한 하이브리드근무 활용이 강제된 것은 아닌지, 자유로운 분위기 하에서 공무원 개인이 하이브리드근무 제도를 자율적으로 활용하였는지 등을 파악할 필요가 있다.
- 공직 내에서 하이브리드근무의 활용이 어떻게 촉진되고 있는지, 강제되지는 않았는지, 직무별로 활용 수준의 차이는 없는지 등의 요소 외에도 고려할 사항이 있는가?

2. 본 논문에서는 하이브리드근무만족도가 높아질수록 조직성과 및 업무성과가 제고되는 것으로 분석되었다. 고도의 창의성을 요하는 업무에 있어서도 동일한 결과가 나올 것이라고 생각하는가? 위에서 제시된 언론사례와 함께 고민해보자.

3. 공직 내 성과에 대한 개념적, 내용적 타당성을 보완할 방법을 고민해보자.
- 본 연구에서 활용한 공직생활실태조사는 공무원이 인식하는 업무성과와 조직성과 설문 문항으로 구성되어 있기에, 변수 측정에 있어 재무성과와 같은

성과를 측정하는 객관적인 문항은 포함하지 못하였다.

− 공공부문의 성과는 정의에 따라 구체성과 범위가 상이하기에 연구목적에 맞게 적합한 측정문항으로 구성되어야 한다. 이를 보완할 방법을 고민해보자.

「사회과학연구」 제60권 제3호(2021) : 345~376

공공봉사동기와 조직몰입이 혁신행동에 미치는 영향 연구

저자 : 이지혜, 박성민
Peer Reviewer : 이지혜

1. 서평

박현욱(한국지방행정연구원)

이 책은 저에게 다양한 감정을 느끼게 해주었습니다. 먼저, 버지니아주 리치먼드의 한 도서관에서 밤낮으로 끙끙대며 박사 논문을 쓰던 시절이 생각이 납니다. 저의 박사 논문 역시 공무원 개인의 혁신행동이었기 때문입니다. 오늘날 행정환경은 저출산으로 인한 인구 감소 및 지방 소멸의 위기, 4차산업 혁명으로 인한 디지털 전환 등 다양한 격변적인 문제(turbulent problem)에 둘러싸여 있습니다. 이러한 상황에서 공공조직이 지속가능한 발전을 하기 위해서는 공공조직의 구성원의 혁신행동이 중요합니다. 이것은 저자가 제시하듯이 공공조직의 구성원들의 혁신적인 역량, 태도, 행동을 통해 지속가능한 방식으로 정책을 추진하고 정부혁신을 이룩할 수 있기 때문입니다.

책을 읽어나가면서 저자가 이 책을 만들기 위해 얼마나 많은 시간과 노력을 투입했다는 것이 생생하게 느껴져 문장 하나하나 쉽게 넘어갈 수 없었습니다. 특히 저자가 변수들을 설정하는 데 엄청난 양의 문헌을 읽어보았다는 것을 느낄 수 있었습니다. 조직 구성원의 혁신행동에 영향을 미치는 기제는 다양한 개인적, 상황적, 제도적, 인식적, 맥락적 요인들이 복잡하게 얽혀 있습니다. 저자 역시 이러한 인식을 바탕으로 개인의 사회친화적 동기(pro-social motivation)인 공공봉사동기, 긍정적인 정서인 조직몰입을 독립변수로 설정하고, 조직의 제도와 규칙에 대한 인식으로 분배 공정성 인식과 절차 공정성 인식, 상황적·맥락적 요인으로 변화관리에 대한 인식을 조절변수로 설정하였다고 생각합니다. 이러한 다양한 요인을 모두 고려하였다는 점에서 본 연구의 이론적 우수성을 느껴 문장을 한 땀 한 땀 정성스럽게 읽을 수밖에 없었습니다.

이 책은 같은 분야를 연구하는 사람인 저에게 많은 영감을 주었습니다. 연구결과를 바탕으로 인사관리의 방향성과 시스템 개선방안으로 제시한 내용은 저자가 공직사회 현실을 날카로운 시선으로 분석하고 있다는 느낌을 받았기 때문입니다. 이것은 저자가 다양한 공공조직을 분석하고, 그 안에서 공무원을 만나면서 얻은 인사이트라고 사료됩니다. 논문을 통한 정책적 시사점은 이렇게 현실을 정확히 분석하고, 실현 가능한 처방을 내려주어야 한다는 것을 이 책을 통해 다시금 느낄 수 있었습니다.

또한, 이 책은 다양한 독자를 만족시킬 수 있다고 생각합니다. 저와 같은 연구자뿐만 아니라, 학생들의 눈높이에도 맞게 쓰기 위해 저자들은 엄청난 노력을 들였을 것입니다. 이것은 이 책이 이론, 방법론, 통계기법, 이론적·정책적 시사점 등 연구 결과물이 갖춰야 할 부분을 신경 썼을 뿐만 아니라, 사례와 토론문제를 통해 학생들의 문제해결 능력과 창의력을 배양하기 위한 내용 역시 갖췄기 때문입니다. 특히, 영화와 행정학 이론 및 제도를 접목하는 것은 우수한 발상이라고 생각합니다. 행정학을 배우는 학생들은 행정학 이론이 이해하기 어렵고 따분하다 입버릇처럼 말하곤 합니다. 이러한 성격으로 인해 학생들이 수업 시간에 교과서나 논문으로 배운 내용은 금방 휘발되는 모습을 보입니다. 하지만 이렇게 영화와 이론을 접목하는 방식은 학생들이 행정학에 대한 흥미를 불러일으킬 수 있는 효과적인 방식이라고 생각합니다.

이 책이 많은 독자들과도 지적 대화를 나눌 수 있기를 고대합니다.

이 책은 논문의 흐름, 이론, 방법론, 통계분석 방법, 정책적 시사점 등 행정학 연구 결과물이 갖춰야 할 것들을 모두 갖췄기에 제가 이러한 글을 쓰는 것이 다소 두렵습니다. 하지만 같은 분야 연구자로서 연구의 발전을 위한 몇 가지 방안을 제시하고자 합니다.

첫째, 두 번째 파트인 '이론적 논의 및 선행연구 고찰'에서 보다 최신 연구를 제시하는 것을 제안드립니다. 본 연구에 사용된 변수들은 오랫동안 다수의 연구자들로부터 연구가 시행되어왔습니다. 이에 따라, 이론적 논의에 있어서는 클래식한 이론을 사용해도 무방하다고 생각합니다. 또한, 선행연구 역시 본 연구와 가장 핏(fit)이 좋은 내용을 사용했다고 생각합니다. 하지만, 이 책의 독자인 연구자들과 학생들이 최신의 이론과 선행연구를 접할 수 있게 선행연구를 보다 최신의 것들도 포함해주시면 좋겠다는 바람이 있습니다.

둘째, 본 연구에서 사용한 데이터 외에 다른 데이터(예, Federal Employee Viewpoint Survey, Merit Principles Survey 등)를 이용하여 본 연구를 replication 해보는 것도 좋을 것이라 사료됩니다. 또 다른 방식으로는 현재 모형에서는 중앙과 지방공무원 모두를 대상으로 분석을 실시하였는데, 이것을 중앙과 지방으로 나눠서 분석을 실시하거나 MZ세대 응답자만을 대상으로 분석을 시도해보는 것도 고려해 보셨으면 합니다. 특히 MZ세대들은 가치관, 성향 등에 있어 기존세대와의 차이점을 보입니다. 이에 따라, MZ세대들은 조직 내에 불합리, 불공정에 대한 저항이 높습니다. 이러한 점에 착안하여 연구를 실시한다면 인적자원개발 측면에서 다양한 시사점을 제시할 수 있는 논문이 될 것이라 사료됩니다.

아울러, 공공봉사동기를 최근에는 조절변수로 많이 사용하고 있습니다. 이에 따라, 분배 공정성과 절차 공정성을 독립변수로 설정하고, 공공봉사동기를 조절변수로 설정하는 식으로 모형을 재구성해서 연구를 실시하는 것을 고려해보시면 좋을 것 같습니다. 또한, 데이터가 있으시다면, 공공봉사동기를 4가지 하위 차원으로 나눠서 분석하는 것도 좋을 것 같습니다.

2. 시놉시스

1) 연구의 배경과 문제의식

복잡성과 불확실성을 가진 난제들에 직면한 대한민국 공공조직이 구성원들의 혁신역량을 통해 정부혁신을 이루어 낼 방안을 발견하고자 '좋은 혁신'의 논의를 기반으로 실효성 있는 인적 관리 방법을 찾고자 하였다.

2) 연구가설 및 모형

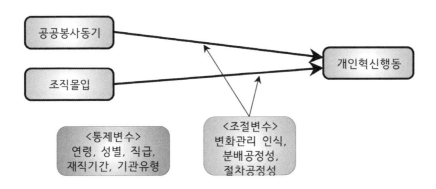

3) 사용 방법론

한국행정연구원 「2020년 공직생활실태조사」 데이터를 SPSS 22.0을 통해 위계적 회귀분석을 실시하였으며, 특히 상호작용항을 투입하여 변화관리인식과 분배·절차 공정성 변수들의 조절효과를 조절회귀분석으로 확인하였다.

4) 시사점

공공봉사동기와 조직몰입은 모두 개인혁신행동에 긍정적 영향을, 단계적으로 개인혁신행동에 미치는 영향력의 크기를 확인한 결과 변화관리인식과 조직몰입, 절차공정성과 조직몰입의 상호작용항이 유의한 것으로 나타났다.

본 연구는 구성원들의 동기와 태도가 개인 혁신적 행동에 영향을 미치며, 조직의 관리적 차원의 변수들이 이러한 관계에 영향을 미칠 수 있음을 확인하였다. 추후 변화나 위기 상황에서 적극적이고 선제적인 대응까지 가능하게 할 수 있는 혁신행동을 위한 구성원들의 인식이나 여론 등을 파악하고, 조직 관리적 변수들을 지속적으로 발견 및 개발할 수 있는 주요 정책적, 실무적 함의들을 제시하고자 하였다.

3. 논문요약

I. 서론

본 연구는 코로나19의 유행 및 복잡성과 불확실성이 가속화되고, 우리가 알고 있는 것 이외에 모르고 있다는 것을 아는 이른바 메타지식의 성찰적 시스템과 거버넌스가 필요한 상황에서 공공조직 내 혁신역량을 배양하여 궁극적으로 정부혁신을 추구하고자 그 방안을 분석하고자 한 연구이다. 정부혁신 과제들을 지속가능한 방식으로 추진하고 성과를 창출해 내기 위해 '좋은 혁신(Good Innovation)'에 대한 논의를 기반으로 높은 회복탄력성을 가질 수 있는 정부혁신역량을 갖추기 위한 인적 관리 방법을 찾고자 하였다.

이러한 관점에서 혁신행동은 개인과 조직의 성과향상을 위해 새롭고 유익한 아이디어를 도입하여 적용하는 활동(Janssen, 2003)으로 위기의 상황에서 새로운 기회를 만드는 역할을 한다. 이에 공공조직 특유의 개인의 성향으로 공공성과 긍정성을 담고 있는 공공봉사동기와 소속된 조직에 대한 긍정적 정서이자 이러한 정서가 반영된 태도라고 할 수 있는 조직몰입을 통해 조직 구성원들의 혁신행동을 위한 자발적 개선 의지(Griffin, Neal & Parker, 2007), 동기, 행태나 태도 등을 확인하고자 하였다.

한편, 구성원들의 조직에 대한 인식이나 분위기, 조직의 구성원들에 대한 처우, 접근방식 등을 배제한 채 개별구성원들의 태도나 동기만으로 혁신행동을 이끌어내기는 불가능하다. 혁신행동을 이끄는 주체는 조직 구성원들이지만, 이들이 조직의 제도나 규칙, 행동 등에 대해 인식하는 정도에 따라 상황 해결을 위한 적극적인 자세를 취할 수도 있으며, 반대로 소극적·수동적 태도를 보일 수 있기 때문이다. 이에 조직 차원에서의 변화에 적극적인 지원이나 지지에 대한 구성원들의 인식과 합리적이고 공정한 절차를 바탕으로 한 조직의 운영과 이에 대한 인식이 강조된다. 따라서 본 연구에서는 공공봉사동기와 조직몰입이 혁신행동에 미치는 영향을 분석하고, 구성원들의 공정성 인식과 변화관리 인식이 혁신행동에 미치는 영향력을 조절하는지에 연구하여 이론적·정책적 함의를 제시하고자 한다.

본 연구 질문을 실증적으로 검증하기 위해, 2장에서는 각 변수에 대한 정의와 관련이론, 선행연구를 검토하고 가설을 설정하며, 3장에서는 이를 바탕으로 연구모형을 설계한다. 4장에서는 한국행정연구원의 '2020년 공직생활 실태조사' 데이터를 활용하여 가설을 검증하고, 마지막으로 5장에서는 분석결과를 통해 시사점을 도출하였다.

II. 이론적 논의 및 선행연구 고찰

정부혁신을 위한 노력은 다각도에서 진행되고 있으며, 그중 일하는 주체인 구성원들의 개선을 위한 노력(김선아·박성민, 2016)의 측면에서 인사혁신이 특히 강조된다.

〈표 7-5〉 국내외 정부혁신을 위한 지표 및 방안

구분		지표 및 방안
국외	World Economic Forum (2011)	미래 정부혁신의 새로운 이정표를 "FAST"로 정의하면서 1) 평평한 정부 (Flat), 2) 민첩한 정부(Agile), 3) 간소한 정부(Streamlined), 4) 기술 활용 (Tech−enabled) 등 네 가지 요소를 정부혁신의 핵심축으로 제시
	OECD·EU (2017)	정부혁신을 위한 핵심 선결조건과 영역을 6개로 구분하고 지속가능한 공공 거버넌스 혁신과 열린정부의 효과성 극대화를 위한 개인의 직급별·직무별·수준별 역량을 강조
	국내	'디지털 이노베이션랩'을 구축하여 언택트 기술혁신 및 비즈니스 모델개발을 위한 혁신거점센터로 구축하고, 원격 헬스케어 플랫폼을 개발하는 등 한국판 뉴딜 TF를 구성하고 중점 프로젝트와 과제를 도출 및 시행(배영임·신혜리, 2020)

이러한 정부혁신을 위한 배경을 바탕으로 개인혁신행동에 대한 개념적 논의와 선행연구들을 검토하고, 독립변수인 공공봉사동기와 조직몰입의 개념 및 선행연구, 변수 간 관계에 대해 기술하였다. 이후 변화관리인식과 공정성인식의 조절효과를 살펴보고자 하였다.

〈표 7-6〉 각 변수의 이론적 논의 및 선행연구

구분	이론적 논의	선행연구
개인혁신행동	아이디어나 해결책을 제시하고, 신뢰와 타당성을 구축하여 실현가능한 모델이나 견본을 생산하는 등 조직의 이익을 위한 다양한 과정(Carmeli, Meitar & Weisberg, 2006)	• 조직특성 중 혁신지원적 조직문화가 혁신적 업무행동과 유의한 정(+)의 관계를 가진다는 점을 확인(김일천 외, 2004)
공공봉사동기	공공의 이익을 위한 이타적 동기이자 내재적 동기의 일종(Scheider & Vaught, 1993; 오화선·박성민, 2014)	• 내재적 요인이라는 점에서 내적동기가 강한 개인이 조직 변화에 더 긍정적이라는 연구(Peccei et al., 2011), 내재적 동기인 조직 구성원의 일에 대한 만족, 관심 등이 혁신행동에 긍정적인 영향을 준다는 연구(이문선·강영순, 2003) • 자발성을 가진다는 점에서 지침이나 지시에 따른 혁신행동이 구성원들의 수동적 자세를 야기하여 혁신에 부정적 평가를 보여주었다는 연구(허철행, 2002), 개인특성과 업무성과가 자신에게 달렸다고 생각하는 내적통제위치 소유자들이 자신의 능력에 확신을 가지고 혁신적 업무행동을 취한다는 연구(김일천·김종우·이지우, 2004)
조직몰입	조직 구성원이 조직을 자발적으로 떠나지 않으려는 심리상태(Mowday et al., 1979), 조직의 목표와 가치에 대한 신뢰와 동의, 조직을 위해 노력하려는 의지(Porter et al., 1974)	• 조직 행동 분야에서 구성원들의 태도나 행동을 설명하는데 주요 개념으로 역할 • 조직몰입 또한 조직공정성과 조직몰입 및 혁신적 업무행동 간의 구조적 인과관계를 분석한 연구(신황용·이희선, 2013)에서 조직몰입이 높은 집단에서 혁신적 업무행동과 유의미한 결과
변화관리인식	조직의 생존과 직결되는 변화관리는 변화로 인해 소요되는 시간이나 노력, 구성원들의 저항을 최소화하여 조직이 추구하는 목표를 최대화하는 것을 목표로 함(Lewin, 1951)	• 다양한 변수들의 상호작용과 유기적 관계를 고려하고 새로운 변화를 인적 하부구조와 어떻게 조화시키는가에 초점을 맞춰야 할 필요(Anderson & Anderson, 2001). • 혁신행동은 오로지 개인적 노력이나 역량에 달린 것이 아니라, 여러 요인에 영향을 받는다는 상호주의적 관점(Woodman, Sawyer, & Griffin, 1993: 294)

구분	이론적 논의	선행연구
분배·절차 공정성 인식	공정한 보상에 대한 기대감을 주며, 조직효과성 및 성과를 촉진하는 중요한 역할(박종주·류지원, 2006)	• 최소한 분배가 불공정하다고 지각하는 구성원의 혁신행동은 기대하기 어렵다고 주장(Jones, 2001)

III. 연구설계

1. 연구모형

　본 연구의 목적은 우리나라 중앙 및 지방정부 공무원들의 공공봉사동기와 조직몰입이 개인혁신행동에 미치는 영향관계를 실증적으로 분석하기 위한 것으로, 공공조직 구성원 개개인의 공공봉사동기와 조직몰입을 독립변수로, 이러한 동기나 태도의 긍정적 발현으로서 개인혁신행동을 종속변수로 설정하였다. 이와 함께 변화와 혁신을 위한 조직의 변화관리에 대한 구성원들의 인식과 사회교환이론에 근거한 분배공정성, 절차공정성 인식을 조절변수로 설정하였다.

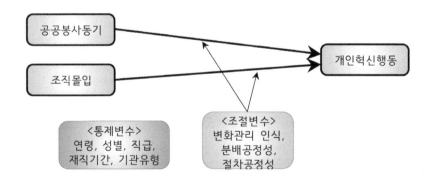

〈그림 7-1〉 연구모형

2. 자료수집·변수의 구성 및 분석 방법

본 연구는 한국행정연구원에서 제공하는 「2020년 공직생활실태조사」를 활용하여 46개 중앙행정기관과 17개 광역자치단체 본청 소속 일반직 공무원을 대상으로 실시한 설문결과 중 최종 4,339부의 표본을 실증분석하였다.

분석은 SPSS 22.0을 활용하여 기술통계분석을 통해 표본의 인구통계학적 분포를 확인하고 탐색적 요인분석, 신뢰도 분석, 상관관계분석을 실시하였다. 이후 위계적 회귀분석으로 변수들 간 상호연관성 정도를 분석하였으며, 변화관리인식과 분배·절차 공정성 변수들의 조절효과를 회귀분석으로 확인하였다.

Ⅳ. 분석결과

1. 기술통계 분석

남성(56.7%)과 40대(37.9%)가 가장 많았으며, 직급은 6~7급(61.6%), 5급(21.1%), 8~9급(11.5%), 1~4급(5.9%) 순으로 나타났다. 재직기간의 분포를 살펴보면, 5년 이하가 21.8%로 가장 많았고, 학력별 분포로는 대학(4년제) 졸업이 전체의 73.2%로 가장 많았으며, 혼인상태의 경우 배우자 있음(69.3%)이 더 많았다.

2. 타당도·신뢰도·상관관계 분석

탐색적 요인분석결과 KMO 측도가 0.914, Bartlett의 구형성 값이 $p<.05$로 측정되었다. 따라서 고유값이 1.0 이상, 요인적재치 0.5 이상인 요인들을 연구변수로 선정 탐색적 요인분석의 요인추출방법으로 '주성분', 요인회전방법으로 '베리맥스(Varimax) 방법'을 선택하였다(강현철, 2013). 이후 Cronbach's alpha 값 0.6 이상임을 확인하고 신뢰도를 확보했다고 판단하였다.

탐색적 요인분석 후 그 결과가 전체 분석모형의 관점에서 적합한지 확인하기 위해서(서은혜·정연우·박성민, 2018), Amos 20.0 프로그램을 활용하여 확인적 요인분석

(Confirmatory Factor Analysis)을 실시하였으며, 연구변수들이 모두 AVE값이 0.50 이상, CR값이 0.70 이상으로 나타나 타당도를 확보했다고 판단할 수 있다(노경섭, 2014; Hair 외, 2006).

이후 실시한 상관관계 분석에서는 개인혁신행동과 성별, 직급만 부(−)의 상관관계를 가졌으며, 이외의 변수와는 양(+)의 상관관계를 나타냈다. 특히 개인혁신행동은 공공봉사동기와 가장 큰 상관관계를 보였다.

3. 위계적 회귀분석

모형 1에서는 연령이 낮을수록(β=.143, p<.001, VIF=3.309), 남자가 여자보다(β=−.143, p<.001, VIF=1.076), 직급이 낮을수록(β=−.074, p<.001, VIF=1.442), 재직기간이 짧을수록(β=.078, p<.01, VIF=3.379)이 개인혁신행동에 통계적으로 유의미한 영향을 미치는 것으로 나타났다. 특히 최근 공직으로의 다양한 입직경로와 연령제한 완화 또는 철폐 등으로 인해 연령과 직급, 재직기간이 반드시 비례하지 않는다는 점에서 인구통계학적 변수들이 의미가 있다고 볼 수 있다.

모형 2에서는 구성원 개인의 태도와 관련한 변수들로 공공봉사동기와 조직몰입이 투입되었다. 모형 2는 약 37.2%(조정된R²=.372)의 설명력을 나타내고 있으며, 공공봉사동기(β=.392, p<.001, VIF=1.593)와 조직몰입(β=.223, p<.001, VIF=1.617)이 개인혁신행동에 통계적으로 유의미한 정(+)의 영향을 미치는 것으로 나타났다. 이를 통해 공공봉사동기와 조직몰입이 높을수록 개인의 혁신행동이 강화되는 것으로 이해할 수 있다.

모형 3에서는 구성원들의 조직에 대한 인식과 관련한 변수들로 변화관리인식, 분배공정성인식, 절차공정성인식이 투입되었으며, 약 37.7%(조정된R²=.377)의 설명력을 나타내었다. 그 결과 변화관리인식(β=.069, p<.001, VIF=1.727)과 분배공정성인식(β=−.065, p<.001, VIF=1.338)이 개인혁신행동에 통계적으로 유의미한 영향을 미치는 것으로 나타났다.

마지막으로 모형 4에서는 조절변수로서 구성원들의 인식변수와 태도변수의 상호작용항을 투입하였으나, 다중공선성이 발생하여 재분석 실시 결과 약 38.7%(조정된R²=.387)의 설명력을 나타내었으며, 변화관리인식과 조직몰입의 상호작용항(β=.061, p<.01, VIF=2.783)이 개인혁신행동에 통계적으로 유의미한 정(+)의 영향을 미치는 것으로 나타났다. 또한 절차공정성과 조직몰입의 상호작용항(β=.052, p<.01, VIF=2.700)도 정(+)의 영향을 미치는 것으로 나타나 통계적 유의수준 하에서 의미 있는 결과값으로 나타났다.

변수들 간의 상대적 영향력을 확인한 결과, R² 값이 점점 높아지므로 설명력이 점점 향상되는 점을 확인할 수 있었으며, 공공봉사동기가(β=.375) 개인혁신행동에 가장 큰 영향력을 보였으며 그 다음으로 조직몰입(β=.236)이 두 번째로 큰 영향력이 있었다.

〈표 7-7〉 공공봉사동기와 조직몰입의 개인혁신에 관한 위계적 회귀분석

	개인혁신행동											
	모형 1			모형 2			모형 3			모형 4		
	B	β	t	B	β	t	B	β	t	B	β	t
1단계(통제변수)												
연령	.101	.101	5.466***	.038	.053	2.430*	.039	.055	2.526*	.038	.054	2.490*
성별	-.182	-.182	-9.564***	-.083	-.065	-5.186***	-.081	-.063	-4.998***	-.077	-.061	-4.818***
직급	-.063	-.063	-4.128***	-.046	-.053	-3.647***	-.047	-.053	-3.672***	-.045	-.051	-3.550***
재직기간	.028	.028	2.993**	.008	.023	1.013	.012	.033	1.467	.011	.031	1.399
기관유형	-.009	-.009	-.469	.006	.005	.354	.009	.007	.529	.008	.006	.493
2단계(개인태도)												
공공봉사동기(a)				.379	.392	25.801***	.375	.388	25.386***	.362	.375	23.808***
조직몰입(b)				.191	.223	14.584***	.179	.208	12.395***	.203	.236	13.742***
3단계(개인인식)												
변화관리인식(c)							.057	.069	4.407***	.055	.067	4.232***
분배공정성(d)							-.050	-.065	-4.720***	-.051	-.066	-4.741***
절차공정성(e)							-.005	-.007	-.467	-.010	-.013	-.857
4단계(조절효과)												

	개인혁신행동											
	모형 1			모형 2			모형 3			모형 4		
	B	β	t	B	β	t	B	β	t	B	β	t
c*a										.017	.018	.898
c*b										.051	.061	3.057**
d*a										.010	.011	.586
d*b										.014	.016	.881
e*a										−.033	−.035	−1.777
e*b										.043	.052	2.670**
통계량	R^2=.097, 조정된 R^2=.096 F=93.103***			R^2=.373, 조정된 R^2=.372 F=367.883***			R^2=.378, 조정된 R^2=.377 F=263.178***			R^2=.390, 조정된 R^2=.387 F=172.385***		
	Dubin−Watson=2.003											

*p<.05, **p<.01, ***p<.001

4. 조절효과 분석

위계적 회귀분석결과인 모형 4를 통해 유의한 것으로 나타난 상호작용항(변화관리인식과 조직몰입, 절차공정성과 조직몰입)에 대하여 조절변수의 평균값을 활용하여 그 값이 높은 집단과 낮은 집단으로 나누어 기울기 간의 차이를 분석한 결과, 절차공정성인식이 낮은 집단은 조직몰입이 낮은 경우(M=3.11)보다 조직몰입이 높은 경우(M=3.58) 더욱 개인 혁신적 행동을 보이는 것으로 나타났다. 또한, 절차공정성인식이 높은 집단도 조직몰입이 낮은 경우(M=3.14)보다 조직몰입이 높은 경우(M=3.67) 개인혁신행동이 더 많이 나타났다. 즉, 절차공정성인식이 낮은 집단과 높은 집단 모두 조직몰입이 낮은 경우 개인혁신행동을 적게 보이지만, 조직몰입이 높은 경우 개인혁신행동을 더 많이 보이는 것으로 나타났다. 한편, 절차공정성인식이 높은 집단의 조직몰입과 개인혁신행동 간 상호작용의 기울기는 절차공정성인식이 낮은 집단에 비해 증가 정도가 높은 것으로 나타났다. 따라서 절차공정성인식이 낮은 집단에 비해 높은 집단에서 조직몰입과 개인혁신행동의 상호작용이 높음을 의미하며, 조직몰입의 수준이 높은 경우 절차공정성인식이 높은 조직의 개인혁신행동이 절차공정성인식이 낮은 조직의 개인혁신행동보다 많이 일어나는 것을 의미한다.

또한 변화관리인식이 낮은 집단은 조직몰입이 낮은 경우(M=3.09)보다 높은 경우(M=3.51) 개인혁신행동을 더 보이는 것으로 나타났으며, 변화관리인식이 높은 집단 또한 조직몰입이 낮은 경우(M=3.28)보다 조직몰입이 높은 경우(M=3.73)가 개인혁신행동이 더 많이 나타났다. 다만 그 기울기의 차이가 미미하게 나타났다.

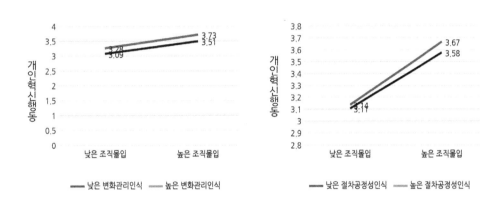

〈그림 7-2〉 변화관리인식과 공정성인식의 조절효과

V. 결론

본 연구의 분석결과, 그 이론적 · 실무적 함의는 다음과 같다. 첫째, 공공조직 구성원들의 공공봉사동기와 조직몰입은 모두 개인혁신행동에 긍정적 영향을 미친 것으로 확인되어 그 효과성을 확인할 수 있었다. 이제까지 이러한 변수들이 주로 조직성과나 효과성 위주로 연구되었다면, 이제는 개별 조직 구성원을 혁신적 행동과 창의적 행동을 통해 변화와 개혁을 이끌어 나갈 수 있도록 작용하는 방향으로 연구될 필요가 있다. 따라서 공공조직 구성원 개개의 조직 및 서비스 대상에 대한 긍정적인 동기나 태도를 혁신행동으로 이끌 수 있도록 인사관리의 방향성을 정하고 그에 맞는 시스템을 발전시켜야 한다는 점이 본 연구 결과를 통해 강조된다.

둘째, 변화관리인식은 공공봉사동기와 조직몰입이 각각 개인혁신행동에 미치는 영향력에 긍정적인 조절변수로 작용하며, 이에 따라 새로운 변화를 인적 하부구조와 어떻게 조화시키는가에 초점을 맞춰야 한다고 주장한 선행연구(Anderson & Anderson, 2001)를 본 연구를 통해 다시 확인하였다. 따라서 조직 관리적 측면에서 조직 구성원들에게 변화와 개혁의 방향, 당위성, 명분 등을 효과적인 방식으로 제시하고 이에 대한 충분한 이해와 수용을 바탕으로 진행할 필요성이 강조된다.

셋째, 조절효과로서 분석한 분배공정성인식은 조절변수로서 작용하지 않았으며, 절차공정성인식은 공공봉사동기와 개인혁신행동 간 관계에는 유의미한 조절효과를 보였으나, 조직몰입과 개인혁신행동 간 관계에는 조절변수로 작용하지 않았다. 이는 분배공정성과 절차공정성이 혁신행동에 직접적인 영향은 없으나, 조직공정성과 혁신행동과의 관계에 있어 직무관여를 매개로 간접적으로 설명 가능하다고 본 연구(이용규 · 정석환, 2007) 결과와 유사하다. 또한, 절차공정성이 혁신적 업무행동에는 유의미한 정(+)의 관계를 보였으나, 분배공정성은 혁신적 업무행동에 직접효과는 나타나지 않은 연구(신황용 · 이희선, 2013) 결과와 연관이 있다는 측면에서 의미가 있다. 인간행동의 상호주의적 관점에서 살펴보았듯이, 객체는 환경적 요인에 능동적으로 반응하면서 욕구를 충족시키려 하고, 그 욕구가 충족되면 혁신적 업무행동이 일어난다. 따라서 구성원들의 욕구를 충족시킬 만한 혁신적 행동에 대한 보상을 어떠한 기준으로 무엇을 얼마만큼 어떻게 할 것인지에 대한 절차적 논의와 분배적 논의가 반드시 있어야 하며, 결과적으로 절차공정성과 분배공정성을 갖춘 보상체계, 성과급을 확립하는 것이 공공조직 구성원들의 혁신행동을 이끄는 요인이 될 수 있다.

보다 실무적, 정책적 관점에서 바라보면, 첫째, 혁신적 업무행동은 적극행정정책적 관점에서 해석해 볼 수 있다. 최근 몇 년간 인사혁신처는 적극행정 요소들을 5가지 유형(신규 발굴형, 성과 고도화형, 불편해소형, 선제대응형, 협력강화형)으로 구분하며 다양한 적극행정을 도모하고자 노력을 보여왔다(인사혁신처, 2021). 본 연구에서 제시된 개인의 업무적 혁신행동 또한 적극행정적 관점과 유사하다는 점에서 개인혁신행동을 제고하는 방안들을 고민하는 것도 유의미하다고 판단한다. 적극행정에 대한 이해도를 높이고, 적극행정 경험 및 사례들을 적극 공유하며, 적극행정 성공요인, 장애요인, 이에 영향을 미치는 요인 등을 심층적으로 조사, 발굴, 분석함으로써 개인혁신행동을 높여나가는 방안을 고려할 수 있다.

둘째, 앞서 논의한 바와 같이 정부혁신정책적 관점에서 공무원들의 개인적 차원뿐 아니라, 기관 및 정부 차원에서 혁신역량을 전반적으로 높여나가는 부분이 전반적인 업무적 혁신행동을 제고하는 데 필수적이라 할 수 있다. 즉, 미래 변화에 유능하게 대응하고 문제해결과 공공가치 및 사회적 가치의 지속적 창출을 위한 정부혁신역량의 데이터기반 행정 및 정책 고도화 작업이 보다 심도 있게 추진되어야 할 것이다. 또한, 정부혁신역량 및 개인혁신역량과 관련한 평가체계의 고도화를 도모하고 평가 결과물을 활용한 정부혁신 역량강화를 위한 정책지식생태계 조성도 필수적으로 고려해야 할 사안이라 보여진다.

셋째, 절차적 공정성의 조절효과 분석에서도 입증이 되었듯이 정부기관 내 다양한 승진제도 및 성과평가제도에 대한 혁신 노력이 필요할 것으로 보인다. 예를 들면, 현재의 연공서열적, 비합리적, 관습적 요소가 많은 정부기관의 근무평정제도와 경력평정제도를 보다 성과중심적 체계로 재설계해 나갈 필요가 있다. 민간조직의 다면평가제도, 절대평가제도, 자기평가제도, 직무역량평가제도 등의 요소들을 일정 부분 반영하여 현재의 정부조직 평정제도가 절차적 공정성 측면에서 보여주고 있는 다양한 문제점들을 부분적으로나마 보완해 나가야 할 것이다. 또한, 향후 부처별 근무성적평가, 경력평정, 가점평정 등에 대한 운영현황을 보다 면밀하게 살펴보면서 각 평정점수별·직급별 영향력 분석 등을 시도하여 절차적 공정성 수준을 제고할 수 있는 새로운 평정제도의 합리적 평가 기준 등을 마련하고 실적 중심의 성과평가체계 개선방안을 지속적으로 마련해 나가야 한다. 이러한 노력을 통해 절차적 공정성에 대한 조직 구성원들의 수용도를 제고하고 인사상 제도 개선 사항 및 조직문화개선 방안들을 지속가능한 방식으로 제시, 환류, 수렴해 나가는 프로세스를 마련해야 할 것이다.

4. 언론사례와 영화분석

공직사회 벤처형 실험조직 '경남 G-랩' 업무혁신 서비스 성과[31]

연합뉴스, 황봉규 기자, 2022.04.26.

경남도가 공직사회의 혁신과제 해결을 위해 운영 중인 벤처형 실험조직인 '경남 G-랩'이 다양한 업무혁신 서비스를 개발해 주목받는다. 경남도는 공무원 2명으로 구성된 문제해결형 실험조직(Government-Laboratoy)인 경남 G-랩이 공무원들이 업무 일선에서 불편하거나 어려움을 겪는 문제를 발굴해 해결하고 있다고 26일 밝혔다.

효율적으로 일할 수 있는 업무혁신 서비스를 개발해 경직된 조직문화에 변화의 바람을 일으키고 있다…(중략)

경남 G-랩 정병호 주무관은 "경남 G-랩의 작은 시도가 혁신이라는 큰바람의 시발점이 될 것으로 생각한다"며 "직원들이 대도민 서비스에 더욱 집중할 수 있도록 적극적으로 G-랩 활동을 추진하겠다"고 말했다.

● ● ● ●

31) https://bit.ly/3OvbKID(원문출처)

새벽 4시, 아이디어를 단톡방에 올렸다
'드라이브 스루' 진단법은 그렇게 시작됐다[32]

조선일보, 김미리 기자, 2020.05.02.

"사태가 심상치 않아요. 빨리 대규모 진단 방안을 만들어야겠어요."

지난 2월 20일 밤 11시 30분, 대한감염학회 신종감염병위원회 정책태스크포스(TF) 단톡방에 이재갑 한림대 강남성심병원 감염내과 교수가 SOS를 쳤다. 이 교수는 신종 코로나 바이러스 감염증(코로나 19) 수퍼 전파자인 31번 확진자가 발생한 후 패닉에 빠진 대구로 내려가는 길이었다.

'밖에서 해야 해, 밖! 감염을 막으려면.' 메시지를 보자마자 김진용(45) 인천의료원 감염내과 과장 머릿속에 반사적으로 떠오른 생각이었다. 온종일 의심 환자가 몰려 녹초가 된 몸을 이끌고 컴퓨터 앞에 앉았다. 자동차 아이콘을 하나씩 붙여 파워포인트로 만든 개념도를 단톡방에 올린 시각은 21일 오전 3시 53분. 코로나 관련 최고의 한국산 수출품으로 히트 친 '드라이브 스루(Drive Through·DT) 선별진료소'가 탄생한 순간이었다…(중략)

그의 카톡 프로필엔 전자현미경으로 찍은 신종 코로나 바이러스 사진이 걸려 있다. "코로나를 정복하고 이 싸움이 끝나는 날 사진을 바꾸겠다"고 했다. 사진 아래 영화 '인터스텔라' 명대사에서 따온 문구가 그의 다짐을 대신했다. "We will find a way. We always have(우린 방법을 찾을 것이다. 늘 그랬던 것처럼)."

• • • •

32) https://bit.ly/3XpbmzC(원문출처)

-영화 '에린 브로코비치'를 통한 사례 탐색-

영화 : 에린 브로코비치 | 감독 : 스티븐 소더버그 | 개봉 : 2000.05.04. | 출연 : 줄리아 로버츠

영화 줄거리

에린은 마땅한 일자리도 없어 당장의 생계를 걱정해야 하는 상황. 고졸에다 뚜렷한 자격증도 경력도 없는 그녀를 오라는 곳은 없었다. 절망에 빠진 에린은 차 사고로 알게 된 변호사 에드를 무턱대고 찾아간다.

마음씨 좋은 에드는 하는 수 없이 에린에게 장부정리 일을 시키지만, 학벌도 빽도 없는 그녀는 동료 변호사들의 눈에 거슬리는 존재. 하지만 에린은 남의 시선일랑 무시한 채 당당하게 자신의 일에 몰두한다. 그러던 어느날 에린은 수북히 쌓인 서류 중에서 이상한 의학 기록들을 발견한다. 그 일에 흥미를 느낀 에린은 진상을 조사하며 엄청난 사실을 발견하는데…

출처 : 네이버 영화

사례

에린은 능력적인 면에서 뛰어나지는 않지만, 업무 중 한 마을에 들어서 있는 대기업 공장에서 유출되는 크롬 성분이 마을 사람들을 병들게 하고 있다는 사실을 알게 되어 거대기업을 상대로 미국 역사상 최대의 전쟁을 시작하게 된다.

생각해볼거리

1. 평범한 주인공이 자신의 업무에 몰두하다 불의를 발견하고 마을 사람들을 위해 스스로를 희생하면서 불가능해 보이는 일을 해결하기 위해 노력하는 모습을 본 연구모형과 연관지어 유사점과 차이점을 발견해보고, 주인공이 이렇게 행동하게 된 이유는 무엇이었는지 생각해보자.

2. 또한 주인공이 이러한 행동을 하게 된 원인을 토대로 공무원들이 혁신적인

행동이나 행태를 보이기 위한 전제조건은 무엇인지, 어떠한 인적, 조직적, 제도적 요인들이 필요한지 생각해보자.

5. 토론문제

1. 정부가 공공조직 내 구성원들의 혁신행동을 위해 제시하는 방안 중 항상 강조하는 내용 중 하나로 공직이나 공적 업무에서의 긍정적인 내재적 동기 및 행태 등을 들 수 있다. 그러나 이러한 내재적 동기나 행태는 사회 현상, 경제적 상황, 정부 정책 기조의 변화 등에 영향을 받으며, 이에 따라 그 양상이 변화하는 모습을 보인다. 과거부터 현재까지 정부에서 제시한 공공조직 구성원들의 혁신행동을 위한 내재적 동기나 행태의 주요 강조점이나 이를 위한 인사 전략이나 제도 등의 효과성을 살펴보고, 향후 주목해야 할 요인은 어떤 것들이 있는지에 논의해보시오.

2. 조직적 측면에서, 혁신 과제를 제안하고 선정 및 수행하는 업무를 수행할 연구기관을 설치하거나 담당 부서, 예산 및 인력 등을 지정하는 것이 혁신행동에 대한 관리 및 보상 측면에서 안정성과 공정성을 담보하는 등 긍정적 효과를 줄 것인가? 아니면 이러한 부처 신설 또한 경직성과 행정 낭비를 초래할 것인가에 대해 논의해보시오.

3. 혁신행동에 대한 보상 차원에서, 현재는 적극행정제도를 통해 혁신적 아이디어나 행동에 대한 보상하는 제도를 운영 중인데, 장려책이나 내실 있는 보상책으로 삼을 수 있는 아이디어를 고찰해보시오.

참고문헌

Chapter 1

김기태, & 조봉순. (2008) 인적자원관리와 조직 성과간의 관계에 관한 연구: 인적자원관리 성과로서 종업원 태도의 매개효과를 중심으로. 한국인사조직학회 인사조직연구 16(1).

김기홍, 서문교, & 권인수. (2018). 지속가능 인적자원관리가 조직 구성원의 혁신행동에 미치는 영향: 조직몰입의 매개효과를 중심으로. 인적자원개발연구, 21(4), 25–54.

백유성. (2018). 회복탄력성, 조직몰입, 조직신뢰 간의 구조적 관계. 대한경영학회지 31(8).

신형덕. (2016). 잘되는 기업은 무엇이 다를까: 모방 불가능한 경쟁우위의 탄생. 스마트북스.

양연희, & 이상철. (2018). 공공기관 조직구성원의 회복탄력성(Resilience)이 직무만족과 조직몰입에 미치는 영향에 관한 연구: 공기업과 준정부기관을 중심으로. 지방정부연구. 21(4).

오선영·노상충·강민우·서용원. (2015). 변혁적 리더십과 인간존중의 조직문화에 의한 회복탄력성이 조직구성원의 행복감과 조직효과성에 미치는 영향. 한국심리학회지 산업 및 조직 28(4).

오윤경. (2017). 재해위험경감을 위한 센다이 프레임워크(SFDRR)의 주요 이슈와 과제. 한국행정연구원 안전통합연구부 이슈페이퍼 58.

윤지영. (2014). 진정성 리더십이 조직 유효성에 미치는 영향: 조직기반 자기존중감과 회복탄력성의 매개효과를 중심으로. 성균관대학교 일반대학원 경영학과 박사학위논문.

이대웅. (2019). 한국 지방정부의 재난 회복탄력성 영향요인 분석: 자연재해 가운데 호우를 중심으로. 한국행정학보, 53(1), 253–283.

이영구, & 장석인. (2014). 근로자의 인적자원개발 인식이 조직신뢰 및 조직유효성에 미치는 영향: 중국 청도시 중소기업을 중심으로. 인적자원개발연구, 17(2), 1–27.

이은하, & 권성복. (2019). 중소병원 간호사가 지각하는 간호관리자의 리더십과 간호사의 회복탄력성, 내재적 동기 및 간호업무성과의 관계. 한국웰니스학회지 14(2).

정예지, & 김해원. (2019). 미디어 조직 내 변혁적 리더십과 팀 지원 인식이 창의성과에 미치는 영향에 대한 탐색적 연구: 회복탄력성의 매개효과를 중심으로. 방송문화진흥회 방송과 커뮤니케이션 20(2).

조영복, 곽선화, & 박인서. (2006). HR BSC 를 통한 전략적 인적자원관리와 조직성과의 관계. 인사조직연구, 14, 57–105.

조영복, & 이나영. (2014). 회복탄력성이 조직구성원의 혁신행동에 미치는 영향: 조직지원과 실책관리문화의 조절효과. 경영과 정보연구 33(5).

체렝후, & 장석인. (2012). 성과주의 인적자원관리제도가 조직유효성에 미치는 영향에 관한 연구—몽골항공사를 중심으로. 인적자원관리연구, 19(3), 51–70.

Barney, J. (1986a), Organizational Culture: Can It Be a Source of Sustained Competitive Advantage?, *Academy of Management Review*, 11(3), 656–665.

Barney, J. (1986b), Strategic Factor Markets: Expectations, Luck, and Business Strategy, *Management Science*, 32(10), 1231–1241.

Barney, J. (1991), Firm Resources and Sustained Competitive Advantage, *Journal of Management*, 17(1), 99–120.

Penrose, E. T. (1959). The Theory of the Growth of the Firm. New York: John Wiley.

Rubin, P. (1973), "The Expansion of Firms," *Journal of Political Economies*, 18(4), 936–949.

UNISDR. (2015). Sendai Framework for Disaster Risk Reduction 2015–2030. United Nations.

Wildavsky (1988). *Searching for Safety*. Routledge.

Chapter 2-1

강나율, & 박성민. (2019). 공직 내 적극행정의 영향요인에 관한 연구: 조직 행태주의적 관점에서. 한국행정논집, 31(4), 879–909.

강문실, & 김윤숙. (2021). 서번트 리더십과 혁신행동간 임파워먼트의 매개효과. 「글로벌경영학회지」, 18(1): 1–22.

고대유, & 김강민. (2021). 공공봉사동기가 조직시민행동에 미치는 영향: 공직만족도를 통한 자기효능감의 매개된 조절효과를 중심으로. 한국사회와 행정연구, 32(2), 169–196.

권상집. (2016). 변혁적 리더십 및 서번트 리더십과 조직 구성원의 조절 초점 성향이 개인 창의성에 미치는 영향: 내재적 동기의 매개효과. 「지식경영연구」, 17(3):137–159.

김유진. (2021). 「서번트 리더십이 혁신 행동에 미치는 영향: 심리적 안전감의 매개효과와 진정성 리더십의 조절효과를 중심으로」, 석사학위논문. 울산대학교 일반대학원.

김은지, & 김판석. (2021). 공무원의 직무 스트레스가 성과와 만족에 미치는 영향: 공공봉사동기의 매개효과를 중심으로. 한국행정논집, 33(1), 93-121.

김재형, 김성엽, 오수연, & 박성민. (2020). 공직 내 변혁적리더십과 공무원의 적극행정과의 관계성 연구: 행태적 매개효과 및 채용제도와 직급의 조절효과를 중심으로. 한국사회와 행정연구, 31(3), 163-197.

김진아, & 문광민. (2021). 공공봉사동기가 조직몰입에 미치는 영향에 관한 연구: 동기부여기제의 조절효과 통제를 중심으로. 한국사회와 행정연구, 31(4), 167-196.

김호정. (2002). 행정조직문화가 조직몰입과 직무만족에 미치는 영향. 「한국행정학보」, 36(4): 87-106.

박윤. (2019). 적극행정의 개념에 관한 연구. 「한국인사행정학회보」, 18(4):273-282.

박종수, & 최하영. (2022). 거래적·변혁적 리더십과 관료적·탈관료적 조직문화가 성과에 미치는 영향: 조직문화의 매개효과를 중심으로. 한국행정학보, 56(2), 297-330.

배상욱, 윤영삼, & 한나영. (2009). 서번트 리더십에 대한 지각이 상사에 대한 신뢰와 감정적 몰입을 매개로 추천의도, 이직의도 그리고 고객지향성에 미치는 영향에 관한 연구: 호텔산업을 중심으로. 조직과 인사관리연구, 33(2), 1-28.

송인숙, & 권상집. (2017). 교육훈련, 서번트 리더십, 자기효능감, 교육훈련 전이, 지식공유 간의 구조적 관계 분석. 지식경영연구, 18(4), 261-286.

오충철, & 양태식. (2009). 상사의 서번트 리더십이 구성원의 자기효능감, 리더신뢰 및 서비스지향성에 미치는 영향: 행정서비스 조직을 중심으로. 대한경영학회지, 22(3), 1245-1268.

윤성환. (2021). 서번트 리더십, 자기효능감, 내재적 동기 및 혁신행동 간의 구조적 관계 분석-재중 한국 중소기업의 중국 현지 종업원을 대상으로. 「중국학연구」, 97:101-140.

이강훈. (2015). 해양경찰 조직문화가 조직몰입에 미치는 영향에 관한 연구. 「한국경찰학회보」, 17(6):234-256.

이운용, & 김호균. (2021). 서번트 리더십이 공공기관 구성원의 조직몰입 및 직무열의에 미치는 영향 연구: 상사신뢰와 자기효능감의 매개효과를 중심으로. 융합사회와 공공정책 (구 공공정책과 국정관리), 15(3), 99-144.

이재완. (2018). 조직문화와 스마트워크 이용에 관한 연구: 중앙 및 광역자치단체 공무원을 중심으로. 「한국조직학회보」, 15(1):75-99.

인사혁신처. (2019). 「적극행정」. 인사혁신처.

정지용, & 김지수. (2020). 리더십이 공공봉사동기와 분배의 공정성을 매개로 혁신행동에 미치는 영향: 중앙-지방 공무원 간 비교를 중심으로. 한국조직학회보, 17(1), 63-86.

조일형, 전인석, & 채경진. (2018). 조직문화가 구성원의 혁신행동에 미치는 영향-문화재청을 대상으로. 정부와 정책, 10(2), 5-24.

진영빈, & 정충식. (2014). 공공부문 스마트워크 활성화를 위한 조직문화 연구: 경쟁가치모형을 이용한 현재문화와 적합문화의 차이분석을 중심으로. 한국지역정보화학회지, 17(4), 153-179.

진윤희. (2021). 지방공무원의 공공봉사동기가 혁신행동에 미치는 영향: 직무자율성과 조직문화 인식의 매개효과, 조절효과분석. 「한국행정논집」, 33(2):309-330.

최창국, 강효진, & 김종인. (2021). 서번트 리더십이 혁신행동에 미치는 영향 : Job Crafting 의 매개효과. 「한국IT정책경영학회 논문지」, 13(6):2675-2686.

허유민, & 하재빈. (2021). 조직문화와 업무전문성이 조직목표에 미치는 영향: 2018 년 공직생활 실태조사를 중심으로. 한국조직학회보, 18(2), 63-87.

황상규. (2011). 서번트 리더십이 혁신행동에 미치는 영향: 자기효능감의 매개효과. 「역량개발학습연구」, 6(1):27-44.

Baer, M., Oldham, G. R., & Cummings, A. (2003). Rewarding creativity: when does it really matter?. *The Leadership Quarterly*, 14(4-5): 569-586.

Cameron, K. S., & Quinn, R. E. (2011). *Diagnosing and changing organizational culture: Based on the competing values framework*. John Wiley & Sons.

Ehrhart, M. G. (2004). Leadership and procedural justice climate as antecedents of unit-level organizational citizenship behavior. *Personnel psychology*, 57(1): 61-94.

Freeman, S. J., & Cameron, K. S. (1993). Organizational downsizing: A convergence and reorientation framework. *Organization science*, 4(1). 10-29.

Gaidhani, S., Arora, L., & Sharma, B. K. (2019). Understanding the attitude of generation Ztowards workplace. *International Journal of Management. Technology And Engineering*. IX(I): 2804-2812.

Gist, M. E., & Mitchell, T. R. (1992). Self-efficacy: A theoretical analysis of its determinants and malleability. *Academy of Management review*, 17(2): 183-211.

Graham, J. W. (1991). Servant-leadership in organizations: Inspirational and moral. *The leadership quarterly*, 2(2): 105-119.

Greenleaf, R. K. (1970). *The servant as leader Indianapolis: the Robert K*. Greenleaf center, 1-37.

Hameduddin, T., & Engbers, T. (2022). Leadership and public service motivation: a systematic synthesis. *International Public Management Journal*, 25(1): 86-119.

Kim, H. (2014). Transformational leadership, organizational clan culture, organizational affective commitment, and organizational citizenship behavior: A case of South Korea's public sector. *Public Organization Review*, 14(3): 397–417.

Liu, B., Perry, J. L., Tan, X., & Zhou, X. (2018). A cross–level holistic model of public service motivation. *International Public Management Journal*, 21(5): 703–728.

O'Leary, B. S., Lindholm, M. L., Whitford, R. A., & Freeman, S. E. (2002). Selecting the best and brightest: Leveraging human capital. Human Resource Management: Published in Cooperation with the School of Business Administration, *The University of Michigan and in alliance with the Society of Human Resources Management*, 41(3): 325–340.

Portugal, E., & Yukl, G. (1994). Perspectives on environmental leadership. *The Leadership Quarterly*, 5(3–4), 271–276.

Perry, J. L., & Hondeghem, A. (2008). Building theory and empirical evidence about public service motivation. *International public management journal*, 11(1): 3–12.

Perry, J. L., & Wise, L. R. (1990). The motivational bases of public service. *Public administration review*, 367–373.

Rampton, J .(2017). *Different motivations for different generations of workers: Boomers, GenX, Millenials, and Gen Z. Inc*.

Schein, V. E. (1985). Organizational realities: The politics of change. *Training & Development Journal*.

Schroth, H. (2019). Are you ready for Gen Z in the workplace? California *Management Review*, 61(3): 5–18.

Chapter 2-2

강나율·박성민. (2019). 공직 내 적극행정문화 확산을 위한 결정요인 연구. 「한국행정학회 학술발표논문집」, 2281–2312.

강나율·박성민. (2019). 공직 내 적극행정의 영향요인에 관한 연구: 조직 행태주의적 관점에서. 「한국행정논집」, 31–4, 879–909.

김국진·강지선. (2019). 직무자율성과 목표명확성이 공무원의 혁신행동에 미치는 영향: 관리자와 비관리자 간 차이를 중심으로. 「한국인사행정학회보」, 18–4, 1–32.

김석용. (2020). 공공조직의 사회적 자본, 조직몰입 및 조직성과와의 관련성 연구 – 자기효능감의 조절효과를 중심으로 –. 「한국자치행정학보」, 34–2, 207–232.

김지수·윤수재. (2019). 변혁적리더십이 공공봉사동기를 매개로 혁신행동에 미치는 영향분석: 지방자치단체 공무원을 중심으로. 「한국인사행정학회보」, 18–4, 53–75.

김지훈 (2020). 「공공기관 상사의 변혁적리더십이 구성원의 직무성과에 미치는 영향: 탐색활동의 매개효과와 학습지향성의 조절효과를 중심으로」, 울산, 울산대학교 대학원 석사학위논문.

김호균. (2019). 적극행정과 공공가치 (public values) 의 실현: 조직문화와 리더십이론을 중심으로. 「한국인사행정학회보」, 18–4, 257–272.

김호정. (2019). 공공봉사동기 (PSM) 이론의 주요 쟁점: 발달, 내용, 평가. 「한국행정학보」, 53–4, 1–26.

박성민. (2019). 두려움 없는 조직 만들기 프로젝트: 적극행정 내재화 전략을 중심으로. 「한국행정학회 학술발표논문집」, 501–522.

박순애·최진섭·이혜연. (2018). 공직 채용제도가 성과에 미치는 영향: 경력경쟁채용을 중심으로. 「한국인사행정학회보」, 17–4, 81–107.

박윤·심형인. (2020). 공무원 채용제도에 따른 공직봉사동기, 조직공정성, 조직몰입에 대한 탐색적 연구–공개채용과 경력채용 집단 간 비교를 중심으로. 「GRI 연구논총」, 22–2, 339–365.

안희정·김태룡(2013). 경력경쟁채용제도의 효과성에 관한 연구. 「한국비교정부학보」, 17–3, 145–174.

박성민·오화선. (2014). 공직봉사동기가 직무만족에 미치는 영향력 분석: 개인–조직 적합성 및 개인–직무적합성의 매개효과를 중심으로. 「한국정책학회 춘계학술발표논문집」, 231–258.

유병규·이영균. (2019). 공무원의 자기효능감이 조직몰입에 미치는 영향: 직무열의의 매개효과를 중심으로. 「한국공공관리학보」, 33–4, 59–76.

이승주·안소영. (2019). 공무원의 인적·제도적·환경적 요인이 혁신행동에 미치는 영향: 일반직 공무원의 직급별 차이를 중심으로. 「한국인사행정학회보」, 18–2, 187–208.

이종수. (2019). 적극행정의 적극화, 조건과 전략. 「한국행정학회 학술발표논문집」, 483–498.

이하영. (2017). 「인적자원관리가 공무원의 조직몰입에 미치는 영향에 관한 연구 :자기효능감의 매개효과에 대한 성과군 별 차이를 중심으로」, 서울. 서울대학교 대학원 석사학위논문.

인사혁신처 (2019). 국민의 기대 그 이상! 적극행정.

정연우·박성민. (2019). 공직가치 제고를 위한 행동주의적 분석연구: 공공봉사동기의 통제효과 검증을 중심으로. 「한국인사행정학회보」, 18–4, 171–199.

조길환·이덕로·이혜진. (2017). 변혁적리더십이 직무태도에 미치는 영향: 긍정적, 부정적 정서의 매개효과와 자기효능감의 조절효과를 중심으로. 「한국경영학회 통합학술발표논문집」, 783–810.

조태준. (2019). 적극행정 촉진을 위한 인사제도 발전방안:[적극행정 운영규정] 을 중심으로. 「한국인사행정학회보」, 18–4.

311–324.

진윤희. (2018). 지방정부 산하기관 종사자의 심리적 자본이 학습지향성에 미치는 영향: 조직몰입의 매개효과.
「국가정책연구」. 32-2. 1–21.

진윤희. (2019). 공기업 종사자의 자기효능감이 맥락수행에 미치는 영향: 개인학습지향성의 매개효과 검증. 「융합사회와
공공정책 (구 공공정책과 국정관리)」. 13-3. 204–231.

최석봉·문계완·김경환. (2010). 변혁적리더십이 혁신행동에 미치는 영향-학습지향성과 조직몰입의 매개효과검증.
「인적자원관리연구」. 17-4. 225–242.

황창호·김정숙·최정인·문명재. (2019). 공공조직 리더십이 구성원의 조직몰입에 미치는 영향: 조직구조의 조절효과를
중심으로. 「국가정책연구」. 33-1. 31–56.

Bass, B. M & Avolio, B. J. (1990). The implications of transactional and transformational leadership for individual, team,
and organizational development. Research in Organizational Change and Development. CT: JAI Press.

Perry, J. L. & Wise, L. (1990). The Motivational Bases of Public Service. Public Administration Review. 50–3. 367–373.

Sinkula, J. M. & Baker, W. & Noordewier, T. G. (1997). A Framework for Market-Based Organization Learning:
Linking Values, Knowledge and Behavior. Journal of the Academy of Marketing Science. 25. 305–318.

Slater, S. F. & Narver J. C. (1995). Market Orientation and the Learning Organization. Journal of Marketing. 59–3. 63–
74.

Chapter 3

구재선 & 서은국. (2011). 한국인 누가 언제 행복한가?. 「한국심리학회지 사회 및 성격」. 25(2): 143–166.

권상ою & 홍종배. (2009). 세대별 여가문화소비유형과 삶의 만족도 연구: 여가소비경향, 자기정체성, 대인관계,
여가소비만족도, 삶의 만족도간 관계를 중심으로. 「언론정보연구」. 46(1): 63–97.

김난주 & 권태희. (2009). 기혼여성의 직장·가정균형과 삶의 질의 상호관계. 「여성연구」. 76(1): 43–70.

김선아 & 박성민. (2018). 여성근로자의 직장 생활의 질 향상을 위한 연구: 조직 내 다양성 관리 전략의 역할 검증을
중심으로. 「여성연구」. 97(2): 5–44.

김선희. (2010). 공공조직에서 여성의 일-가정 (WFC) 결정요인 분석. 「행정논총」. 48(1): 171–196.

김성경. (2011). 기혼 취업여성의 특성이 일-가족의 긍정적 전이 및 부정적 전이에 미치는 영향 연구. 「한국가족복지학」. 33:
69–94.

김준기 & 양지숙. (2012). 기혼여성의 일-가정 양립에 영향을 미치는 요인 분석: 사회적 지원의 효과를 중심으로.
「행정논총」. 50(4): 251–280.

김태희 & 오민지. (2019). 일-가정 양립정책이 조직몰입에 미치는 영향: 공･사 부문 여성관리자의 비교를 중심으로.
「한국사회와 행정연구」. 30(1): 119–144.

김형일 & 유승호. (2016). '더 나은 삶 지수'에서의 '주관적 웰빙'에 관한 연구. 「문화경제연구」. 19(1): 65–90.

김희경 & 조규진. (2017). 공사조직 간 일가정 양립수준 및 영향요인 비교분석. 「한국행정연구」. 26(2): 217–246.

김화연, 오현규 & 박성민. (2015). 공공 및 민간 조직의 가족친화제도가 여성 근로자들의 일-가정 갈등에 미치는 영향:
남편의 도구적 지지와 가족의 정서적 지지의 조절효과를 중심으로. 「한국행정논집」. 27(2): 483–511.

문화체육관광부. (2017.12.). 「국민여가활동조사」 [통계정보보고서].

문화체육관광부·한국문화관광연구원(2019). 2019년 국민여가생활조사.

박성민. (2017). 「인사혁신론: 이론과 실제」. 서울: 박영사.

박성민 & 김선아 (2015). 「조직과 인간관계」. 서울: 박영사.

박정열, 손영미 & 신규리. (2015). 기혼 직장여성의 사회적 지지가 일과 삶의 균형에 미치는 영향. 「한국웰니스학회지」. 11(1):
69–81.

방신웅, 우효동 & 황선환. (2015). 과연 진지하고 전문화된 여가가 삶의 질을 향상시키는가?. 「한국여가레크리에이션학회지」.
39(1): 1–15.

서은혜. (2019). 「조직효과성 제고를 위한 전략적 인적자원관리 제도의 영향 연구: AMO Model과 자기결정성이론의 연계를
중심으로」. 석사학위논문. 성균관대학교 대학원.

손영미 & 박정열. (2014). 남녀의 일과 삶의 균형에 영향을 미치는 인과변인과 결과변인의 차이연구: 기혼직장인을 대상으로.
「한국심리학회지: 여성」. 19(2): 161–190.

신경아. (2009). 일-삶의 균형(work-life balance)과 노동시간. 「민주사회와 정책연구」. 0(16): 176–212.

신규리, 박정열 & 손영미. (2018). 한국 직장인의 일-여가 갈등, 일-여가 촉진과 직무만족 간의 관계성 연구. 「여가학연구」.
16(4): 39–58.

신동은. (2015). 기업조직의 특성이 여성관리자의 일-삶(work-life) 균형에 미치는 영향. 「사회연구」. 0(27): 127–164.

신용우 & 조영일. (2019). 근로시간이 줄면 삶의 질은 좋아질까: 직무만족도의 조절된 매개효과 분석. 「사회과학연구」. 45(3):
295–319.

유홍준, 신인철 & 정태인 (2018). 「일·여가의 변화와 행복 복지」. 서울: 집문당.

윤대혁. (2008). 맞벌이부부이 가정-직장 균형과 여가활동에 관한 연구. 「인적자원관리연구」, 15(1): 87–109.

이려정. (2010). 대학생의 여가활동과 여가만족, 생활만족 간 영향관계 연구. 「관광연구논총」, 22(2): 155–178.

이유진, 황선환 & 김재운. (2020). 행복에 영향을 미치는 여가자원 요인. 「여가학연구」, 18(1): 19–33.

이은희. (2000). 일과 가족 갈등의 통합모형: 선행변인, 결과변인과의 관계. 「한국심리학회지」, 19(2): 1–42.

이효주 & 박성민. (2019). 대한민국 공무원들의 동기, 직무, 제도적 요인이 직무만족과 삶의 질에 미치는 영향요인 연구: 친가족정책의 조절효과를 중심으로. 「현대사회와 행정」, 29(3): 59–106.

장용석 & 조희진. (2013). 공공-민간 경영 패러다임의 융합적 전환. 「인사조직연구」, 21: 69–104.

전영한. (2009). 공공·민간조직 비교연구 메타분석: Sayre 명제의 재검증. 「행정논총」, 47(2): 61–93.

Boyne, G. A. (2002). Public and Private Management: What's the Difference?. Journal of Management Studies. 39(1): 97–122.

Ernst Kossek, E., & Ozeki, C. (1998). Work-family Conflict, Policies, and the Job-life Satisfaction Relationship: A Review and Directions for Organizational Behavior-human Resources Research. Journal of Applied Psychology. 83(2): 139.

McDowell, I., & Newell, C. (Eds.) (1987). Measuring Health: A Guide to Rating Scales and Questionnaries. Oxford University Press.

Rainey, H. G. (2003). Understanding and Managing Public Organizations (3rd eds.). SanFrancisco, CA: Jossey-Bass/ Wiley.

Rainey, H. G., & Bozeman, B. (2000). Comparing Public and Private Organizations: Empirical Research and the Power of the a Priori. Journal of Public Administration Research and Theory. 10(2): 447–470.

Sayre, W. (1958). Promises of Public Administration. Public Administration Review. 18: 102–103.

Sirgy, M. K, Reilly, N. P., & Gorman, C. (Eds.). (2001). HandBook of Quality-of-life Programs: Enhancing Ethics and Improving Quality of Life at Work. Springer.

Sirgy, M. J., Michalos, A. C., Ferriss, A. L., Easterlin, R. A., Patrick, D., & Pavot, W. (2006). The Qualityity-of-life (QOL) Relsearch Movement: Past, Present, and Future. Social Indicators Research. 76(3): 343–466.

Chapter 4-1

관계부처 합동. (2020). 「제1차 청년정책 기본계획('21~'25)」.

독일연방가족여성청년부 [웹사이트] (2021년 9월 27일 접속) https://www.bmfsfj.de/bmfsfj/themen/kinder-und-jugend

변금선. (2019). 청년의 부채부담 변화에 관한 연구: 출생코호트 비교를 중심으로. 한국복지패널 학술대회 논문집, 12, 143–149.

이지연. (2021). 정책동향분석: 청소년정책연구의 흐름과 최신 동향. 한국청소년정책연구원 연구보고서, 1–232.

이현우, 노대명, 서복경, 이덕로, & 이정진. (2016). 좋은 정부의 제도와 과정. 오름.

임유진. (2020). 국제기구의 청년 담론과 한국의 청년 정책, 한양대학교 평화연구소, 「문화와 정치」, 7(4):91–121.

European Commission, [웹사이트] (2021년 10월 26일 접속). https://ec.europa.eu/info/strategy/eu-budget_en

European Commission, [웹사이트] (2021년 10월 26일 접속). https://national-policies.eacea.ec.europa.eu/youthwiki

European Youth Forum, [웹사이트] (2021년 10월 26일 접속). https://www.youthforum.org/search?type=All&topics=20&search_api_fulltext=

Youthgov, [웹사이트] (2021년 10월 21일 접속). https://youth.gov/about-us

Youthgov, [웹사이트] (2021년 10월 21일 접속). https://engage.youth.gov/

Chapter 4-2

김종근. (2018). 정부기관의 민첩성에 대한 환경격변성의 영향 및 조직성과에 대한 민첩성의 영향에 관한 연구. 상품학연구, 36(1), 19–27.

김종근. (2018). 정부기관의 민첩성이 성과에 미치는 영향에 관한 연구: 우편유통을 중심으로. 유통경영학회지, 21(1), 1–7.

김치풍, 윤우근, & 김재원. (2012). 조직민첩성, 신사업 성공의 핵심역량. SERI 보고서, (846).

김태형, & 문명재. (2019). 위험사회와 미래정부의 역량: 정부의 민첩성, 관리역량, 그리고 정부신뢰가 위험 인식에 미치는 영향을 중심으로. 정부학연구, 25(1), 209–244.

남수현, 노규성, & 김유경. (2011). 스마트워크 수준 결정 모형에 대한 연구. 디지털융복합연구, 9(4), 191–200.

박성민, & 김선아. (2015). 조직과 인간관계. 박영사.

이경선. (2020). 관료나르시시즘이 혁신행동과 직무성과에 미치는 영향 (박사학위논문, 서울대학교 대학원).

이정아. (2018). 지각된 조직회복탄력성이 혁신행동 및 조직자발성에 미치는 영향 : 관계적 심리계약의 매개효과와 (박사학위

논문, 成均館大學校 一般大學院 人材開發學科 人材開發專攻).

이현재, & 정예지. (2018). 팀 리더의 긍정적 나르시시즘이 팀 혁신성과에 미치는 영향: 팀 효능감과 팀 에너지의 매개효과를 중심으로. 리더십연구, 9(4), 3–34.

장민제, 남은우, & 이정우. (2021). 스마트워크 후 조직 문화 변화 연구: 서비스 대기업 'H 사'사례. 지식경영연구, 22(1), 85–103.

홍이화. (2011). 하인즈 코헛의 자기심리학 이야기. 한국심리치료연구소.

Arteta, B. M., & Giachetti, R. E. (2004). A measure of agility as the complexity of the enterprise system. Robotics and computer-integrated manufacturing, 20(6), 495–503.

Coutu, D. L. (2002). How resilience works. Harvard business review, 80(5), 46–56.

Maccoby, M. (2007). Narcissistic Leaders: Who Succeeds and Who Fails. Harvard Business School Press Books.

Malkin, C. (2016). Rethinking narcissism: The secret to recognizing and coping with narcissists. Harper Perennial.

Kohut, H. (1977). The Restoration of the Self. New York (International Universities Press) 1977.

Tallon, P. P., & Pinsonneault, A. (2011). Competing perspectives on the link between strategic information technology alignment and organizational agility: insights from a mediation model. MIS quarterly, 463–486.

Wildavsky, A. B. (1988). Searching for safety (Vol. 10). Transaction publishers.

Chapter 5-1

김규수·고경미, & 김경숙. (2014). 유아교사의 근무환경 및 직무만족도 관련변인이 삶의 질에 미치는 영향에 관한 구조모형 분석. 열린유아교육연구, 19(1), 251–268.

김대원, & 박철민. (2003). 지방공무원의 직무스트레스와 조직몰입도 영향변인의 경로분석. 한국지방자치학회보, 15(4), 49–70.

김민주, & 김도연. (2019). 근로생활의 질과 직무만족이 피부미용사의 삶의 질에 미치는 영향. 「한국디자인문화학회지」, 25(1), 39–55.

김선아, & 박성민. (2018). OECD 국가의 행복 결정요인 규명에 관한 연구: 행복역량의 조절 효과를 중심으로. 한국비교정부학보, 22(1), 1–28.

김화연, & 박성민. (2017). 조직 내·외부적 갈등요인이 삶의 질 및 조직시민행동에 미치는 영향력 연구: 책임운영기관 내 긍정심리자본 분석을 중심으로. 한국조직학회보, 14(1), 27–65.

민경률, & 박성민. (2013). 유연근무제가 조직결과에 미치는 영향력에 관한 연구.

박경효. (1999). 공무원의 삶의 질. 중앙인사위원회 창립세미나 발표논문.

박광표, & 김동철. (2015). 장애인의 직무만족도가 삶의 질에 미치는 영향: 직무적합성과 장애로 인한 차별경험의 조절효과를 중심으로. 장애와 고용, 25(4), 57–88.

박선경, 양승범, & 송민혜. (2011). 동기부여와 직무만족의 관계에 관한 연구: 지방공무원을 대상으로. 국정관리연구, 6(2), 171–198.

박선영. (2015). 여성근로자의 육아휴직 활용경험이 조직몰입도 및 직무만족도에 미치는 영향: 고정효과모형을 통한 분석 (박사학위논문, 서울대학교 행정대학원).

박영준. (2019년 6월 23일). 韓 '삶의 질 지수'는 OECD 조사 40개國 중 30위… '제자리'. 「세계일보」. 2019년 8월 16일 검색. http://www.segye.com/newsView/20190623506779

박운성. (1985). 기업과 대학. 대학교육, 18, 18–26.

서은혜·이효주, & 박성민. (2018). 대한민국 공무원의 동기유형과 조직시민행동, 삶의 질에 관한 연구: 자기결정성이론 (Self-Determination Theory) 을 중심으로. 한국사회와 행정연구, 29(1), 145–185.

옥원호, & 김석용. (2001). 지방공무원의 직무스트레스와 직무만족 및 조직몰입에 관한 연구. 한국행정학보, 35(4), 355–373.

유대근·김헌주·이범수·홍인기, & 오세진. (2017년 10월 17일). 꿈꾸던 공무원 됐는데…왜 삶을 포기했을까. 서울신문. 2019년 8월 16일 검색. http://www.seoul.co.kr/news/newsView. php?id=20171017001013

이성자, & 임은미. (2019). 교사의 직무자원과 직무만족의 관계에서 직무열의의 매개효과 및 초·중 등 학교급간 차이. 진로교육연구, 32(2), 121–138.

임희섭. (1996). 삶의 질의 개념적 논의. 한국행정연구, 5(1), 5–18.

제갈욱·김병규, & 제갈돈. (2015). 경찰관의 직무몰입이 직무스트레스, 직무만족 및 조직몰입에 미치는 영향. 한국행정학보, 49(4), 235–269.

조경호. (2003). 협력적 공무원 노사관계 규칙 모색: 미국 정부의 경험과 시사점. 한국정책과학학회보, 7(2), 301–325.

조경호·이선우. (2000). 중앙정부의 가정친화적 인사정책에 관한 실태분석. 한국행정학회 학술발표논문집, 103–116.

조경호, & 김미숙. (2000). 공무원과 민간기업종사자 간 삶의 질 만족도 비교 연구. 한국행정학보, 34(3), 27–45.

하미승, & 권용수. (2002). 공무원 직무 스트레스의 유발요인 및 결과변수에 관한 연구: 중앙부처공무원을 대상으로.

한국행정연구, 11(3), 214−245.

Ahuja, M. K., Chudoba, K. M., Kacmar, C. J., McKnight, D. H., & George, J. F. (2007). IT road warriors: Balancing work−family conflict, job autonomy, and work overload to mitigate turnover intentions. Mis Quarterly, 1−17.

Anderson, B. (2009). Affective atmospheres. Emotion, space and society, 2(2), 77−81.

Bae, K. B., & Yang, G. (2017). The effects of family−friendly policies on job satisfaction and organizational commitment: A panel study conducted on South Korea's public institutions. Public Personnel Management, 46(1), 25−40.

Bailey, D. E., & Kurland, N. B. (2002). A review of telework research: Findings, new directions, and lessons for the study of modern work. Journal of Organizational Behavior: The International Journal of Industrial, Occupational and Organizational Psychology and Behavior, 23(4), 383−400.

Brewer, G. A., & Selden, S. C. (1998). Whistle blowers in the federal civil service: New evidence of the public service ethic. Journal of public administration research and theory, 8(3), 413−440.

Crewson, P. E. (1997). Public−service motivation: Building empirical evidence of incidence and effect. Journal of public administration research and theory, 7(4), 499−518.

Drobnič, S., Beham, B., & Präg, P. (2010). Good job, good life? Working conditions and quality of life in Europe. Social indicators research, 99(2), 205−225.

Golden, T. D., & Veiga, J. F. (2005). The impact of extent of telecommuting on job satisfaction: Resolving inconsistent findings. Journal of Management, 31(2), 301−318.

Greenhaus, J. H., Collins, K. M., & Shaw, J. D. (2003). The relation between work−family balance and quality of life. Journal of vocational behavior, 63(3), 510−531.

Hackman, J. R., & Oldham, G. R. (1975). Development of the job diagnostic survey. Journal of Applied psychology, 60(2), 159.

Hobfoll, S. E. (2002). Social and psychological resources and adaptation. Review of general psychology, 6(4), 307−324.

Kantak, D. M., Futrell, C. M., & Sager, J. K. (1992). Job satisfaction and life satisfaction in a sales force. Journal of Personal Selling & Sales Management, 12(1), 1−7.

Locke, E. A. (1976). The nature and causes of job satisfaction. Handbook of industrial and organizational psychology.

Naff, K. C., & Crum, J. (1999). Working for America: Does public service motivation make a difference?. Review of public personnel administration, 19(4), 5−16.

Park, S. M., & Rainey, H. G. (2008). Leadership and public service motivation in US federal agencies. International public management journal, 11(1), 109−142.

Perry, J. L., & Wise, L. R. (1990). The motivational bases of public service. Public Administration Review, 50(3), 370−371.

Sadler−Smith, E., El−Kot, G., & Leat, M. (2003). Differentiating work autonomy facets in a non−Western context. Journal of Organizational Behavior: The International Journal of Industrial, Occupational and Organizational Psychology and Behavior, 24(6), 709−731.

Sirgy, M. J., Efraty, D., Siegel, P., & Lee, D. J. (2001). A new measure of quality of work life (QWL) based on need satisfaction and spillover theories. Social indicators research, 55(3), 241−302.

Taylor, J. B. (2007). Housing and monetary policy (No. w13682). National Bureau of Economic Research.

Wright, B. E., & Grant, A. M. (2010). Unanswered questions about public service motivation: Designing research to address key issues of emergence and effects. Public administration review, 70(5), 691−700.

Chapter 5-2

김난영. (2019). 사전컨설팅제도 운영 성과와 위험요인 분석: 17 개 시·도를 중심으로. 한국정책학회 춘계학술발표논문집, 2019, 23−61.

김량기. (2019). 적극행정면책제도의 활용실적 저조의 영향요인분석 (박사학위논문, 서울대학교 대학원).

김윤권, 이재호, 윤수재, & 심호. (2011). 적극행정 면책제도의 분석 및 활성화 방안. 한국행정논집, 23(3): 829−852.

김정인. (2014). 지방세무직 공무원의 공공봉사동기와 조직시민행동. 지방정부연구, 18−1: 193−218.

김호균, & 김정인. (2013). 미국 NPO 조직에서의 조직공정성, 조직몰입, 조직시민행동간 관계고찰: 교차수준 분석 (cross−level study) 을 중심으로. 한국행정학보, 47−2, 161−187.

김화연, & 오현규. (2018). 업무자율성, 근무환경, 혁신지향문화가 공무원의 혁신행동에 미치는 영향. 사회과학연구, 29(3): 243−266.

박신국, 류은영, & 류병곤. (2016). 병원조직의 중간관리자 서번트 리더십이 조직시민행동에 미치는 영향. 한국조직학회보, 13−2: 39−61.

박정호. (2018). 목표명확성이 공공봉사동기(PSM)에 미치는 영향에 관한 연구: 심리적 임파워먼트의 조절효과를 중심으로.

한국인사행정학회보, 17(1): 195–219.

박정훈. (2009). 적극행정 실현의 법적 과제: '적극행정법'으로의 패러다임 전환을 위한 시론.공법연구, 38(1): 329–353.

박희정. (2016). 적극행정을 위한 지방자치단체 감사의 개선과제. 지방행정연구, 30(4): 25–51.

송주연, & 남태우. (2018). 목표명확성이 직무만족에 미치는 영향: 스마트워크 활용의 다중집단분석. 사회과학연구, 44(2): 309–346.

안경섭. (2008). 공공부문의 조직문화가 조직성과에 미치는 영향. 한국정책과학학회보, 12(4): 103–131.

오영균. (2017). 주민복리를 위한 적극행정의 정당성과 한계: 사전컨설팅감사제도를 중심으로.지방행정연구, 31(2): 63–85.

이윤경. (2014). 공무원 무사안일의 영향요인 추세 분석: 공무원 임용 시 공공봉사동기의 역할을 중심으로. 정부학연구, 20(2): 291–330.

이종수. (2016). 적극행정의 활성화를 위한 쟁점과 방안 고찰. 지방행정연구, 30(4): 3–23.

이창신. (2004). 공무원의 집단자아존중 척도 구성 및 집단자아존중감과 무사안일 행태의 관계. 한국조직학회보, 1(2): 1–24.

정정길. (2008). 행정학의 새로운이해. 서울: 대명출판사.

하미승. (2015). 긍정조직행태의 영향요인 연구. 한국사회와 행정연구, 26(2): 77–113.

허명숙, & 천면중. (2015). 구성원의 지식통합능력과 혁신행동 간의 관계에 관한 실증연구: 지식통합능력의 영향요인과 폐기학습의 조절효과. 기업경영연구, 62(0): 1–28.

Amy Edmondson.(2019). 두려움 없는 조직(The fearless Organization). 다산북스.

Conger, J. A., & Kanungo, R. N. (1988). The empowerment process: Integrating theory and practice. Academy of Management Review. 13(3): 471–482.

Park, Sung Min & Rainey, Hal G. (2008). Leadership and Public Service Motivation in U.S. Federal Agencies. International Public Management Journal. 11(1): 109–142.

Chapter 6-1

강나율, & 박성민. (2019). 공직 내 적극행정의 영향요인에 관한 연구: 조직 행태주의적 관점에서. 한국행정논집, 31(4), 879–909.

김수규, 고경미, & 김경숙. (2014). 유아교사의 근무환경 및 직무만족도 관련변인이 삶의 질에 미치는 영향에 관한 구조모형 분석. 열린유아교육연구, 19(1), 251–268.

김문성, & 김재혁. (2013). 스마트워크 환경에서 요구되는 행정 리더의 역량에 관한 연구. 한국정책연구, 13(2), 95–116.

김민영, 김화연, 오현규, & 박성민. (2015). 공직봉사동기와 기업가 정신에 관한 실증 연구: 공공부문의 개인-조직 적합성의 매개효과를 중심으로. 한국행정논집, 27(4), 1135–1164.

김민주, & 김도연. (2019). 근로생활의 질과 직무만족이 피부미용사의 삶의 질에 미치는 영향. 한국디자인문화학회지, 25(1), 39–55.

김범석. (2012). 창업가의 심리적 특성과 기업가정신에 관한 연구-과정 모형을 중심으로. 유라시아연구, 9(1), 119–152.

김선아, & 박성민. (2015). 다양성 관리와 삶의 질 간의 관계에 관한 공, 사 비교 연구: 여성 근로자의 시각을 중심으로. 한국행정학회 하계학술발표논문집, 2015, 1544–1563.

김순양, 배문수, & 고수정. (2015). 공공기관 종사자의 유연근무제 채택의 영향요인에 관한 연구. 지역발전연구, 24, 187–217.

김용운. (2013). 공무원의 스마트워크 참여에 대한 영향요인 분석. 한국정책과학학회보, 17(3), 117–135.

김종배, 이남용, & 곽임근. (2011). 유연근무제 확대 및 스마트워크센터 이용 활성화 방안. 한국정보처리학회지, 18(2), 59–72.

김현정, & 최서희. (2018). 근로시간이 공무원의 삶의 만족도에 미치는 영향에 관한 연구: 업무자율성의 조절효과를 중심으로. 행정논총, 56.

김화연, & 오현규. (2018). 업무자율성, 근무환경, 혁신지향문화가 공무원의 혁신행동에 미치는 영향: 스마트워크센터 이용 만족도에 따른 영향력 차이 검증을 중심으로. 사회과학연구, 29(3), 243–266.

남수현, 노규성, & 김유경. (2011). 스마트워크 수준 결정 모형에 대한 연구. 디지털융복합연구, 9(4), 191–200.

동아시아연구원·성균관대. (2020). 동아시아 공존·협력 연구센터·중앙일보 한국인의 국가정체성 조사.

류정란, & 주규하. (2014). 변혁적 리더십이 조직구성원의 창의성에 미치는 영향-동료협력과 지원을 매개로. 인적자원관리연구, 21(5), 187–201.

류주길, & 손승희. (2013). 미국과 일본 그리고 유럽의 도입사례를 통해 본 한국형 스마트워크 도입전략에 관한 연구. 경상논총, 31(2), 1–28.

박상철, 고준. (2014). 조직 내 스마트 기기 활용이 과연 삶의 질을 높이는가?. 경영학연구, 43(5): 1707–1733.

김선아, & 박성민. (2014). 시민의 삶의 질 선행 요인 규명에 관한 연구: 일반 가구와 저소득층 가구의 비교를 중심으로. 한국정책학회 동계학술발표논문집, 2014, 875–908.

박현욱. (2020). 변혁적 리더십이 조직성과에 미치는 영향: 조직 내 협력의 매개효과를 중심으로. 행정논총, 58(1): 215–243.

방송통신위원회. (2011). 스마트워크 활성화 전략. 방송통신위원회.

배귀희. (2011). 사회적 기업가정신(Social Entrepreneurship) 개념 구성에 관한 연구. 한국정책과학학회보. 15(2): 199-227.

서은혜, 이효주, & 박성민. (2018). 대한민국 공무원의 동기유형과 조직시민행동, 삶의 질에 관한 연구: 자기결정성이론 (Self-Determination Theory) 을 중심으로. 한국사회와 행정연구. 29(1): 145-185.

서은혜, 정연우, & 박성민. (2018). 일중독 프로파일별 영향요인에 관한 실증연구: 개인, 관계, 제도적 관점을 중심으로. 행정논총. 56.

성욱준. (2013). 공공부문 스마트워크 정책수용요인에 대한 연구-스마트워크센터 사용자 인식조사를 중심으로. 한국정책학회보. 22(1): 331-359.

스마트워크지원센터. (2010). 일하는 방식의 대혁명적 변화 스마트워크. Smartwork Insight. 제1호. 한국정보화진흥원.

염유경, 이용환, 이상민. (2016). 경기도 스마트워크 행정환경 구축방안. 정책연구. 1-141.

옥원호, & 김석용. (2001). 지방공무원의 직무스트레스와 직무만족 및 조직몰입에 관한 연구. 한국행정학보. 35(4): 355-373.

유연정. (2018). 가족 친화적 근무 제도가 공무원 삶의 질에 미치는 영향 연구. 박사학위논문. 서울대학교 대학원.

이경복, 박태형, & 임종인. (2011). 스마트워크 환경 변화에 따른 보안위협과 대응방안. 디지털 융복합연구. 9(4): 29-40.

이미림, & 박춘숙. (2013). 대학생의 심리적 스트레스, 사회적 지지 및 마음건강이 삶의 질에 미치는 영향-대전, 충남지역을 중심으로. 사회과학연구. 22: 66-87.

이소영, 조동탁, & 유성은. (2015). 스마트워크센터 디자인과 스마트워크가 업무만족, 일과 삶의 조화, 업무 생산성에 미치는 상호적 영향. 디자인지식저널. 34. 183-191.

이재성, 김흥식. (2010). 스마트워크 현황과 활성화 방안 연구. 한국지역정보화학회지. 13(4): 75-96.

이재완. (2018). 조직문화와 스마트워크 이용에 관한 연구: 중앙 및 광역자치단체 공무원을 중심으로. 한국조직학회보. 15(1): 75-99.

이재호, & 김태진. (2016). 유연근무제 확대에 따른 스마트워크 활성화 방안 (Ways to vitalize smart work by expanding flexible work arrangements). KIPA 연구보고서. 2016-03.

이창원. (2005). 변혁적 리더십 이론의 개념적·방법론적 문제에 대한 검토. 한국행정논집. 17(4): 1035-1062.

이효주, & 박성민. (2019). 대한민국 공무원의 동기, 직무, 제도적 요인이 직무만족과 삶의 질에 미치는 영향요인 연구: 친가족정책의 조절효과를 중심으로. 현대사회와 행정. 29(3): 59-106.

이효주, 오수연, & 박성민. (2020). 기혼 여성근로자의 삶의 질에 관한 비교 연구: 여가 및 직장생활 수준의 매개효과 분석을 중심으로. 한국행정논집. 32(3). 571-609.

이현국, & 이민아. (2014). 공공서비스 성과인식과 행복. 한국행정학보. 48(2): 293-315.

이형찬, 이정현, & 손기욱. (2011). 스마트워크 보안 위협과 대책. 정보보호학회지. 21(3), 12-21.

이희진, 김용영, 오상조, 차경진, & 차준섭. (2013). 스마트워크 서비스 품질인증 체계 및 정책 기반 환경연구. 미래창조과학부·방송통신위원회.

인사혁신처. (2020.05.26.) 보도자료: 일과 삶 그리고 방역이 공존하는 근무여건 조성.

임규관. (2011). 스마트워크 2.0 구축 방법론에 대한 연구. 디지털융복합연구. 9(4), 235-244.

임승혜, & 민대환. (2013). 스마트워크센터 효과 및 장애요인: 근무자와 운영자간 비교. Journal of Information Technology Applications & Management. 20(2), 211-230.

임진혁. (2017). 기업가정신과 리더십이 인지적 성공에 미치는 영향에 관한 연구: 자기효능감의 매개효과와 성별의 조절효과를중심으로. 박사학위 논문. 숭실대학교 대학원.

왕재선. (2013). 전자정부의 효과: 거버넌스 지표를 중심으로. 행정논총. 51.

장현주, & 최무현. (2009). 참여정부의 가족친화적 근무제도에 대한 평가: 재택 및 탄력근무제에 대한 공무원 인식을 중심으로. 한국인사행정학회보. 8(3), 121-154.

정대용, & 양준환. (2008). 중소기업의 핵심역량 및 네트워킹 활동이 기업성과에 미치는 영향-한국기업가와 중국기업가의 네트워킹 특성을 중심으로 한 비교연구. 한국창업학회지. 3(2), 43-69.

정철호, & 문영주. (2011). 스마트워크 추진 현황 및 활성화 과제에 관한 탐색적 연구. 전자상거래학회지. 12, 53-69.

조경호. (2009). 공무원 후생복지 만족도와 생산성. 한국인사행정학회보. 8(3), 219-241.

조경호, & 김미숙. (2000). 공무원과 민간기업종사자 간 삶의 질 만족도 비교 연구. 한국행정학보. 34(3), 27-45.

조태준, & 김상우. (2019). 공직사회의 초과근무 개선을 위한 탐색적 연구: 중·하위직 공무원의 인식조사를 중심으로. 한국인사행정학회보. 18(3): 235-261.

조태준, & 김상우. (2019). 공직사회의 초과근무 개선을 위한 탐색적 연구: 중· 하위직 공무원의 인식조사를 중심으로. 한국인사행정학회보. 18(3), 235-261.

주효진, 김옥일, & 박광국. (2007). 행정조직의 문화유형에 대한 실증적 분석: 조직문화평가도구 (OCAI) 의 적용. 한국사회와 행정연구. 18(3), 41-59.

진영빈, & 정충식. (2014). 공공부문 스마트워크 활성화를 위한 조직문화 연구: 경쟁가치모형을 이용한 현재문화와 적합문화의 차이분석을 중심으로. 한국지역정보화학회지. 17(4). 153-179.

진종순, & 장은영. (2015). 유연근무제와 직무만족: 시차출퇴근제와 스마트워크제를 중심으로. 정부학연구. 21(2). 235-263.

최슬기. (2019). 스마트워크의 조직과 개인의 만족도와 일과 삶의 균형에 관한 경험적 연구. 석사학위논문, 국민대학교.

최지원, & 김준기. (2014). 사회적 기업가 정신에 영향을 미치는 요인에 관한 연구. 지방정부연구, 18(1), 33-56.

최진욱, & 노종호. (2017). 인사관련 요인과 직무관련 요인이 공무원의 삶의 질에 미치는 영향에 관한 연구. 정부학연구, 23(3), 93-124.

최현호. (2011). 특집명 : 스마트워크 ; 스마트오피스 추진을 위한 주요정책 및 과제. 정보처리 학회지, 18(2): 25-32.

최호진. (2012). 공공부문 스마트워크 (Smart Work) 추진에 따른 조직관리 혁신방안. 기본연구과제, 2012, 1-408.

한광현. (2011). 조직이 처한 사회문화적 맥락, 조직의 상황적 특성, 그리고 개인적 성향과 일중독 유형의 상관성. 대한경영학회지, 24(5), 2519-2547.

허명숙, & 천면중. (2013). 역할스트레스와 개인 창의성 간의 관계에 대한 실증연구: 창의적 자아효능감과 자기주도성의 매개역할. 정보시스템연구, 22(2), 51-83.

현욱, & 강신각. (2011). 스마트워크 표준화 동향-텔레프레즌스를 중심으로. [ETRI] 전자통신동향분석, 26(2), 0-0.

황순옥, & 한상일. (2013). 유연근무제 시행이 만족도와 효능감, 업무성과에 미치는 영향: 춘천시청 공무원을 대상으로 한 실증분석. 지방정부연구, 17(2): 391-414.

황해수, & 이기혁. (2011). 안전한 스마트워크 향상을 위한 Mobile Security 대응모델에 관한 연구. 정보보호학회지, 21(3): 22-34.

Adams, G. A., King, L. A., & King, D. W. (1996). Relationships of job and family involvement, family social support, and work-family conflict with job and life satisfaction. Journal of applied psychology, 81(4), 411.

Agranoff, R., & McGuire, M. (2003). Inside the matrix: Integrating the paradigms of intergovernmental and network management. International Journal of Public Administration, 26(12): 1401-1422.

Allen, T. D. (2001). Family-supportive work environments: The role of organizational perceptions. Journal of vocational behavior, 58(3): 414-435.

Aryee, S., Walumbwa, F. O., Zhou, Q., & Hartnell, C. A. (2012). Transformational leadership, innovative behavior, and task performance: Test of mediation and moderation processes. Human Performance, 25(1): 1-25.

Bandura, A. (1986). Social foundations of thought and action. Englewood Cliffs, NJ, 1986(23-28).

Bass, B. M., & Bass, R. (2009). The Bass handbook of leadership: Theory, research, and managerial applications. Simon and Schuster.

Baum, J. R., Locke, E. A., & Smith, K. G. (2001). A multidimensional model of venture growth. Academy of management journal, 44(2): 292-303.

Berg, P., Kalleberg, A. L., & Appelbaum, E. (2003). Balancing work and family: The role of high-commitment environments. Industrial Relations: A Journal of Economy and Society, 42(2): 168-188.

Brillhart, P. E. (2004). Technostress in the workplace: Managing stress in the electronic workplace. Journal of American Academy of Business, 5(1/2): 302-307.

Chang, P. C., & Chen, S. J. (2011). Crossing the level of employee's performance: HPWS, affective commitment, human capital, and employee job performance in professional service organizations. The international journal of human resource management, 22(04): 883-901.

Clark, A. F. (2016). Toward an entrepreneurial public sector: Using social exchange theory to predict public employee risk perceptions. Public Personnel Management, 45(4): 335-359.

Covin, J. G., & Slevin, D. P. (1989). Strategic management of small firms in hostile and benign environments. Strategic management journal, 10(1): 75-87.

Eaton, S. C. (2003). If you can use them: Flexibility policies, organizational commitment, and perceived performance. Industrial Relations: A Journal of Economy and Society, 42(2): 145-167.

Facer, R. L., & Wadsworth, L. (2008). Alternative work schedules and work-family balance: A research note. Review of Public Personnel Administration, 28(2): 166-177.

Gartner, W. B. (1985). A conceptual framework for describing the phenomenon of new venture creation. Academy of management review, 10(4): 696-706.

Gartner, W. B. (2008) Going Green: The CIO's Role in Enterprisewide Environmental Sustainability. Gartner EXP premier, May 2008.

Golden, L., & Wiens-Tuers, B. (2006). To your happiness? Extra hours of labor supply and worker well-being. The Journal of Socio-Economics, 35(2): 382-397.

Greenhaus, J. H., & Beutell, N. J. (1985). Sources of conflict between work and family roles. Academy of management review, 10(1): 76-88.

Hill, E. J., Erickson, J. J., Holmes, E. K., & Ferris, M. (2010). Workplace flexibility, work hours, and work-life conflict: finding an extra day or two. Journal of Family Psychology, 24(3): 349.

Ivancevich, J. M., Matteson, M. T., & Preston, C. (1982). Occupational stress, Type A behavior, and physical well being. Academy of Management Journal, 25(2): 373-391.

Jin, M. H., & McDonald, B. (2017). Understanding employee engagement in the public sector: The role of immediate supervisor, perceived organizational support, and learning opportunities. The American Review of Public Administration, 47(8): 881–897.

Kofodimos, J. R. (1993). Balancing act: How managers can integrate successful careers and fulfilling personal lives. Jossey–Bass.

Lambert, S. J. (2000). Added benefits: The link between work–life benefits and organizational citizenship behavior. Academy of management Journal, 43(5): 801–815.

Lee, H. J., Kim, M. Y., Park, S. M., & Robertson, P. J. (2019). Public Service Motivation and Innovation in the Korean and Chinese Public Sectors: Exploring the Role of Confucian Values and Social Capital. International Public Management Journal, 1–39.

Lee, H. J., Oh, H. G., & Park, S. M. (2020). Do trust and culture matter for public service motivation development? Evidence from public sector employees in Korea. Public Personnel Management, 49(2): 290–323.

Lumpkin, G. T., & Dess, G. G. (1996). Clarifying the entrepreneurial orientation construct and linking it to performance. Academy of management Review, 21(1): 135–172.

Miller, D. (1983). The correlates of entrepreneurship in three types of firms. Management science, 29(7): 770–791.

Northouse, P. G. (2016). Leadership: Theory and Practice (7th ed.). Sage publications.

O'Leary, R., Gerard, C., & Bingham, L. B. (2006). Introduction to the symposium on collaborative public management. Public administration review, 66: 6–9.

Osborne, D., & Gaebler, T. (1995). Reinventing government. Journal of Leisure Research, 27(3): 302.

Park, S. M., & Joaquin, M. E. (2012). Of alternating waves and shifting shores: The configuration of reform values in the US federal bureaucracy. International Review of Administrative Sciences, 78(3): 514–536.

Pierce, J. L., & Newstrom, J. W. (1983). The design of flexible work schedules and employee responses: Relationships and process. Journal of Occupational Behaviour, 247–262.

Rauch, A., Wiklund, J., Lumpkin, G. T., & Frese, M. (2009). Entrepreneurial orientation and business performance: An assessment of past research and suggestions for the future. Entrepreneurship theory and practice, 33(3): 761–787.

Rhoades, L., & Eisenberger, R. (2002). Perceived organizational support: a review of the literature. Journal of applied psychology, 87(4): 698.

Saltzstein, A. L., Ting, Y., & Saltzstein, G. H. (2001). Work–family balance and job satisfaction: The impact of family–friendly policies on attitudes of federal government employees. Public administration review, 61(4): 452–467.

Scandura, T. A., & Lankau, M. J. (1997). Relationships of gender, family responsibility and flexible work hours to organizational commitment and job satisfaction. Journal of Organizational Behavior: The International Journal of Industrial, Occupational and Organizational Psychology and Behavior, 18(4), 377–391.

Sirgy, M. J., Efraty, D., Siegel, P., & Lee, D. J. (2001). A new measure of quality of work life (QWL) based on need satisfaction and spillover theories. Social indicators research, 55(3): 241–302.

Sparks, K., Cooper, C., Fried, Y., & Shirom, A. (1997). The effects of hours of work on health: a meta–analytic review. Journal of occupational and organizational psychology, 70(4): 391–408.

Stevenson, H., & Gumpert, D. (1985). The heart of entrepreneurship. Harvard Business Review, 63(2): 85–94.

Thomas, L. T., & Ganster, D. C. (1995). Impact of family–supportive work variables on work–family conflict and strain: A control perspective. Journal of applied psychology, 80(1): 6.

Timmons, J. A., Spinelli, S., & Tan, Y. (2004). New venture creation: Entrepreneurship for the 21st century (Vol. 6). New York: McGraw–Hill/Irwin.

Van der Hulst, M. (2003). Long workhours and health. Scandinavian journal of work, environment & health, 171–188.

Van Dyne, L., Kossek, E., & Lobel, S. (2007). Less need to be there: Cross–level effects of work practices that support work–life flexibility and enhance group processes and group–level OCB. Human Relations, 60(8): 1123–1154.

Veenhoven, R. (1999). Quality–of–life in individualistic society. Social indicators research, 48(2): 159–188.

Wang, K., Shu, Q., & Tu, Q. (2008). Technostress under different organizational environments: An empirical investigation. Computers in Human Behavior, 24(6): 3002–3013.

Yun, S., Takeuchi, R., & Liu, W. (2007). Employee self–enhancement motives and job performance behaviors: Investigating the moderating effects of employee role ambiguity and managerial perceptions of employee commitment. Journal of Applied Psychology, 92(3): 745.

Chapter 6-2

신형재. (2018). 인적자원개발론. 삼영사.
유민봉, & 박성민. (2014). 한국인사행정론 (제5판). 박영사.

Chapter 7-1

고재권. (2014). 가족친화적 정책과 조직성과: 직무태도의 매개효과를 중심으로. 「한국인사행정학회보」, 13(2): 161-181.
고재권. (2016). 공공기관의 가족친화정책이 공무원의 조직성과에 미치는 영향: 조직문화의 조절효과를 중심으로. 「한국조직학회보」, 13(3): 75-97.
김다경 & 엄태호. (2014). 기관장의 관리역량이 조직성과에 미치는 영향에 관한 연구: 공기업, 준정부기관을 대상으로. 「한국행정학보」, 48(3): 295-321.
김문성 & 박성철. (2011). 공무원의 자기효능감이 업무성과에 미치는 영향. 「한국공공관리학보」, 25(4), 143-161.
김선아, 김민영, 김민정 & 박성민. (2013). "일과 삶 균형" 정책과 정책 부합성이 조직효과성에 미치는 영향에 관한 연구: 공공조직과 민간조직 비교를 중심으로." 「한국행정학보」, 47(1): 201-237.
김태연 & 조원혁. (2021). 우리나라 공공기관 경영실적 및 재무성과와 변혁적·리더십의 관계에 대한 실증 연구: 인적자원관리의 제도적 상황요인을 중심으로. 「한국행정연구」, 30(1).
박기호 & 김연정. (2013). 조직 내 개인의 리더십 유형별 경향성에 따른 스마트워크 수용의도 차이. 「디지털융복합연구」, 11(11): 197-207.
박정호 & 이도석. (2015). 공공조직 성과분석을 위한 다차원지표 활용의 딜레마: 주관적 성과인식과 객관적 지표 비교를 중심으로. 「한국행정학보」, 49(2): 93-117.
박혁욱. (2020). 변혁적 리더십이 조직성과에 미치는 영향: 조직 내 협력의 매개효과를 중심으로. 「행정논총」, 58(1): 215-243.
서은혜. (2018). 「조직효과성 제고를 위한 전략적 인적자원관리 제도의 영향 연구: AMO Model과 자기결정성이론의 연계를 중심으로」. 석사학위논문, 성균관대학교 국정전문대학원.
송윤애 & 남승하. (2021). 업무환경, 인사제도, 조직관리 특성이 조직협력과 성과에 미치는 영향 : 조직협력의 매개효과를 중심으로. 「GRI연구논총」, 23(4), 257-290.
이수연 & 김효선. (2019). 유연근무제 활성화의 선행변인 및 결과변인에 관한 연구: CEO의 성평등 지원, 가족친화문화, 조직성과 및 이직의도를 중심으로. 「조직과 인사관리연구」, 43(1): 169-193.
이효주, 김재형 & 박성민. (2020). 스마트워크 만족도의 선행 및 결과요인에 관한 연구: 협업과 초과근무의 조절효과를 중심으로. 「한국행정연구」, 29(4).
유지성 & 김구민. (2022). 공공조직 조직성과의 결정요인에 관한 연구: 디지털 트랜스포메이션 수준과 스마트워크를 중심으로. 「한국비교정부학보」, 26(2): 97-122.
최규현 & 임준형. (2020). 공무원의 동기유형과 직무성과: 역할모호성과 직무자율성의 조절효과를 중심으로. 「한국조직학회보」, 17(3): 1-31.
한국행정연구원. (2021). 2021년 공직생활실태조사.
한용준, 노건창 & 이훈영. (2015). 종합병원의 조직문화 변화노력이 개인 업무성과 및 조직성과에 미치는 영향 연구: 대학병원과 기업병원의 비교를 중심으로. 「한국경영공학회지」, 20(2): 167-194.
Boyne, George A. (2003). Sources of Public Service Improvement: A Critical Review and Research Agenda. Journal of Public Administration Research and Theory, 13(3): 367-394.
Brewer, G. A., & Selden, S. C. (2000). Why elephants gallop: Assessing and predicting organizational performance in federal agency. Journal of Public Administration Research and Theory, 10(4): 685-711.
Cambell, J. P. (1977). On the nature of organizational effectiveness. In New perspectives on organizational effectiveness. ed. P. S. Goodman, J. M. Pennings, and Associates. San Francisco, CA: Jossey Bass.
Choi, S. & H. H. Rainey. (2010). Managing Diversity in U.S. Federal Agencies: Effects of Diversity and Diversity Management on Employee Perceptions of Organizational Performance. Public Administration Review. 70(1): 109-21.
Feldman, D. C., & Weitz, B. A. (1988). Career plateaus reconsidered. Journal of Management. 14(1): 69-80.
Pincus, J. D. (1986). Communication satisfaction, job satisfaction and job performance. 「Human Communication Research」 12. 396-419.
Tett, R. P. & Meyer, J. P. (1993). Job satisfaction, organizational commitment, turnover intention, and turnover. Path analyses based on meta analytic finding. 「Personnel Psychology」 46(2). 259-29.

김선아, 김민영, 김민정, 박성민 (2013). 2013 봄;"일과 삶 균형" 정책과 정책 부합성이 조직효과성에 미치는 영향에 관한 연구: 공공조직과 민간조직 비교를 중심으로. 〈한국행정학보〉, 47(1), 201–237.

김일천·김종우·이지우 (2004). 혁신적 업무행동의 선행요인에 관한 연구. 〈경영연구〉, 19(2), 281–316.

박종주, 류지원 (2006). 공무원의 조직공정성 지각이 조직유효성과 행정서비스 품질에 미치는 영향: 품질에 미치는 영향. 〈지방정부연구〉, 10(1), 25–48.

배영임, 신혜리 (2020). 코로나 19, 언택트 사회를 가속화하다. 〈이슈 & 진단〉, 1–26.

서은혜, 정연우, & 박성민. (2018). 일중독 프로파일별 영향요인에 관한 실증연구: 개인, 관계, 제도적 관점을 중심으로. 행정논총 (Korean Journal of Public Administration), 56.

신황용, 이희선 (2013). 조직공정성과 조직몰입 및 혁신적 업무행동 간의 구조적 인과관계 분석. 〈한국행정학보〉, 47(3), 157–179.

오화선, & 박성민. (2014). 공직봉사동기가 직무만족에 미치는 영향력 분석: 개인–조직 적합성 및 개인–직무 적합성의 매개효과를 중심으로. 한국정책학회 춘계학술발표논문집, 2014, 231–258.

이문선·강영순 (2003). 창의성과 혁신행동의 관계와 집단특성의 조절효과. 〈인사관리연구〉, 27(1): 251–271.

이용규, 정석환 (2007). 공조직에서 조직 공정성이 구성원의 혁신행동에 미치는 영향: 분배공정성과 절차공정성을 중심으로. 〈정부학연구〉, 13(1): 7–34.

한국행정연구원 (2021). 2020년 공직생활실태조사.

허철행 (2002). 신관리주의 지방정부혁신의 평가와 전망. 〈한국정책학회보〉, 11(3), 167–193.

Anderson, D., & Anderson, L. A. (2002). Beyond change management: Advanced strategies for today's transformational leaders. John Wiley & Sons.

Griffin, M. A., Neal, A., & Parker, S. K. (2007). A New Model of Work Role Performance: Positive Behavior in Uncertain and Interdependent Contexts. *Academy of Management Journal*, 50(2): 327–347.

Janssen, O. (2003). Innovative behaviour and job involvement at the price of conflict and less satisfactory relations with co–workers. *Journal of occupational and organizational psychology*, 76(3), 347–364.

Jones, G. R., and George, J. M. "The experience and evolution of trust: Implications for cooperation and teamwork".. *Academy of management review*, Vol. 23, No. 3, pp. 531–546.

Lewin, K. (1951). Field Theory in Social Science: Selected Theoretical Papers (Cartwright, D. (Ed.)). NY: Harper & Row.

Mowday, R. T., Steers, R. M., & Porter, L. W. (1979). The measurement of organizational commitment. *Journal of vocational behavior*, 14(2), 224–247.

OECD·EU (2017). CORE SKILLS FOR PUBLIC SECTOR INNOVATION: A beta model of skills to promote and enable innovation in public sector organisations. April 2017.

Peccei, R., Giangreco, A., & Sebastiano, A. (2011). The role of organisational commitment in the analysis of resistance to change. *Personnel Review*.

Porter, L. W., Steers, R. M., Mowday, R. T., & Boulian, P. V. (1974). Organizational commitment, job satisfaction, and turnover among psychiatric technicians. *Journal of applied psychology*, 59(5), 603.

Schneider, D. S., & Vaught, B. C. (1993). A comparison of job satisfaction between public and private sector managers. *Public Administration Quarterly*, 68–83.

Stashevsky, S., Burke, R., Carmeli, A., Meitar, R., & Weisberg, J. (2006). Self–leadership skills and innovative behavior at work. *International journal of manpower*.

Woodman, R. W., Sawyer, J. E., & Griffin, R. W. (1993). Toward a theory of organizational creativity. *Academy of management review*, 18(2), 293–321.

World Economic Forum(2011). "Future Government: Fast and Curious."

MZ세대
학자들의 연구
다시 읽기
조직 및 인적자원관리 편

1판 1쇄 인쇄 2022년 12월 25일
1판 1쇄 발행 2022년 12월 31일

편저자 박성민
펴낸이 신동렬
펴낸곳 성균관대학교 출판부
등록 1975년 5월 21일 제1975-9호

주소 03063 서울특별시 종로구 성균관로 25-2
대표전화 02)760-1253~4
팩시밀리 02)762-7452
홈페이지 press.skku.edu

ⓒ 2022, 박성민

ISBN 979-11-5550-570-0 93350

※ 잘못된 책은 구입한 곳에서 교환해드립니다.

본 저서는 교육부 및 한국연구재단의 BK21FOUR「공감과 혁신을 위한 플랫폼
거버넌스 교육 연구단」에서 지원을 받아 발간된 저서임(관리번호 4199990114294)